原創在氣

再版
前言

這套「中國美學範疇叢書」初版於二〇〇一年，時隔十五年再版，作為編委與作者，依然感到書不盡言，言不盡意。

中國美學範疇，顧名思義，是對中國數千年源遠流長的美學與文藝史理論的概括。範疇這個術語本是從西方哲學引進的。西方所謂範疇是指人類主體對事物普遍本質的認識與把握。它與概念不同，概念一般反映某個具體事物的類屬性，而範疇則是對事物總體本質的認識與把握。中國美學的範疇與西方美學相比，富有體驗性與感知性，善於在審美感興中直擊對象，這種範疇把握，融情感與認識、哲理與意興於一體，正如嚴羽《滄浪詩話》所說「唐人尚意興而理在其中」。中國美學範疇，實際上是中國古代美學與哲學智慧的彰顯，也是藝術精神的呈現。諸如感興、意象、神思、格調、情志、知音等美學範疇，既是對中國美學與文藝活動的總結與概括，也是人們從事藝術批評時的器具。對中國美學範疇的認識與研究，不僅是一種學術研究與認識，而且還是一種體驗與濡染的精神活動。中國美學範疇的生成與闡述，與個體生命的活動息息相關，這種美學範疇在社會形態日漸工具化的今天，其精神價值與藝術價值越發顯得重要。中國當代美學範疇與精神的構建，毫無疑問應當從中國傳統美學範疇中汲取滋養。

這套叢書緣起於一九八七年，當時正是國內人文思潮湧動的時

候，那時我還是在中國人民大學哲學系美學教研室任教的一名年輕副教授。吾師蔡鍾翔教授與中國人民大學中文系的同事成復旺、黃保真教授一起編寫出版了《中國文學理論史》，接著又發起與組織編寫了「中國美學範疇叢書」，歷時十三年，於二○○一年由百花洲文藝出版社出版了第一輯，有《美在自然》《文質彬彬》《和：審美理想之維》《興：藝術生命的激活》《原創在氣》《因動成勢》《風骨的意味》《意境探微》《意象範疇的流變》《雄渾與沉鬱》等十本。我承擔了其中的《和：審美理想之維》《興：藝術生命的激活》兩本。

在編寫這套叢書時，蔡老師作為主編，撰寫了總序，確定了基本的編寫思想，對於什麼是中國美學範疇及其特點，作出了闡釋，將其歸納為：一、多義性與模糊性；二、傳承性與變易性；三、通貫性與互滲性；四、直覺性與整體性；五、靈活性與隨意性。這五點是中國美學範疇的特點。強調中國美學範疇的認識與體驗、情感與理性、個體與總體的有機融合。另外，蔡師也強調「中國美學範疇叢書」的編寫與出版，是隨著中國美學的研究深入而催生的。在上個世紀八十年代初的美學熱中，對於中國美學史的興趣成為當時亮麗的風景線，我在當時也開始寫作《六朝美學》一書。而隨著中國美學史研究的深入，人們越來越對中國美學範疇產生了濃厚的興趣，在當時，意象、意境、境界、神思、比興、妙悟等範疇成為人們的談資，時見於論文與著作中，也是文藝學與美學中的熱門話題。正是有鑒於此，彙集這方面的專家與學者，編寫一套專門研究中國美學範疇的高水平叢書的策劃，便應運而生。正如蔡師在全書總序中所說：「『叢書』選題主要是

元範疇和核心範疇，也包括少量重要的衍生範疇，在這些範疇之內涵蓋若干相關的次要範疇。這是對中國傳統美學範疇的一次全面深入的調查，工程是浩大的、艱難的，但確是意義深遠的，它將為中國美學和中國文論的史的研究和體系研究打下堅實的基礎。」

這套書從策劃到編寫，再到出版，歷經十多年，作為撰寫者與助手的我，見證了蔡師的嘔心瀝血，不辭辛勞。比如揚州大學古風教授撰寫的《意境探微》一書，傾注了蔡老師審稿時的大量心血。儘管古教授當時已經在《中國社會科學》《文藝研究》《文學評論》等刊物發表了相關論文，在這方面成果不少，但是蔡老師本著精益求精的方針，反覆與他通信商談書稿的修改，經過多次打磨與修改之後，最後形成了目前出版的書稿。記得那時我和蔡老師都住在人民大學校內，每次我去他家拜訪時，總是見到他在昏黃的檯燈下伏案看稿與改稿，聊天時也是談書稿的事。有時他對作者書稿的質量與修改很是著急與焦慮，我也只好安慰他幾句。

本叢書體現這樣的學術立場與宗旨。這就是：一、追求「究天人之際，通古今之變，成一家之言」的學術旨趣。每本書都以範疇的歷史演變與範疇的結構解析為基本框架，同時，立足於探討中國美學範疇的當代價值與當代轉化。作者在遵循基本體例的同時，又有著鮮明的個性與觀點，彰顯「和而不同」的學術自由精神。二、本著「萬物並育而不相害，道並行而不相悖」的兼容并包之襟懷，融會中西，將中國美學範疇與西方美學與文化相比較，盡量在比較中進行闡釋，避免全盤西化或者唯古是好的偏執態度。

　　值得一提的是，叢書的第一輯出版後，在二〇〇二年五月二十五日、叢書編委會與江西百花洲文藝出版社在中國人民大學中文系舉行了第一輯的出版座談會，當時在京的一些著名學者侯敏澤、葉朗、童慶炳、張少康、陳傳才，以及詹福瑞、韓經太、左東嶺、朱良志、張晶、張方等學者參加了座談會並作了發言，我也有幸與會。學者們充分肯定了這套叢書的出版對於推動中國美學的研究，有著積極的意義，認為這套書具有很高的學術水準。與會者讚揚這套書體現了古今融會、歷史的演變與範疇的解析相貫通的學術特色，同時也提出了中肯的意見。正是在這些鼓勵之下，叢書的編委會與作者經過五年的繼續努力，於二〇〇六年底出版了叢書第二輯的十本，即《美的考索》《志情理：藝術的基元》《正變・通變・新變》《心物感應與情景交融》《神思：藝術的精靈》《大音希聲—妙悟的審美考察》《虛實掩映之間》《清淡美論辨析》《雅論與雅俗之辨》《藝味說》等。第二輯與第一輯相比，內容更加豐富，涉及中國美學與藝術的一些深層範疇，寫法愈加靈動，與藝術創作的結合也更加明顯。顯然，中國美學範疇研究的水平隨著叢書的推進也得到相應的提升。

　　從二〇〇六年叢書第二輯出版至今天，一晃又過去了十年。令人哀傷的是，蔡老師因病於二〇〇九年去世了。原先設想的出版三十本的計劃也終止了。在這十年中，中國美學範疇的研究有了很大的進展，比如將中國美學範疇與中國文化、中國哲學相連繫的論著問世不少，將中西美學範疇進行比較研究的成果也頗為可觀。但是這套叢書的學術價值歷經時間的考驗，不但沒有過時，相反更顯示出它的內在

價值與水平。時值當下對中國傳統文化與國學的研究與討論的熱潮，這套叢書的實事求是的治學態度，認真負責的撰寫精神，以及浸潤其中的追求人文與學術統一、古今融會、中西交融的學術立場，不追逐浮躁，潛心問學的心志，在當前越發彰顯其意義與價值。在當前研究中國美學的書系中，這套叢書的地位與價值是不可替代的，在今天再版，實在是大有必要。在這十年中，發生了許多變故，叢書的顧問王元化、王運熙先生，副主編陳良運先生，編委黃保真先生，作者郁沅先生等，以及當初關心與幫助過這套叢書的著名學者侯敏澤、童慶炳先生，還有責任編輯朱光甫先生，已經離世，令人傷懷。對於他們的辛勞與幫助，我們將永遠銘記在心。今天，這套叢書的再版，也蘊含著紀念這些先生的意義在內。

本次再版，百花洲文藝出版社本著弘揚優秀傳統文化的宗旨，經過與作者協商，在重新校訂與修訂的基礎之上，將原來的叢書出版，個別書目因各種原因，未納入再版系列。相信此次再版，將在原來的基礎之上，提升叢書的水平與質量。至於書中的不足，也有待讀者的批評與指正。

袁濟喜

二〇一六年十二月三十一日

總序

範疇，是對事物、現象的本質連繫的概括。範疇在認識過程中的作用，正如列寧所指出的，它「是區分過程中的梯級，即認識世界的過程中的梯級，是幫助我們認識和掌握自然現象之網的網上紐結」（《哲學筆記》）。人類的理論思維，如果不憑藉概念、範疇，是無法展開也無從表達的。美學範疇，同哲學範疇一樣，是理論思維的結晶和支點。一部美學史，在一定意義上也可以說是一部美學範疇發展史，新範疇的出現，舊範疇的衰歇，範疇含義的傳承、更新、嬗變，以及範疇體系的形成和演化，構成了美學史的基本內容。

中國傳統美學範疇，由於文化背景的特殊性，呈現出與西方美學範疇迥然不同的面貌，因而在世界美學史上具有獨特的價值。中國現代美學的建設，非常需要吸納融匯古代美學範疇中凝聚的審美認識的精粹。自二十世紀八十年代後期以來的十餘年中，美學範疇日益受到我國學界的重視，古代美學和古代文論的研究重心，在史的研究的基礎上，有逐漸向範疇研究和體系研究轉移的趨勢，這意味著學科研究的深化和推進，預計在二十一世紀這種趨勢還會進一步加強。到目前為止，研究美學、文藝學範疇的論文已大量湧現，專著也有多部問世，但嚴格地說，系統研究尚處在起步階段，發展的前景和開拓的空間是十分廣闊的。中國傳統美學範疇的特點是很突出的，根據現有的

研究成果，大致可以歸結為以下幾點：

　　一、多義性和模糊性。範疇中的大多數，古人從來沒有下過明確的定義或界說，因此，這些範疇就具有多種義項，其內涵和外延都是模糊的。如「境」這個範疇，就有好幾種含義。標榜「神韻」說的王士禎，卻缺乏對「神韻」一詞的任何明晰的解說。不僅對同一範疇不同的論者有不同的理解，同一個論者在不同的場合其用意也不盡相同。一個影響很大、出現頻率很高的範疇，使用者和接受者也只是仗著神而明之的體悟。

　　二、傳承性和變易性。範疇中的大多數，不限於一家一派，而是從創建以後便一代一代地傳承下去，成為歷代通行的範疇，但於其傳承的同時，範疇的內涵卻發生著歷史性的變化，後人不斷在舊的外殼中注入新義，大凡傳承愈久，變易就愈多，範疇的內涵也就變得十分複雜。如「興」這個範疇，始自孔子，本是屬於功能論的範疇，而後來又補充進「感興」、「興會」、「興寄」、「興托」等含義，則主要成為創作論的範疇了。

　　三、通貫性和互滲性。古代美學中有相當數量的範疇是帶有通貫性的，即貫通於審美活動的各個環節。如「氣」這個範疇，既屬本體論，又屬創作論；既屬作品論，也屬作家論，又屬批評、鑑賞論。至於各個範疇之間的互滲，如「趣」和「味」的互滲，「清」和「淡」的互滲，包括對立的互轉，如「巧」和「拙」的互轉，「生」和「熟」的互轉，就更加普遍。因而範疇之間千絲萬縷、交叉糾纏的關係，形成一個複雜的網絡。

　　四、直覺性和整體性。許多範疇是直覺思維的產物，其美學內涵究竟是什麼，只可意會，不可言傳。典型的例子如「味」這個範疇，什麼樣的作品是有滋味的，如何賞鑑作品才是品「味」，怎樣才是「辨於味」，「味外味」又何所指等等，都是不可能用言語來指實，只能是一種心領神會的直覺解悟。既然是直覺的，即不經過知性分析的，就必然是整體的把握。如風格論中的許多範疇，何謂「雄渾」，何謂「沖淡」，何謂「沉著痛快」，何謂「優游不迫」，都不可條分縷析。直覺性與模糊性無疑是有不可分割的連繫的。

　　五、靈活性和隨意性。漢語中存在大量的單音詞，其組合功能極強，一個單音詞和另一個單音詞組合便構成一個新的複音詞。中國古代美學利用組詞的靈活性，創建了許多新的範疇，如「韻」和「氣」組合構成「氣韻」，「韻」和「神」組成「神韻」，「韻」和「味」組成「韻味」，等等。而這種靈活性可以說達到了隨意的程度，一個主幹範疇能繁育滋生出一個龐大的範疇群或範疇系列，舉其極端的例子而言，如「氣」，不僅構成了「氣韻」、「氣象」、「氣勢」、「氣格」、「氣味」、「氣脈」、「氣骨」，還演化成「元氣」、「神氣」、「逸氣」、「奇氣」、「清氣」、「靜氣」、「老氣」、「客氣」、「孱氣」、「傖氣」、「山林氣」、「官場氣」等等，當然這些衍生的名稱未必都算得上範疇，但確有一部分上升到了範疇的地位。

　　上述這些傳統美學範疇的特點，也就是研究中的難點，要給予傳統美學範疇以現代詮釋，而不是以古釋古，難度是很大的。根本的問題在於古今思維方式的差異。我們現代的思維方式，基本上是採納了

西方的思維方式，因此在詮釋中很難找到對應的現代語彙，要將傳統美學範疇裝進現代邏輯的理論框架，便會感到方枘圓鑿，扞格難通。中國的傳統思維，經歷了不同於西方的發展道路，即沒有同原始思維決裂，相反地卻保留了原始思維的若干因素。我們不能同意西方某些人類學家的論斷，認為中國的傳統思維還停留在原始思維的水平。中國古人的理論思維在先秦時代已達到很高的水平，所保留的原始思維的痕跡，有些是合理的，保持了宇宙萬物的整體性和完整性，不以形式邏輯來切割肢解，是符合辯證法的原理的，在傳統美學範疇中也表現出這種長處。因此，研究中國美學範疇，必須結合古人的思維方式，連繫整個中國傳統文化的大背景來考察，庶幾能作出比較準確、接近原意的詮釋。範疇研究的深入自然會接觸到體系問題。中國古代美學家、文論家構築完整的理論體系者極少，但從範疇的整體來看是否構成了一個統一的體系呢？範疇的層次性是較為明顯的，如有些研究者區分為元範疇、核心範疇（或主幹範疇）、衍生範疇（或從屬範疇）等三個或更多的層次。但範疇之有無邏輯體系，研究者尚持有截然不同的觀點。我們傾向於首肯「潛體系」的說法，即範疇之間存在有機的連繫，範疇總體雖然沒有顯在的體系，卻可以探索出潛在的體系。但要將這種「潛體系」轉化為「顯體系」並非易事，因為這是兩種思維方式的轉換，轉換實際上是重建。有些研究者梳理整合出了一套範疇體系，只能是一家之言，是一種先行的試驗。由於對個別範疇還未研究深透，重建整個中國美學理論體系的條件就沒有完全成熟。於是我們萌發了一個構想，就是編輯一套「中國美學範疇叢書」，每一種

（或一對）範疇列一專題，寫成一本專著，對其美學內涵作詳盡的現代
詮釋，並盡量收全在其自身發展的不同歷史階段上的代表性用法和代
表性闡述，力爭通過歷史的評析揭示各範疇內涵邏輯展開的過程。「叢
書」選題主要是元範疇和核心範疇，也包括少量重要的衍生範疇，在
這些範疇之內涵蓋若干相關的次要範疇。這是對中國傳統美學範疇的
一次全面深入的調查，工程是浩大的、艱難的，但確是意義深遠的，
它將為中國美學和中國文論的史的研究和體系研究打下堅實的基礎。

　　這一工程從一九八七年開始策劃，歷時十三年，得到許多中青年
學者的熱烈響應。更有幸的是，在世紀交替之年，獲得江西省新聞出
版局和百花洲文藝出版社領導的大力支持，在他們的努力下，「叢書」
被列入「十五」國家重點圖書出版規劃，「叢書」共計三十本，預定在
四年內分三輯出齊。為此組織了力量較強的編委會，投入了充足的人
力、物力、財力，力爭使「叢書」成為精品圖書。我們萬分感佩江西
出版部門充分估計「叢書」學術價值的識見和積極為文化建設做貢獻
的熱忱。最終的成果也許難以盡愜人意，但我們相信「叢書」的出版，
必將在中國美學範疇研究的長途跋涉中留下一串深深的足印。

蔡鍾翔

陳良運

二〇〇一年三月

提　內
要　容

　　「氣」是被中國人掛在嘴邊的一個詞語。古往今來從萬物生成演化、藝術創造到日常交往，都會用到有「氣」。本書要回答這樣的問題：為何先民們把一種物態提升為概念和範疇？為何「氣」唯獨在中國特別受青睞，早在先秦就被認同，數千年沿用不衰？它體現出怎樣的意識和運思特點？對於當今人們認識傳統的藝術追求和美的創造機制有何啟示？本書追溯了「氣」概念形成和被普遍運用的過程；重點評介了中國古代文學、音樂、書法、繪畫諸藝中的「氣」論；對「氣」這一有代表性的古代美學範疇及其所屬的龐大概念族群的意蘊、屬性、特徵進行詮釋和梳理、概括，最後以「原創」二字凸現「氣」範疇之要義和使命。由此從一個重要側面探究我們民族的精神品格、審美心理、思維特徵和理論形態。

目次

氣

萬物之基始

生命運動和創造的精靈

引 言

　　汗牛充棟的古籍中有那麼多「氣」的說道，今天人們依然常把「氣」掛在嘴邊，從「志氣」、「晦氣」、「靈氣」、「氣概」、「氣勢」、「氣象」到「朝氣蓬勃」、「稚氣未脫」、「老氣橫秋」和「理直氣壯」、「喜氣洋洋」、「殺氣騰騰」，從通俗的「孩子氣」、「小家子氣」、「運氣」、「脾氣」、「賭氣」、「慪氣」、「秀氣」、「傻氣」、「土氣」、「洋氣」、「心平氣和」、「陰陽怪氣」、「歪風邪氣」到比較時髦的「牛氣」、「帥氣」、「人氣」、「大氣」……在通用的傳統語彙中「氣」最活躍、出現最頻繁。人們不禁要問：究竟什麼是「氣」？這「氣」為什麼與我們的國家民族的語言和思維有如此不解之緣？

　　於是有必要進行一場與古人很有意義的對話，要聆聽先哲遙遠卻無陌生感的心聲：從一個極其重要的、幾乎是不可替代的側面去瞭解古人是怎樣進行思考的，怎樣把握宇宙萬物的運作演化，又怎樣理解物我的交往，怎樣理解精神與物質的相互關係，怎樣理解生命現象和美的創造……

自古以來國人就是重「氣」的，喜歡用這個概念表述自己的體驗、思考和追求。

從春秋時期齊魯長勺之戰「一鼓作氣」的以小勝大，到南宋詞人辛棄疾的「氣吞萬里如虎」；從孟夫子傲然凡俗在道義上有高度自信的「浩然之氣」，從「文起八代之衰」的韓愈鼓吹的「氣盛言宜」和文天祥「雜然賦流行」的天地正氣，到為黃宗羲推崇的「鼓蕩而出」的元氣；從令人嘆惋唏噓的「英雄氣短」和「日薄西山，氣息奄奄，人命危淺」，到令人憎厭的「盛氣凌人」、「頤指氣使」；從莊子的「吹呴呼吸，吐故納新」、道家的導引之術，到今天的氣功和練拳講究的精、氣、神……

重「氣」中有自尊、自信和自強，重「氣」中有對高尚的品格情操和堅韌意志的推崇。我們會為一時的屈辱憤懣憋氣，期待有朝一日揚眉吐氣！我們鄙薄低聲下氣和灰心喪氣！我們說力圖改變現狀者有志氣，聰慧者有靈氣，志趣高遠者有逸氣，壯懷激烈者有豪氣；意氣風發是精神昂揚、情緒亢奮的狀態……有氣魄則是對眼界開闊、有胸懷氣度、有膽略和魄力者的讚譽。運動場上我們羨慕強者的霸氣、冠軍相中流露的王者之氣……

歷史上那些堪稱民族脊樑的志士之所以有擔負道義的鐵肩，能富貴不淫、威武不屈、貧賤不移以抗禦邪惡，正是因為他們心存不可干犯的正氣。

先哲教誨我們：氣不可使之餒，得養而壯大之；氣可鼓而不可洩。

無論是一個事業還是一個群體，乃至一個民族、一個國家，生氣勃勃則充滿活力和創造性，預示出無限美好的發展前景；一潭死水、暮氣沉沉是僵化腐朽的呆滯和沉寂，則只可能聽任宰割，走向沒落和滅亡，所以晚清龔定庵面對國勢日衰風雨飄搖的前景才有「九州生氣

恃風雷，萬馬齊喑究可哀」的大聲疾呼！

「氣」範疇的內涵非常豐富，運用廣泛。比如「氣」是清虛而有涵容的，所以「氣」有時也和「器」相通，「小氣」以往曾經有人寫作「小器」，指器量狹小和吝嗇、拘泥，而「大氣」則是一種雍容大度、開闊恢宏的寬容和開放，未嘗與「堪成大器」和「大器晚成」之「器」沒有連繫。無論是樂曲、書法、小說創作還是繪畫、雕塑、庭園建築設計，在創意和規劃佈局上總是以大氣為上的。

古代書法繪畫中的「氣象」和「氣候」自有其特定含義。今天人們偶爾也能碰上類似的情形：比如說到一個人或一項事業是否成得了「氣候」的時候，這「氣候」就不是指春夏秋冬的節令和風雨晦明的天候而言了；日本的圍棋術語「氣合」大概是雙方各得其宜、無可爭議的意思，雖然與古代漢語指情誼融洽、投合的「氣合」已經有所區別，也未必尋不出東方的文化淵源……

當代學者指出，「氣」論貫穿中國古代哲學史的始終。其實又何止哲學！歷史上那些運籌帷幄的謀士常議論和預言國運氣數，軍事家從來重視軍隊的士氣，藝術家強調作品和藝術形象要氣韻生動，實業家說經營和發展的前景首先要看企業的人氣，紋枰手談要求精於算氣（「氣」關係一塊棋的生死，對殺時「差一口氣」就全軍覆沒），老百姓希望一家和氣，冒風險的人說自己要賭運氣……

從古到今，國人愛說「勢」、論「勢」，但「氣」無疑是勢最親密的伴侶；「陰陽剛柔」有時能夠說成是「陽剛之氣」和「陰柔之氣」；「神氣」的概念不也司空見慣嗎？……

從宇宙萬物的基始物質，到人的精神意志；從為人處世的道德模式和行為規範，到救亡圖存正義凜然的民族脊樑；從政治家、軍事家的識鑑、器量和智謀、抱負，到磅礴古今左右天下大勢的戰略決斷；

從作家藝術家的素質、才情、靈感、視野、胸襟，到藝術的品位、追求，……古代中國的這一切似乎都與「氣」相關聯。

對於「氣」範疇歷代論者雖然各有發揮，但被廣為認同的東西始終存在，以約定俗成維繫著它頑強的生命力。其內涵和外延的種種拓展，既是從古人的切身體驗和觀察中積累起來的，也有不少來自先哲的思辨和推想。

古人的意識中，「氣」清虛、輕柔、空靈、流動、氤氳、變幻，有無限的容涵和生機；「氣」無形卻可感，且能化無形為有形；它通於一切──充斥一切、滲透一切、構成一切，而且自始至終在不斷運動轉化，又可以是具體事物個性集中和綜合的表述；「氣」無所不在、無所不包，甚至無孔不入……在華夏民族傳統的話語裡，「氣」是宇宙萬物的本根，是構成一切事物現象的基始物質及其運動的方式、發展演變的動力……對於人而言，「氣」是須臾不停的呼吸氣息，是體內流轉通達的血氣，是生命的活力，是精神意志，是情操、氣節，是情感、個性和品格的顯現，是靈慧的源泉……作為不捨象的概念，「氣」既有感性特徵又有抽象內涵。

議論一個事物、一種現象的「氣」，大都是從精神和實質上對這個事物、這種現象作綜合或者總體評價，進行整體性的把握。即使說的是一種獨特的藝術風格，那「氣」也必定是滋育、影響這種風格形成諸多因素有機的結合體。「氣」的系列概念及其表述的內涵通常是不宜作瑣細的和機械的分解的。

藝術論中的「氣」往往兼指作品、創作主體甚至時代精神。比方說古人所謂先秦漢唐氣厚，不僅是說這一時期藝術（文章、書法、雕塑）的風貌和底氣堅實厚重，還指孕育這種風貌和底氣的時代精神。「氣厚」指事業或主體精神底氣充實宏大、根基穩固，蓄積著健康渾厚

的向上之勢。

我們民族精神生活的內容中「氣」離不開，也說不完，尤其是在美的境界。

「氣」範疇的涵蓋面極寬，也可以說「氣」在古代美學中是運用最廣泛、最具繁衍力和親和力的概念。「氣」的概念常常出現在社會生活和藝術創造的話語中，說它最具繁衍力和親合力指由它派生和組合的詞語最多，擁有最龐大的概念族群，上世紀九十年代初出版的一個古代文論辭典所收錄的「氣」概念系列詞條竟有八九十個之多，比如「氣勢」、「氣象」、「氣韻」、「氣魄」、「氣質」、「氣概」、「氣力」、「氣格」、「氣調」、「氣候」、「精氣」、「元氣」、「體氣」、「底氣」、「神氣」、「志氣」、「骨氣」、「清氣」、「濁氣」、「豪氣」、「才氣」、「意氣」、「靈氣」、「怒氣」、「憤氣」、「生氣」、「傲氣」、「逸氣」、「奇氣」、「正氣」、「邪氣」、「浩然之氣」、「陽剛之氣」、「陰柔之氣」、「士氣」、「書卷氣」、「粹靈氣」、「酸腐氣」、「霸氣」、「火氣」、「暮氣」、「矜氣」、「匠氣」、「作氣」、「驕氣」、「俗氣」……這種現象在古代範疇體系中是絕無僅有的，足見其在中國古代美學史上據有無可比擬的特殊地位。

其實世界上許多古老的民族都曾經有過運用「氣」概念或者以「氣」的比況、幫助思維的歷史。

古希臘米利都學派的哲人中阿那克西美尼提出「空氣是萬物基始」的學說；稍後，恩培多克勒也認為「氣」是世界萬物生化的「四根」之一。《聖經》中也有以上帝之「氣」來解釋萬物和現象形成的記載，尤其是屢見用「氣」以及與「氣」（或「風」）相關聯的「靈」來解釋生命現象和人的智慧靈性之所以然，比如《舊約·約伯紀》就有：「但在人裡面有靈，全能者的氣使人有聰明」（三十三章八節）；《詩篇》中說：「諸天借耶和華的命而造，萬象借他口中的氣而成」（六節）。《聖

經》作為保存希伯來人上古歷史和思想文化的重要文獻，這樣的「氣」論也反映出中東（至少是猶太民族）遠古先民對萬物本根和世界生成的一種思路。淵源於古印度的佛學中以地、水、火、風為「造作生出一切之色法」之「四大」[1]，與「氣」有相通之處的「風」也被看作是生成現象的四種基本元素之一。……這些未必都是沒有意義不必關注的巧合。

　　然而，《聖經》中由全能上帝予奪的氣、風、靈和佛學中的「四大」之說始終只是一種教義，古希臘以「氣」為本根的學說維繫的時間的範圍都十分有限，唯獨中國的「氣」論貫穿古今，向各個領域廣泛滲透，沿用不衰。這究竟體現出一種什麼樣的民族個性呢？

　　「氣」範疇長期和廣泛的運用及其所屬龐大系列概念的出現，表明華夏民族經常從生命運動的角度去理解宇宙萬物的生成運作和人類的靈慧，強調精神和物質相互依存「以虛統實」、「道器不離」的關係，在需要對事物進行整體性的模糊把握的時候使自己擁有一種便利和優勢，顯示出一種把握世界的特殊智慧。

　　對於今天的「氣」論的研究者來說，有個揮之不去的麻煩：怎樣為它一個確切的定義？人們總想知道個究竟，對這個常相依傍的「氣」能作個簡明的詮釋該多好。不過，假如這場對話中真的能夠聽到先哲的告誡，他們肯定會笑話這樣企圖，說：何必徒勞！

　　中國古代哲學和藝術論的範疇、概念通常都是約定俗成的。而「氣」又可謂是約定俗成之典型！幾千年來人們在不同領域都用到這個概念，各個學派的主張不同、語境不一樣，所謂「氣」經常各有側重，甚至各有所指。既然意義各有千秋，要說出一個被廣泛認同又能包舉

1　丁福保：《佛學大辭典》，文物出版社1984年版，第187頁。

一切的簡明定義也就不可能。然而不作統一的定義不等於對其意義的開掘和闡發無能為力。多層面的動態的考察儘管工作量更大、更為困難，卻有利於全面認識古代「氣」論和傳統思維方式的價值。

對「氣」範疇的詮釋必須是動態的、全方位的，要化解沒有統一定義的困難。首先得弄明白它的來歷，怎樣從一種物態上升為理論範疇，考察其思維特徵及其內涵的發展變化，辨析「氣」的概念系列在各個領域的理論組合中的共性與個性，有了掌握來龍去脈和多層面材料的基礎，才談得上對「氣」範疇理論意義的總體把握，回答若幹個所以然的質詢。於是，也就形成了寫這本書的基本構想。

能不能這樣以為：比較全面地掌握了「氣」的理論意義，就能大致理解傳統運思模式的獨特性；懂得了國人樂於運用「氣」的概念系列、造藝者追求「氣」的所以然，能夠從「氣」的角度進行欣賞和評價作品，於是找到一條進入古代藝匠心靈的通道，得以窺見他們的精神境界和思維運作方式，把握其某些基本的審美取向，從而為古代美學的研究鋪上一塊升堂入室的階石。

我想，這一點是肯定的。

第一章

「氣」概念的形成及其在古代哲學中的發展軌跡

——一個有像無形無所不在的「幽靈」

第一節　「氣」字辨義

一、從「氣」最初是「雲」說起

為什麼在古老的中國「氣」會發展成為一個在許多領域沿用不衰的重要範疇？

在甲骨文和金文中與「氣」意義密切相關的事物中有雲、雨、風之類自然天候和滋生植物的土壤，保存著農業文明的跡印。《說文解字》說：「氣，雲氣也，象形。」段玉裁注曰：「象雲起之貌，三之者，列多不過三之意也。」這也許可以作為先民將對氣的認識與雲相連繫的一個證明。與人類生活直接相關的氣應該是空氣和水蒸氣。可以推

想，在先民的體驗中兩者是通同或相互連繫的：雨、露、霜、雪、霧是在大氣中形成的，雨、雪更直接來的雲層；在乾燥的環境裡水會逐漸乾涸、消失——水會因蒸發化為無形的氣，而高溫（如太陽、火的參與）會加速這個過程；在寒冷的季節，人和動物呼出的氣會凝成水霧……當然我們還可以注意到，「 」字的第三畫略向下曲，「雲起」的「起」已含有上浮的動態。

《說文解字》中的「雲」寫的是古文 。並說：「云，山川氣也，從雨雲，象回轉之形，古文省雨。」段注曰：「古文只作『云』，小篆加雨於上，遂為半體會意、半體象形之字矣。『云』象回轉形，此釋下古文『云』為象形也。」《說文部首訂》稱：「雲為山川濕氣所生，其形在上，斂雨為雲。篆從古文。雲而加雨者，謂雲行雨施。雲有雨，而其義尤明也。」可見現行的簡化字「云」是最早的本字，古文寫作 ，「象回轉之形」透露出其迴旋運動不定型的特點已經被造字者注意到了。國畫中如果是用線條描繪雲朵，人們不難看出勾勒的方式與古文「雲」的近似，仍能體味得出幾分雲朵自然形態中氤氳繚繞、卷舒浮動的特點。

氣本無形，但古人當初卻以「象形」的方法造出了「氣」字。文字（尤其是漢字）的出現是為了記錄語言、保存信息並參與思維。對於早期某些有代表性的象形表意文字的考察，更能體味我們民族原始思維運作的一些特點。

在今天看來，即使是泛指存在於身邊、能直接被感知、為人類熟悉的氣態物質，氣也遠遠不止與天上的雲有關，為什麼古人要用「雲氣」作為指稱對象呢？

顯然，因為與氣相關且能夠直接轉化的有形之物中，雲與氣的屬性最接近：清虛、輕舉（水蒸氣也能凝結水，但水是明顯比氣凝重向

下流淌的液體），能夠充斥、流動、氤氳、聚散……雲氣雖然不是氣所生之「象」的全部，但它畢竟具有可視的形態，可以用線條描畫示意（即可以「象形」）。雲有可以訴諸視覺的狀貌，能夠給予習慣甚至擅長藉助「象」進行思維的先哲提供方便和一種支持，這種方便和支持在思維的起步階段是十分重要的。換言之，很可能受思維習慣影響，先民需要一種既可用象形的文字符號描述指稱，又是有像而無定形（甚至能化為無形）之物來比況氣，於是有了以雲氣為氣的選擇。

以雲氣為氣的重要意義在於其作為指稱對象種種屬性為後來「氣」概念的豐富意蘊提供了演繹的基礎。

二、早期文學描寫「雲」帶來的啟示

上浮於青天的雲究竟會給人們什麼與氣相關的聯想呢？

古人很早就注意到天上的雲彩，並常常賦予它像徵的意義。《尚書大傳‧虞夏傳》說：「維十有五祀（年），卿雲（祥雲）聚，俊乂集，百工相和而歌《卿雲》。帝（舜）乃倡之曰：『卿雲爛兮，糾縵縵兮。……』」這段虞舜時代的記載雖然未必是信史，但《卿雲歌》仍然有可能是來源於上古的資料。在戰國晚期問世的《荀子》有〈賦篇〉，錄有古代最早的五篇賦：〈禮〉〈知〉〈雲〉〈蠶〉〈箴〉。其中〈雲〉賦最富哲理性，我們從中也許能夠找到一些蛛絲馬跡：

> 有物於此，居則周靜致下，動則蓁高以鉅。圓者中規，方者中矩。大參天地，德厚堯禹。精微乎毫毛，而充盈乎大宇。忽兮其極之遠也，攭兮其相逐而反也，卬卬兮天下之咸蔽也。德厚而不捐，五采備而成文。往來惽憊，通於大神，出入甚極，莫知其門。天下失之則滅，得之則存。弟子不敏，此之願陳，君子設辭，請測意之。曰：此夫大而不塞者與？充盈大宇而不窕，入隙穴而不偪者與？暴至殺傷而

不億忌者與？功被天下而不私置者與？托地而游宇，友風而子雨。冬日作寒，夏日作暑。廣大精神，請歸之。——雲。

　　雲浮天穹，居高臨下，它寧靜、超然而無私阿，於是被賦予了指導人生的意義；「圓者中規，方者中矩」就是說它意態多樣可以作為事物的範式。而「精微乎毫毛，而充盈乎大宇」則道出雲氣既精細入微又充盈寰宇的特點；「忽兮其極之遠也，攭兮其相逐而反也，卬卬兮天下之咸蹇也」是謂其運動神速、迴旋往返，能積聚而滋潤天下。雲霞「五采備而成文」，美不勝收；雲永遠在運動之中，它的形貌色彩變幻莫測，能夠觸發哲人一系列聯想和叩問：「此夫大而不塞者與？充盈大宇而不窕，入隙穴而不偪者與？暴至殺傷而不億忌者與？功被天下而不私置者與？」由於雲氣「冬日作寒，夏日作暑」，尤其是「友風而子雨」，自然使以農為本的國人對它分外重視，乃至於認為「天下失之則滅，得之則存」，且有了「德厚堯禹」、「德厚不捐」的評價。雖然都是對於某些哲理的比況，仍然能體察到自然哲學向道德方面轉移的動向。

　　當社會哲學的理念滲入其中時，自然科學的進步對它的影響力就會降低，「氣」概念的約定俗成和長期沿用才成為可能。

　　雲和氣能夠相互轉化，有形的雲是由無形的水蒸氣凝結摶聚而成的。風雲變幻多姿，除了彌滿天際的時候而外，它們從不重複，有誰見過完全相同的兩片雲彩？或者如絲如縷的高天卷雲，或者是重岩疊嶂般的積雲，或者是隨風飄泊的煙雲，或者是彌滿長空的層雲……時而是薄如蟬翼的羅紗，時而是晶瑩纖長的一束銀絲；時而是凝固的波濤，時而是騰躍的猛虎；時而是蜷曲的游龍，時而是定格的奔馬和張狂的熊羆……有藍天映襯的純樸淡雅，有纖塵不染的玉潔冰清，有朝霞晚照塗抹的絢爛紛呈，有密佈蒼穹的慘澹陰沉，乃至潑墨入冥的濃

重昏暗，壓城欲摧的殺伐威勢……雲氣運動不止、瞬息萬變又無可窮盡，它虛無縹緲，更莫測高深……

雲能夠喚起多少遐思冥想！

「大塊噫氣，其名曰風。」風是氣，雲也是氣。風乍起乍停，來去無蹤跡；雲縹緲多姿，變化萬千。古人常說「天有不測風雲」，而「國際風雲變幻」則幾乎成了當代外交的口頭禪……

以「雲氣」釋「氣」至少給人這樣的啟示：首先，古人總是力求藉助有形之物來運思，並記錄、傳達信息；其次，雲的輕舉飄浮、變幻無定、充斥瀰漫、氤氳聚散也是氣運動形態；複次，「氣」是一個形象性概念，即使後來具有了更多抽象的內涵，它仍保留著來自原本物態的感性特徵。從「雲氣」被借用、提升為概念和範疇的所以然來說，它本身不富於變化、不常處於運動之中不行，沒有意態紛呈的具象也不行。因此不妨說，是中國古代的意識形態和傳統的思維方式歷史地選擇了「氣」作為最為常用的範疇。

三、加「米」為「氣」

秦漢以後典籍中的「氣」絕大多數寫作繁體的「氣」。《說文解字》曰：「氣，饋客之芻米也，從米，氣聲。」段注說：「氣、气，古今字；自以气為雲氣字，乃又作餼（即簡化字「饩」）為廩氣字矣。」朱駿聲《說文通訓定聲》說：「餼，相承以氣為气，因又加食傍。」可知後來的「餼」才是「氣」的本義。在最初義為「饋客之芻米」的形聲字「氣」中「气」是表音的聲符，「氣」用為「气」的意義不過是一種假借。但筆者有一種臆想，「氣」中的「气」有可能既表音也表義。因為如果不是出於字義分化的需要，文字的結構和書寫一般是日趨簡化的，就像當代把「氣」的寫法重新簡化成「气」一樣。然而先秦時期的從「气」到「氣」的演變，卻並非由於字義分化。為什麼會出現這樣由簡而繁

的反常現象呢？這種捨簡就繁很可能與古人擴大概念指域的努力有關。「雲」雖具備可視而多變的形富於啟示性並便於象形造字，畢竟只是廣義的「氣」的一部分（或者說是「氣」的諸種形態和存在方式之一）。加上一個在形態和存在方式上與氣態不相干且有表意性的「米」，顯然有助於概念內涵的豐富。

以有糧食之義的「氣」（本義為「餼」）代替或假借為「氣」，很可能還兼含著為先民認同的另一種意識：宇宙萬物皆由氣所構成，生命的運作更是一種精氣的搏聚和運作；米穀之類糧食是有生命力的氣的一次凝聚轉化，人（和動物）食用糧食也是對氣的富集和進一步凝聚昇華。

古人另一些對「氣」的詮釋和運用也傳遞出豐富的信息，能夠幫助我們對其意義構成的瞭解。比如從先民對木氣、土氣、春氣、和氣的讚賞可以看到華夏農業文明的徵候：《尚書》〈洪範〉曰：「雨，木氣也。春始施生，故木氣為雨」；《國語》〈周語上〉記載賢臣虢文公勸諫周宣王恢復籍田的一段話：

> 古者，太史順時土，陽癉憤盈，土氣震發，農祥晨正，日月底於天廟，土乃脈發。先時九日，太史告稷曰：「自今至於初吉，陽氣俱蒸，土膏其動。弗震弗渝，脈其滿眚，谷乃不殖。……」

以為籍田是對立春時節土地中盈滿上蒸之陽氣的瀉導和平抑，有利於作物生長。所謂「土氣震發」而有脈動，「陽氣俱蒸」而有土膏之動，顯然是以人和生物的生理機制比擬土地滋育作物的機制，流露出古人天人通同、生命運作機制和週期可以類比的意識。《呂氏春秋》〈賞義〉說：「春氣至，則草木產」；《博物誌》〈物產〉亦云：「和氣相感，

則生朱草。」土地、四時之氣運作的週期決定草木生長的週期，人也不應該無所作為，《國語》〈魯語上〉記魯宣公夏天在泗水之淵以網罟取魚，他的大臣裡革以為不合時節，於是在割斷魚網以後說：

> 古者大寒降，土蟄發，水虞（掌水澤的官）於是乎講罛罶，取名魚，登川禽，而嘗之寢廟，行諸國，助宣氣也。……

依時節漁獵祭享可以為隨時令變化運作的氣推波助瀾。「宣」者，發揚散佈也；「氣」則是生命的基礎。《國語》〈周語下〉中還找得到時人所謂「宣養六氣九德」、「助宣物」、「宣中氣」等語。《左傳》〈昭公元年〉記鄭子產論「君子」養生療疾時亦有「節宣其氣，勿使有所壅閉湫底，以露其體」的話。以農立國的古人靠天吃飯，對大自然有一種親和意識，關注氣候，遵從時令，他們認為應該和只能在順應節候的前提下對「氣」給予維護和助長。因此《國語》〈魯語上〉也有「土發而社，助時也」。所謂「助宣氣」即《中庸》所謂「參贊天地之化育」。

從與呼吸、血脈、精神的連繫和陰陽衝蕩中，生物可以看到「氣」生命性方面的意義：《禮記》〈祭義〉中「氣也者，神之盛也」一句之《注》說：「氣謂噓吸出入者。」而〈玉篇〉的解釋更直截了當：「氣，息也。」《左傳》〈昭公元年〉還記載，秦醫和曾對前來求醫的晉侯說：「天有六氣，降生五味，發為五色，徵為五聲，淫生六疾。六氣曰陰、陽、風、雨、晦、明也。」這裡的「天」似乎已經表明有一種向自然靠攏的趨勢。

周代與商代在神明崇拜上有所不同，常常以「天」等同和替代「帝」（上帝），說「周監於二代（夏、商）」、以復周禮為己任的孔子

也是「敬鬼神而遠之」、「不語亂力怪神」。從早期對「氣」的言說中可以看出，古人認為人與自然是通同的，天與人是互動的。五味、五色、五聲、六疾都是天之「六氣」的衍生物。儘管已經出現向其他領域變異、轉化的跡象，所謂「六氣」畢竟還只是「氣」在自然天候方面的分類，後來進一步受社會哲學的浸染，自然物態之氣所具有的物質屬性雖然在「氣」概念中有所保留，也充實了越來越多的精神方面的內涵。至少在春秋戰國時期「氣」已經開始具有了相對穩定、眾所認同的抽象意義，它高於具體事物又留存了原來的某些氣相屬性和運動方式，很早就成為一個具有典型意義的古代概念。

自「氣」的概念產生起，很快就出現意義泛化的趨勢。以後作為範疇的「氣」，一些內涵和屬性也與雲關係不大，即使是抽象意義的拓展，也可能仍與人們對「氣」的體驗相關：比如大氣充斥於我們周圍的空間，氣息和呼吸直接關係著動物、人類（包括自我）的生命現象。其滲入、淡出往往都在不知不覺的無形之中。其名為風的「大塊噫氣」可以蕭蕭，可以拂面撩衣，可以呼號鼓蕩，可以拔大樹、掀屋頂，可以轉風輪、送征帆，也可以翻江倒海，可以送來融融春意，也可能陡然增加嚴冬的凜冽……

由於「氣」給人以切近的體驗，並以多樣形態和運動變化給人豐富的啟示，而且華夏的民族文化為其滋生提供了適宜的土壤，它的內涵早在先秦時代就有了多方面的發展，後來成為一個重要的理論範疇也有充分的理由。

第二節　春秋戰國奠就的理論基石

從先秦史籍和諸子書中可以發現，「氣」的概念出現很早。《國語》

和《左傳》中以「氣」論教化、養生和精神的很多，比如：

（戎狄）冒沒輕儳，貪而不讓，其血氣不治，若禽獸焉。（《國語》
〈周語中〉）

口內味而耳內聲，聲味生氣⋯⋯若視聽不和，而有震眩，則味入
不精，不精則氣佚，氣佚則不和，於是乎有狂悖之言，有眩惑之明，
有轉易之名，有過慝之度。（《國語》〈周語下〉）

《論語》中也保存著早期較有代表性的議論：〈季氏〉篇中記述孔
子說：「君子有三戒：少之時，血氣未定，戒之在色；及其壯也，血氣
方剛，戒之在斗；及其老也，血氣既衰，戒之在得。」〈鄉黨〉篇也有
「屏氣似不息者」的描述。與《國語》的「血氣」和「聲味生氣」偏於
精神素質不同，《論語》中的「血氣」和「屏氣」之氣分別指生命活力
和呼吸的氣息，都屬人的生理之氣。

在諸子的議論中，「氣」概念程度不同地擺脫了對具象（尤其是雲）
的依賴，或者對意蘊層面有所開拓，或者增加了更普泛的意義，可以
視為是這一範疇走向成熟的標誌。

在「氣」概念的形成過程中，其意義出現向非自然物方面發展引
申的趨勢。在先秦時代，哲學領域的「氣」論建樹較大的則是老莊、
孟子和宋鈃、尹文學派。

一、老莊和孟子的「氣」論

上一節所引《左傳》〈昭公元年〉中記載，秦醫和把陰、陽、風、
雨、晦、明說成是「六氣」，表明「氣」已經有了抽象概念的意味，區
分出變化中的自然現象一些本質因素，說者顯然是根據春秋時代為人

們所認同的意識。「六氣」可能是與《周易》每一卦的六爻相配的。《國語》中的周史伯之論則著重闡發陰、陽二氣的功能作用，表明「六氣」的地位並不均等，陰、陽二氣最為重要；「氣」論很早就為「陰陽」說所用，有時甚至結合為一了。

　　《老子》對「氣」有所言說，比如：「萬物負陰而抱陽，沖氣以為和」（四十二章）；「心使氣曰強」（五十五章）。前者所謂陰陽是以「氣」的形態和運動方式存在和運作的，於是提出了一個對立統一辯證關係和宇宙萬物生成演化的模式，它能夠包容《國語》周史伯解釋地震、《易傳》解釋太極一類陰陽之論，可以說是先秦時代跨越各家的對辯證思維論的總體概括；而後者批評放縱慾念的「使氣」逞強，既是對「和之至」的追求，也有內省與克己的內涵。兩個論斷都有鮮明的民族特色。

　　《莊子》〈齊物論〉中說：「大塊噫氣，其名為風。」比較客觀地表述了大氣運動成風，且呼號有聲的自然現象，他隨即又提出大自然中「眾竅」、「吹萬」和「天籟」、「地籟」、「人籟」之說。這部著作有關「氣」的不少見解值得注意：

　　《莊子》所標舉的「御六氣之辯」（〈逍遙游〉）和「游乎天地之一氣」（〈大宗師〉）表明，宇宙萬物同根同質，人應該和可能順應自然變化，「至人」、「神人」、「聖人」的境界是與天地精神自由往復交通的境界。〈至樂〉篇指出：初始的「芒芴」狀態「變而有氣，氣變而有形，形變而有生」。莊子不僅用「氣」來說明有形之物的生滅，也用「氣」說明人的生死。〈知北遊〉說：「人之生也，氣之聚也，聚則為生，散則為死。……故曰通天下一氣耳。」莊子以為氣聚而物生，散而物死；它永遠在不停地運動變化，是天下一切事物共通的基始物質。這種認識為非宗教的生死觀、神形論、天人（或物我）的感應共鳴等

觀念和理論提供了論據。

在解釋生命與氣息的關係方面，《莊子》〈刻意〉表述了一個相當超前的見解——「吹呴呼吸，吐故納新」。他似乎已經意識到人通過呼吸實現新故之氣的交換，以維繫和更新生命。現代醫學和生物化學證實了這種「吐納」確實是維繫人體乃至許多動物生命活動之必須，所「納」為氧氣，所「吐」為二氧化碳。儘管莊子不可能揭示得如此徹底，但這是「氣」維繫人生命的新陳代謝之論，他洞察事物現象本質和客觀規律的獨到眼光確實令人歎服。

在《莊子》〈人間世〉中，莊子借孔子之口解釋「心齋」所說的一段話從來都受到研究者的重視：

> 若一志，無聽之以耳而聽之以心，無聽之以心而聽之以氣！聽止於耳，心上於符。氣也者，虛而待物者也。惟道集虛。虛者，心齋也。

從主體對客體的感應、接納（「聽」）來說，「耳」是感官，「心」是主觀的思維，「氣」指虛靜素樸的本真。「耳」只能感覺，「心」可能受成見和雜念的干擾，而「氣」通同於自然和「道」，能夠與之相融無間。故「耳」不如「心」，「心」不如「氣」。莊子在解釋「氣」的時候再三強調它的「虛」，足見「氣」指虛靜的心靈，只有「虛」才能以最大的涵容無扞格無障礙地體認和接納「道」。（他隨後所謂「虛室生白，吉祥止止」的「止」，就是專注，就是能免於「坐馳」的「靜」。）是知「心齋」即心靈的齋戒、淨化，就是「喪我」、「忘年忘義」的「無竟」（同「無境」）（《莊子》〈齊物論〉），就是「無己」、「無功」、「無名」（《莊子》〈逍遙游〉）。

現象世界原本就包括物質世界和精神世界，而人的生命特徵中精

神現象又是格外凸顯的，因此當古人認定「氣」與人的生命現象有必然連繫的時候，它向精神領域的滲透拓展也就順理成章了。《國語》和《左傳》中的「氣」就常有精神性內涵，不過這一點在戰國時代的著述最為明顯。

《孟子》〈公孫丑上〉中的一段話影響也極其深遠：「氣，體之充也，我善養吾浩然之氣。」所謂「浩然之氣」取向於人自身精神領域崇高境界的探求以及從中獲得的高度自信，因而得言「至大至剛」、「配義與道」，人們可以通過自我的道德修養──「善養」使之充實擴大，以至「充塞於天地」；而離開了道義的支持就會氣「餒」。孟子此說建立了儒家「心性」說的基礎。孟子的「養氣」之說在後面還要作專門的討論，這裡從略。

二、「精氣」說

先秦時代的「精氣」說主要是一種宇宙生成論，其中也解釋了人類的精神現象和思維創造的所以然。

《周易》〈繫辭上〉中說：「精氣為物，遊魂為變。」是精氣構成每一個事物，支撐著每一種現象。精氣既能構成有形的萬物，也能變化為無形的「遊魂」。先秦話語中的「遊魂」未必與今人所謂鬼魂等同，但無疑屬於精神性的東西。

據近人研究，《管子》大約成書於戰國，其中不少篇章是宋鈃、尹文學派的著作。一般認為宋鈃、尹文學派強調：精氣無所不在，是宇宙萬物構成的根本要素和人類靈性的來源；精氣充盈於心，就能夠產生智慧和靈感。從其「精也者，氣之精者也」的論斷來看，並非一切氣皆可稱之「精氣」！它是一種能夠化為有形的、有美感和靈性的特別神奇的「氣」。人摶集蓄留精氣的方法是排除雜念，保持內心的虛靜專一。虛靜專一的心靈能使耳目聰明、肢體堅強，成為摶聚和存留精

氣的處所。《管子》中的〈樞言〉、〈心術〉、〈內業〉等篇是「精氣」說最集中之處。比如〈內業〉篇說：

> 凡物之精，比則為生。下生五穀，上為列星；流於天地之間，謂之鬼神；藏於胸中，謂之聖人。

> 是故聖人與時變而不化，從物遷而不移；能正能靜，然後能定。定心之中，耳目聰明，四枝堅固，可以為精舍。精也者，氣之精者也。氣通乃生，生乃思，思乃知，知乃止矣。

> 摶氣如神，萬物備存。……思之，思之，又重思之。思之而不通，鬼神將通之。非鬼神之力也，精氣之極也。一氣能變曰精。

這三段引文從相互連繫的三個側面表述了「精氣」說的精髓，給我們以啟示：

其一，「精氣」從何而來未道明，似乎也無須道明，這「精氣」當是先於一切的本原性的自在之物，奇就奇在「流於天地之間」的鬼神也是由「精氣」構成。可以說是一種非宗教，甚至帶有唯物傾向的宇宙生成論和「鬼神」論。

其二，所謂「聖人」可以視為人類傑出的代表，其「與時變」和「從物遷」指順應時代環境和事物的發展變化、尊重客觀規律，「不化」、「不移」的是駕馭事物的精神意志和聰明智慧。聖人通過主動的「正」、「靜」、「定」，使自己成為「精舍」——容納、摶聚精氣的處所。於是有了生機，有了認識和思維的能力。

其三，「氣」既可以摶聚，「摶氣」者自然是人而非鬼神。「非鬼神之力」突出的是人把握事物的高明智慧，以及「摶氣」者的主觀能動作用。

三、兵書中的「氣」論

春秋戰國的戰爭頻繁，戰爭的指導思想和軍事指揮藝術的水平令西方近現代戰爭理論家歎為觀止。《左傳》〈莊公十年〉記曹劌論戰有「夫戰，勇氣也。一鼓作氣，再而衰，三而竭」的名言，勇氣就是敢於戰鬥、無所畏懼的精神氣勢。有勇氣是進行生死搏殺戰鬥的必要條件，在戰爭（或戰鬥）過程中這「氣」是有變化、此消彼長的。在兵法著作中。《孫子兵法》〈軍爭篇〉說：

> 故三軍可奪氣，將軍可奪心。是故朝氣銳，晝氣惰，暮氣歸。故善用兵者，辟（同「避」）其銳氣，擊其惰歸，此治氣者也。以治待亂，以靜待譁，此治心者也。

可以說是曹劌之說的發展。「奪氣」是在精神氣勢上被壓倒，「奪心」是取勝信心的動搖和謀略上的失當。求戰欲旺盛的生力軍有朝氣，師老和人馬怠倦則為「惰歸」。將帥必須是「治氣」上的成功者，才能使自己的軍隊在精神氣勢上壓倒敵人，並能避實擊虛，具有摧枯拉朽的戰鬥力。

一九七二年山東銀雀山出土了久已失傳的《孫臏兵法》，其中的〈延氣篇〉說：

> 合軍聚眾，（務在激氣）。復徙合軍，務在治兵利氣。臨境近敵，務在勵氣。戰日有期，務在斷氣。今日將戰，務在延氣……以威三軍

之士，所以激氣也。將軍令……其令，所以利氣也。將軍乃……短衣
絜裝，以勸士志，所以勵氣也。將軍令，令軍人，人為三日糧；國
人，家為……（所以）斷氣也。將軍召將衛人者而告之曰：飲食毋……
（所）以延氣也。

　　殘簡中還有「氣不利則拙」和「氣不勵則囂」等語。孫臏將軍隊
的士氣進行了細緻的辨析：言「激」、言「利」、言「勵」是以張揚軍
威和將帥士卒甘苦患難與共等工作和行動進行鼓動、激勵、勸勉和利
導；言「斷」是宣示在近期一決勝負的決斷；「延」可能就是延續的意
思，指高漲士氣的保持。

　　《吳子兵法》〈論將篇〉說：「凡兵有四機：一曰氣機，二曰地機，
三曰事機，四曰力機。三軍之眾，百萬之師，張設輕重，在於一人，
是謂氣機。」、「機」者機變權謀也。吳起論為將之道首言「氣機」，是
高度重視戰爭指揮者運籌帷幄的精神狀態和意志品質，以及臨戰駕馭
局勢當機立斷的能力，因為「張設輕重，在於一人」。司馬穰苴也認為
戰「以氣勝」，他提出的新氣勝舊氣（《司馬兵法》〈嚴位篇〉）也有新
銳強於「惰歸」的意思。〈尉繚子〉同樣指出「戰在治氣」（〈十二陵
篇〉），也強調：「將之所以戰者，民也；民之所以戰者，氣也。氣實
則戰，氣奪則走」（〈戰威篇〉）。

　　可以說春秋戰國的軍事家普遍重氣，兵法論著中這方面的材料不
少。軍隊的士氣，一國的民氣都是一種決定戰鬥力強弱的精神意志，
這「氣」產生的基礎是國家民族（或者軍隊）的凝聚力，也是無畏戰
鬥精神和抗爭決心的集中體現。兵法中所有的「氣」和「氣機」都有
待人去激發、去創造、去營衛、去把握、去利用，不藉助鬼神，不消
極等待，這樣的軍事理論除了顯示古人在戰爭動員和運籌帷幄上的卓

越以外，也體現出華夏民族的戰爭理念。

四、《荀子》和屈、宋《楚辭》中的「氣」

《荀子》和屈原、宋玉的辭賦分別是哲學和文學著作，都是在戰國晚期問世的集大成者，「氣」概念屢見於其中表明它已經被普遍接受、運用廣泛，在人們的運思中已經具有不可替代的作用。

《荀子》〈王制篇〉說：「水火有氣而無生，草木有生而無知，禽獸有知而無義；人有氣、有生、有知，亦且有義，故最為天下貴也。」把「氣」視為有生命或無生命的事物、有智慧道德和無智慧道德者一概共有相通的東西。儘管類似的思想《管子》、《莊子》、《呂氏春秋》等諸子書中也能看到，《荀子》這方面亦可謂總其成，其〈天論篇〉云：「列星隨旋，日月遞照，四時代御，陰陽大化，風雨博施，萬物各得其和以生，各得其養以成。」所謂「陰陽大化」、「各得其和」、「各得其養」顯然都是不言氣的「氣」論。在其〈王制篇〉的一些論述中也表明荀子認為「氣」是宇宙萬物的根源，無論水、火、草木、禽獸和人類，其物質統一的基礎都是「氣」。

屈原、宋玉的創作體現了戰國文學的最高成就，其中帶「氣」的詞語出現的頻率相當高，意義也是多樣的：有氣候之「氣」，有構成宇宙萬物之「氣」，有顯現生命性特徵的「氣」，也有與精神意志相關的「心氣」、「神氣」……。

比如屈原《惜往日》中的「盛氣志而過之」是怒氣之「氣」。《悲迴風》中的「傷太息之愍憐兮，氣於邑而不可止」以及「心鬱而不開兮，氣繚轉而自縮」則是與鬱結相連繫的怨尤之「氣」；而其後的「觀炎氣之相仍兮，窺煙液之所積」又是節候之「氣」。《大招》中的「氣」則有三種意義，其「春氣奮發」無疑指節候，「曼澤怡面，血氣盛只」指生機活力也不成問題，而「代秦鄭衛，鳴竽張只。……四上競氣，

極聲變只」值得注意的是以「氣」直接代指樂曲的音響效果！《遠遊》中「內惟省以端操兮，求正氣之所由」的「正氣」則是光明正大的精神意志；「因氣變而遂曾舉兮，忽神奔而鬼怪」之「氣變」卻說的是精氣之變化；「餐六氣而飲沆瀣兮，漱正陽而含朝霞」的「六氣」所指與《左傳》相通，是天地四時之「氣」；而「見王子而宿之兮，審一氣之和德。曰：『道之可受兮不可傳，其小無內兮其大無垠，無滑而魂兮彼將自然。一氣孔神兮於中夜存，虛以待之兮無為之先，庶類以成兮此德之門。』」所謂「一氣」又是凝「六氣」為一的精純之「氣」。更為人們所熟知的是宋玉的《九辯》開篇即言指天氣的「氣」：「悲哉！秋之為氣也。……天高而氣清。」

五、《黃帝內經》〈素問〉以「氣」論醫道

大約問世於戰國末到西漢前期的《黃帝內經》〈素問〉是我國古代首屈一指的醫學經典。它基本上是一部以「氣」論養生、論病和以「氣」辨證施治的書，其中用到的由「氣」組合而成的概念達數十個，數量之多、運用之頻繁為古籍之所僅見。不僅有渾成的本根之「氣」和「精氣」、「真氣」、「經氣」、「清氣」（全書未見「元氣」的概念，這大概可以作為該書成書於不晚於西漢前期的一個內證）之類，有天地，四時（春、夏、秋、冬），節候，陰陽，五行（金氣——收氣、木氣——生氣、水氣——藏氣、火氣——長氣、土氣——化氣），五臟（心、肝、脾、肺、腎），五天（丹、黃、蒼、素、玄）之「氣」；有「谷氣」、「溫氣」、「冷氣」、「近氣」、「遠氣」、「客氣」、「固氣」；有「風氣」、「熱氣」、「燥氣」、「濕氣」、「寒氣」；有「厥氣」、「苦氣」、「痺氣」、「惡氣」、「癰氣」、「瘧氣」、「間氣」、「殺氣」、「病氣」……全書俯拾皆是，不勝枚舉。

脈氣反映病理，是探查病情的途徑。由於「百病生於氣」，摒除邪

氣和病氣之類非正常的「氣」使其他諸氣「平」、「和」則身心康健。氣是動態的，人身體的氣有上、下、緩、消、收、洩、亂、耗、結的不利變化，需要安定、營衛和調節。

這部醫學經典中有龐雜的「氣」概念系列，這些概念大多指某種現象形成和變化的因素。從哲學等其他領域移用的概念（如「精氣」、陰陽五行之「氣」）意義大致較為確切。許多為醫學專用，尤其是某些代表一種無形之病因的「氣」，其內涵和運動方式不能或難以確指，往往只能依據陰陽五行的模式臆測和推斷，甚至只能算是姑且名之。

《黃帝內經》〈素問〉是先秦若干醫者經驗的概括，撰結者把一切有所覺察但難知就理，特別是隱而不顯的病理因素，分別歸類，一一冠之以不同的氣名。透露出「氣」概念系列的另一個特點：其內涵上的模糊性產生於經驗判斷而非實證，不僅體現在本根論中通同一切的「氣」上，也體現在分化了的、個性鮮明的概念系列中。因而也合乎經驗型學術的需要，為傳統理論體系的建構提供了方便。

《黃帝內經》〈素問〉誠然是中國最早的醫學經典，但其辨證施治的思想，它在生命現象和與人的感覺和精神、意識相關問題上的探討對文學藝術還是有啟發的，尤其在神形、個性和感覺體驗等方面，比如說：「氣裡形表而為相成也」（《陰陽離合論》），「氣有多少，形有盛衰」（《天元大紀論》），「氣味有薄厚，性用有躁靜」（《至真要大論》）之類。

六、「氣」概念生成的哲學意義

哲學統領著所有的學術理論，美學與哲學間的連繫更是「生與之俱」的。美學被有的學者稱之為藝術哲學。一個民族在哲學思辨和方法論上的特點也是該民族美學理論特徵形成的決定因素之一。除藝術實踐等方面的因素而外，哲學的發展進程及其水準也推動或制約著美

學發展的進程和水準。

　　範疇是思維的成果，也是這種成果表述邏輯形式的核心環節。由於美學與哲學存在著上述天然的連繫，傳統美學中的許多範疇都能夠與哲學共用，或者經過適當的改造從哲學中移用過來的，比如「道」、「氣」、「心」、「物」、「性」、「體」、「勢」、「理」、「意」、「象」、「文質」以及「有無」、「虛實」、「動靜」多皆然。

　　中國古代哲學中的「氣」為萬物所本（即視其為萬物的基始），其存在、運作和介入思維的主要形態有同一或者混成的特點。（「氣」概念的內涵是由氣態物質的物理屬性發展而來的。「氣」論一般說相當抽象，《國語》和《老子》中主宰事物生成發展、以「氣」的方式存在和運作的陰陽兩種動因就是高度抽象的。）「氣」範疇及其相關理論的渾融性是中國哲學、華夏民族文化渾融氣質的集中體現。

　　中國古代哲學也是混成的，沒有像近代西方哲學一樣有認識論、倫理學、邏輯學以及元哲學……的分類。儘管存在著獨立的藝術論，美學仍始終與哲學的認識論和辯證法、倫理學保持著連繫，甚至經常被包容於其中。中國哲學為自己的美學範疇提供了理論依據，也以自己的理論形態影響著美學範疇系列和體系的形成。「氣」的貫一、充斥，上通於道，構結宇宙萬物，又是為「天人合一」和「道器不離」等觀念，以及用整體的、重視各組成部分有機連繫的方式對事物進行渾融把握奠下了理論基石。

　　從春秋戰國時代中國古代哲學的基本架構初步形成，到近代被西學取代其主流地位之前，數千年來「氣」一直是中國哲學的中心範疇之一，貫穿整個古代學術史的始終。這一點是其他範疇難以比擬的。正因為如此，「氣」範疇的形成和運用才能夠凸顯出我們民族心理、思維方式和理論建構上的特點，尤其是「氣」最為鮮明地體現了古代範

疇的渾融性、通用性（約定俗成）。當然，與原生氣態物屬性直接相關的瀰漫性、涵蓋性、滲透性、強親和（活）性、生命性則大抵也只為「氣」範疇所獨具。

從「氣」是萬物的基始可以理解到：古代理論中的「有生於無」之「無」並不是一無所有的真空，而是具有氣之希微、空靈性狀的虛無。與古希臘哲學的原子論中有不入性的原子相比，「氣」具有可入性；「氣」既是可感的，又常為無形之物；既可以是物質的、具體的，又可以是精神的和高度抽象的，這種範疇組合的理論不僅使物質、精神的相融、互動和互換成為可能，而且靈便裕如；其渾融虛柔、瀰漫充斥、氤氳升降、流動聚散以及可以化無形為有形等特點，顯示它的運用者所選擇的是一種重視運動變化和有模糊把握優勢的思辨模式。

在「氣」概念形成和向理論範疇昇華的過程中我們應該區別常識性的階段與具有哲學意義的階段。早期的「雲氣」、「水氣」、「煙氣」和呼吸之氣息，都是具體的常識性的概念。作為萬物構成材料和精神現象中的「氣」是思維的成果，是抽象的哲學概念，出現較晚；只有抽象意義成為其內涵的核心之時，它才可能進而上升為範疇。

戰國時期是「氣」範疇形成並在哲學領域被廣泛接受、在範疇系列中取得主導地位的時期。諸子大多都在尋求各種事物現象的統一根源，逐漸認同「氣」這個範疇，賦予它更多抽象的意義，於是「氣」成了普遍的一般的各種事物基始物質。「氣」原本作為物質的具體屬性雖然居於次要地位，但也帶入作為範疇的「氣」之中，於是「氣」之細微、輕舉、瀰漫、流動、散聚、氤氳、變化……種種特點也可以按論者比擬的需要任其選擇和發揮了。

古希臘米利都學派活躍於公元前七世紀至前六世紀，其代表人物之一泰勒斯認為「水是萬物的基始」，阿那克西美尼也曾提出萬物的基

始是空氣的主張。他們用自然本身存在的物質來說明宇宙萬物的起源和構成，有鮮明的唯物論特徵，顯然是對神話和宗教中超自然力量創造世界觀念的一種超越，被人們稱之為自然哲學。公元前六世紀至前五世紀的古希臘哲學家赫拉克利特在提出「世界是一團永恆的火」這一命題的同時，又說：「土死生水，水死生氣，氣死生火。反過來也是一樣。」[1]把「氣」視為萬物演化過程中的一個環節。公元前五世紀的恩培多克勒則以為火、氣、土、水是構成世界的「根」（基本原素）。其後一百年左右的德謨克利特又提出原子論……基本保持了一條自然哲學的軌跡。這種自然哲學的取向與東方日益向倫理學傾斜的中國哲學顯然分道揚鑣了。

　　《聖經》是基督教的經典，其中《舊約》本是猶太教的經典，《新約》中也保存了一些中東上古時期的思想材料。這部經典多次用到的「氣」、「風」、「靈」關係非常密切，不難找到與中國古代「氣」論類似之處，儘管其中的「氣」和「氣息」由全能的上帝擁有和吹噓而出。除了前面所舉《舊約》的例子而外，《約伯紀》中還有「他若專心為己，將靈和氣收歸自己，凡有血氣的就必一同死亡；世人必仍歸塵土」（三十四章十四、十五節）；「上帝噓氣成冰；寬闊之水也都凝結」（三十七章十節）。《以賽亞書》說：「草必枯乾，花必凋殘，因為耶和華的氣吹在其上；百姓誠然是草」（四十章七節）；「如此，人從日落之處必敬畏耶和華的名，從日出之地也必敬畏他的榮耀；因為仇敵好像急流的河水衝來，是耶和華的氣所驅逐的」（五十九章十九節）。《新約》也有上帝和耶穌賜氣息於人、用氣行事的記載：如《帖撒羅尼迦後書》二章

1　見赫拉克利特《殘篇》七十六，轉引自汝信等主編：《西方著名哲學家評傳》第一　卷，山東人民出版社1984年版，第144頁。

八節說：「那時這不法的人必顯露出來。主耶穌要用口中的氣滅絕他，用降臨的榮光廢掉他。」《使徒行傳》十七章二十四、二十五兩節說：「創造宇宙和其中萬物的上帝，既是天地的主，就不住人手所造的殿，也不用人手服事，好像缺少什麼；自己倒將生命、氣息、萬物，賜給萬人。」

　　與人自身生命現象相連繫的是氣息。「氣」既與生命相連繫，又不完全等同於生命，上帝和耶穌吞吐的氣極有威力，既威嚴有力，又顯靈於無形！

　　風是一種常見的氣，莊子說過「大塊噫氣，其名曰風」。有趣的是，《管子》中有精氣的搏聚關係思維創造（靈感）的論述。《聖經》中的「靈」也與「風」和「氣」相通同，雖帶有神性，不能與靈感和思維創造畫等號，也是指一種非凡的靈慧和精神創造力。[2]何光滬、許志偉主編的《對話：儒釋道與基督教》指出：「靈」這個詞的希伯來文原意是「空氣」，其存在狀態為自然界的風和動物的呼吸，進而引申為活力。當這個詞用於上帝方面時，已經失去了物質的屬性，成為一種純精神力量。這些文化傳統久遠的民族早期都有用「氣」的運動變化來解釋宇宙萬物生成演化的記錄。表明在先民思維的起步階段有更多的共同點，以後由於生存發展環境和歷程的差別才有不同的取捨，才

2　中國基督教協會一九九五年五月版的《聖經》（串珠·注釋本）注《約翰福音》三章八節說：「風，原文與靈字同。」英文版《新約全書》（聖安東尼·吉爾特出版社1970年7月版）注《約翰福音》三章八節時說：「風，希臘字pneuma意謂著『風』（wind）和『靈』（spirit）。」英文版《〈舊約全書〉概覽》（威廉·B·厄爾德曼斯出版公司1991年5月版第13頁）說：神啟的主要媒介是上帝的「靈」（spirit）字也可以翻譯成「風」（wind）或「呼吸」（breath）。上帝「呼出」（breathing out）聖言，捲入其中的代言人「吸入」（inspiring）聖言，這二者密切的關係是明顯的。據《聖經》記載，古代的聖者都曾為上帝的靈所感。任何一種更準確地界定聖靈活動的企圖，是與聖靈像風一樣無法控制、只能見證其果效的事實相違背的。（參見《約翰福音》3章8節）

在後來形成各有優長、各有專擅的格局。「氣」與人類接觸密切，清虛充斥、無形而可感，與人類自身和動物的生命息息相關，有流動聚散的運動變化；不僅形態萬端，又可化無形為有形或者化有形為無形。「氣」的特點富於啟示，以「氣」作比況的抽象很早出現是很自然的，這樣的理性表述也使當時的人們易於接受：「氣」就這樣被一些民族啟動思辨的先哲藉助，成為早期思維運作的媒介。

「氣」範疇在中國古代學術中得到廣泛認可，運用範圍不斷擴大，理論家、批評家也不斷在新的層面豐富和拓展它的意義。在古希臘哲學史上「氣」的本根說卻很快被取代，甚至「氣」也沒有成為一個真正意義上的理論範疇。這是否可以說明中國學術的保守，理論形態落後，沒有更新能力呢？原始的思維方法未必就是低級幼稚的方法。如「比較」的方法就是最原始的思維方法，但它也是最基本、永遠不可或缺的思維方法之一。華夏民族文化的渾融氣質與「氣」範疇在中國古代學術領域被廣泛和充分利用自然有內在連繫，正因為孕育它的土壤造就了它，其特點和優勢適應華夏民族思維方式和理論發展的需要。

就宇宙生成和萬物起源、構成上說，中國先秦時期的「氣」論、「五行」說與古希臘的自然哲學有某些近似之處，而且千百年來為華夏民族一種世界非為上帝和神所創造的觀念和學說提供了理論依據。古希臘哲人曾以「氣」為宇宙萬物的基本元素之一，注重其作為物態之一的自然存在形式，而中國哲學則更多地藉助「氣」的運動方式去闡釋事物的發展演變。中國古代哲學向來以人與社會關係（社會哲學）的研究為主導，即使出現一些自然哲學的因素也會很快地被社會哲學所吸收或改造，比如對後世影響很大的孟子的「氣」論，就基本上徜徉在精神領域。中國古代「氣」論的主流在社會哲學之中。其所謂「氣」，在原本物質的、具體的、客觀的「氣」中滲入了精神的、抽象

的、主觀的內蘊。即使用於闡釋自然現象時，它也往往與社會（政治、
人文、道德）的因素相連繫。正因為如此，中國的「氣」論也沒有像
古希臘的自然哲學一樣隨著自然科學的發展很快被新的範疇和範疇系
列取代。

中國古代哲學以有廣袤、富於運動變化的「氣」為世界的根本，
從機械唯物論的觀點來看，這「氣」似乎難以把握，其實卻是較為深
刻而更切近實際的概念。

第三節　秦以後的發展梗概

一、漢代的「元氣」說

秦漢開始建立起中央集權的君主專制大帝國，先秦時代的多元政
治演變為一元政治，學術、思想意識也服從政治的需要結束了「百家
爭鳴」、多向探討的局面，逐漸形成定於一尊的體制。秦始皇以焚書坑
儒、嚴刑峻法強化思想控制導致王朝的速亡，漢武帝以後的獨尊儒
術、征聖宗經卻相當成功。漢代一元化意識在「氣」論上的表現就是
「元氣」概念的提出。

《呂覽》〈應同〉已有：「因天之威，與元同氣。」後來《大戴禮》
〈保傅〉說：「元，氣之始也。」、「元」字凸顯了「氣」在原生、基始
方面的內涵，「元氣」既有本根的意義，也有包容和統率一切的意義。
董仲舒《春秋繁露》〈王道〉有「元氣和順」之語，表明「元氣」概念
至遲出現於漢代前期。

先秦「氣」概念和「氣」論的產生有從切身感覺、體驗出發，由
近及遠，由直觀到意識和相關理論形成的發展歷程。初始階段的「氣」
與自然的關係比較密切，從最早的雲氣、風雨和節候之氣、陰陽二氣

等到《老子》的「負陰抱陽」、《管子》的「精氣」說都是針對自然萬物而言。《莊子》的「大塊噫氣」亦然，而孟子的「浩然之氣」則是與人自身道義相連繫的精神意志了。先秦「百家爭鳴」中，顯示出由具體事物之「氣」向抽象的「氣」概念轉化趨向。到了漢代，推究宇宙萬物之本根和世界生成過程的「元氣」論則成為學術的主導。

《老子》「負陰抱陽」的「沖氣以為和」，《管子》、《易傳》的「精氣」說到漢代的「元氣」說，「氣」作為宇宙萬物的基始和本根的認識大致已經形成。無論是較早的「太極陰陽」說還是後來在階段上剖分更細的「太虛」、「太初」、「太始」、「太素」之說，都以為宇宙源起於一種渾沌清虛的氣。這是對宇宙萬物起源的推斷，是想當然的，但是其唯物論的傾向非常明顯：「沖氣」為萬物和「天下通一氣」之說與形形色色的宗教神學的創世說不一樣，作為萬物之初始和本根的「氣」基本上是物質的，世界是在「氣」的運動演化中生成的，而不是上帝和神明創造的。

先秦儒家關注和力圖改造現實社會政治，而道家則力求從宏觀角度超越世俗見識，把握社會人生的真諦以及自然萬物的運作規律，道家的「氣」論重在宇宙生成論和養生論。漢初《淮南子》繼承並發展了先秦道家思想，它吸收了醫學、天文、律歷學等方面的理論，兼容儒、法等其他學派的思想於理論體系中。它把「道」看作「一氣」或「元氣」，提出了以「元氣」為基礎的生成論。在董仲舒的《春秋繁露》中「氣」論又和「陰陽五行」說相結合。

《淮南子》〈天文訓〉說：「太始生虛廓，虛廓生宇宙，宇宙生元氣。元氣有涯垠：清陽者薄靡而為天，重濁者凝滯而為地。」、「虛廓」就是無垠的空間。「元氣有涯垠」則是從無形至於有形、從渾沌未分到有所分際的過程。不過，《淮南子》更多討論的仍然是與人的生命精神

相連繫的「氣」，比如《原道訓》說：「今人之所以眭然能視，營然能聽；形體能抗，而百節可屈伸；察能分白黑，視美醜；而知能別同異，明是非者，何也？氣為之充，而神為之使也。」《本經訓》說：「人之性，有侵犯則怒，怒則血充，血充則氣激，氣激則發怒，發怒則有所釋憾矣。」《精神訓》說：「夫孔竅者，精神之戶牖也。而氣志者，五藏之使候也。耳目淫於聲色之樂，則五藏搖動而不定矣；五藏搖動而不定，則血氣滔蕩而不休矣；血氣滔蕩而不休，則精神馳騁於外而不守矣。」

到了東漢，「元氣」論才得到更充分的闡揚。王充《論衡》不僅在〈談天〉篇引述了「說《易》者曰：『元氣未分，渾沌為一』」，在其他一些篇章對「元氣」也有獨到的發揮：

人稟氣於天，氣成而形立，則命相須，以至終始。（〈無形〉篇）

萬物之生，皆稟元氣。（〈言毒〉篇）

人之善惡共一元氣，氣有多少，故性有賢愚。（〈率性〉篇）

天地並氣，故能生物。（〈說日〉篇）

俱稟元氣，或獨為人，或為禽獸。並為人，或貴或賤，或貧或富，……非天稟施有左右也，人物受性有厚薄也。（〈幸偶〉篇）

人未生，在元氣中；既死，復歸元氣。元氣荒忽，人氣在其中。（〈論死〉篇）

宇宙萬物的本根和生命現象的依據都是「元氣」。由於「受性」有別，「人」和「物」稟賦的「元氣」的多寡也就不同，所以有成為人和成為禽獸的差異。縱然都是人，也就有了貧富、貴賤、賢愚的分別。「元氣」的多少不同決定人和事物質的差異，也決定了不同個體的存在和表現形式及其優劣成敗。在《論衡》中「元氣」與「精」和「精氣」是相通的。王充將「人氣」包容於「元氣」之中，以為人的生命不過是「元氣」往復演化的一種形式。

東漢的一些「元氣」論接受了西漢末的《易緯》、《詩緯》的「三氣」（即「太初」、「太始」、「太素」）說的影響，如《白虎通義・天地》有：「天（原脫，據《太平御覽》引《禮統》文補）地者，元氣之所生，萬物之祖也。……始起先有太初，然後有太始。形兆既成，名曰太素，混沌相連，視之不見，聽之不聞。……故《乾鑿度》云：『太初者氣之始也，太始者形之始也，太素者質之始也。』」又有一些學者認為「元氣」（或「三氣」）之上還有一個先於「氣」的本體。如張衡《靈憲》中說：

太素之前，幽清玄靜，寂寞冥默，不可為象。厥中惟虛，厥外惟無。如是者永久焉。斯謂溟涬，蓋乃道之根也。道根既建，自無生有。太素始萌，萌而未兆，並氣同色，渾沌不分。故道志之言云：「有物渾成，先天地生。」其氣體固未可得而形，其遲速固未可得而紀也。如是者又永久焉。斯謂龐鴻，蓋乃道之干也。干既育，萬物成體，於是元氣剖判，剛柔始分，清濁異位，天成於外，地定於內。……

此處「太素」、「並氣同色，渾沌不分」，相當於「元氣」。張衡認為「太素」之前還有一個玄冥、靜默、虛無、永久性的「溟涬」境界，

是「道之根」。「龐鴻」（博大無垠）的「太素」是「道之干」，「其氣體固未可得而形，其遲速固未可得而紀」言其無空間和時間的分別起始。「有生於無」的宇宙生成論在東漢後期已經相當流行，魏晉時期進而發展為一種以「無」為本的本體論。

「元氣」論的出現，不啻使「氣」的概念系列有了本末的層次分化，也是「氣」範疇體系初步形成的標誌。

二、魏晉隋唐「氣」論的解放

魏晉南北朝時期國家長期分裂，政權更迭頻繁，經學失去了唯我獨尊的統御力，先秦的思辨精神在特殊的條件下得以復歸。學術爭鳴由黃老、刑名復起開始，到上百年的玄學論辯（包括自然與名教以及玄學內部關於「有無」、「體用」、「動靜」、「才性」、「言意」等問題的論辯），以及儒、道、佛的論戰，哲學的開放性帶來異彩紛呈的「氣」論成果。

嵇康《聲無哀樂論》涉及音樂與「氣」的關係之處是這樣說的：「夫聲音，氣之激者也，心應感而動，聲從變而發。」、「凡陰陽激憤，然後成風，氣之相感，觸地而發，何得發楚庭來人晉乎？且又律呂分四時之氣耳，時至而氣動，律應而灰移，皆自然相待，不假人以為用也。」、「和心足於內，和氣見於外，故歌以敘志，舞以宣情。然後文之以采章，照之以風雅，播之以八音，感之以太和。導其神氣，養而就之；迎其情性，致而明之；使心與理相順，氣與聲相應。合乎會通以濟其美，故凱樂之情見於金石，含弘光大顯於音聲也。」一是提出「氣激成聲」的自然生成說，二是認為音樂的功能在於士人個體的「導養神氣」，顯然與強調政治教化和諧社會的傳統樂論大異其趣。

西晉的楊泉以為天充滿「元氣」，別無他物；又在《物理論》中指出：「成天地者，氣也。」、「人含氣而生，精盡而死。……人死之後，

無遺魂矣。」顯然比王充對「氣」的描述更接近萬物的本質，在鬼神迷信猖獗的時代否定死後魂魄的存在，其見識和勇氣不可謂不卓異。

東晉葛洪《抱朴子》對道教理論建構很有貢獻。其〈塞難〉篇說：

渾茫剖判，清濁以陳，或升而動，或降而靜，彼天地猶不知所以然也。萬物感氣，並亦自然，與彼天地，各為一物，但成有先後，體有鉅細耳。

其〈至理〉篇也有：「夫人在氣中，氣在人中，自天地至於萬物，無不須氣以生者也。」僅從這樣的議論看，可以說接受了從老莊到王充的看法，並無多少宗教色彩。他對成仙所以然和人稟賦運命的解釋也很有意思：

按仙經以為諸得仙者，皆其受命偶值神仙之氣，自然所稟。故胞胎之中，已含信道之性，及其有識，則心好其事，必遭受明師而得其法。不然，則不信不求，求亦不得也。《玉鈐經》主命原曰：人之吉凶，制在結胎受氣之日，皆上得列宿之精。其值聖宿則聖，值賢宿則賢，值文宿則文，值武宿則武，值貴宿則貴，值富宿則富，值賤宿則賤，值貧宿則貧，值壽宿則壽，值仙宿則仙。……（〈辨問〉篇）

〈塞難〉篇也有「命之修短，實由所值，受氣結胎，各有星宿」。這便是道教中的仙根和「星宿應命」之說。葛洪以「氣」論養生修練甚詳，神仙家更常以吐故納新、引氣駐形作為修練內丹的方法，我們將在後面關於「養氣」論的一章略作介紹。

六朝佛學建樹最多的理論家當推僧肇，他在《不真空論》中說：

是以聖人乘真心而理順，則無滯而不通。審一氣以觀化，故所遇而順適。無滯而不通，故能混雜致淳。所遇而順適，故則觸物而一。如此，則萬象雖殊，而不能自異。不能自異故知象非真像。象非真像，故則雖象而非像。然則物我同根，是非一氣。

此段文字任繼愈先生的今譯是：「因此，聖人用真理去對待事物，就不會有所滯礙；從統一的原則觀察萬物的變化，就不會與外界發生牴觸。不會有所滯礙，所以能透過複雜的現象達到純一的真理；不與外界發生牴觸，所以能泯除外界的差別。這樣，世界萬物雖表現差別，這種差別（是人加給它們的）不是萬物本來具有的。（既然）萬物自身本不具有差別，可見現象不真實。現象既不真實，所以現象不是（真實的）現象。那麼客觀和主觀、是和非都是同一個根源。」[3] 應該說僧肇是雄辯的。他運用得到國人基本認同的「天地萬物通一氣」觀念反證「象非真像」、「雖象而非像」（即以「萬象」、「是非」皆本「一氣」，推論萬殊「不能自異」和「象」的不真實性）。此外，在梁代翻譯的《文殊師利問經》中還出現了「業氣」的概念：

爾時，文殊師利白佛言：「世尊，一切聲聞緣覺有起煩惱不？」、「起。」、「幾種煩惱起？」佛告文殊師利：「有餘故名起者，譬如香氣。所言氣者，有二十四種業氣。見處氣、染氣、色染氣、有染氣、無明染氣、行氣、識處氣、名色氣、六入氣、觸氣、受氣、愛氣、取氣、有氣、生氣、老氣、病氣、死氣、憂氣、悲氣、苦氣、惱氣、疲極氣、依氣，此謂二十四氣。身口意餘，此謂業氣。

3　《漢唐佛教思想論集》，人民出版社1973年4月版，第288、289頁。

佛家語中「業」是造作的意思，造作必有果報，「業氣」似乎是各有因緣的種種煩惱。看來在佛教中國化的過程中氣也曾是其採擇的對象。在禪定、冥想等佛門功課中呼吸、氣息也是受重視的，這方面也與道教的「養氣」不無相通之處。

華嚴宗大師宗密在《原人論》中說：

儒、道二教說人畜等類皆是虛無大道生成養育，謂「道法自然」，生於元氣，元氣生天地，天地生萬物。故智、愚、貴、賤、貧、富、苦、樂皆稟於天地，由於時命，故死後卻歸天地，復其虛無。

他認為「元氣」論不如「因緣」說合理：「萬物皆是自然化生，非因緣者，則一切無因緣處悉應生化，石應生草，草或生人」，「元氣」無差別，眾生的智識、貧富、貴賤卻有差別，上天何以不公平？如何解釋「無德而富，有德而貧」的現象？

在佛教中國化的過程中，佛學對氣論也有所吸納。佛教所重視的禪定、坐禪、服氣、數息觀中，與道教倡導的坐忘、胎息服氣、吐故納新有不少相通之處。比如《達摩大師住世留形內真妙用訣》中說：「凡人之呼吸與聖人殊，凡人之息氣由咽喉出入，聖人之息氣常在氣海。氣海即元氣之根本也。」

屬於儒家的柳宗元在《非國語》中駁斥了伯陽父所謂地震是天地陰陽之氣失序所致並預兆國家將亡的荒謬，他指出：陰陽二氣「自動自休，自峙自流，是惡乎與我謀？自鬥自竭，自崩自缺，是惡乎為我設？」自然現象依循自己的規律和方式矛盾運動，與社會現象（此處指國家盛衰）並不相干。

玄學內部以及儒、道、佛三家的論辯和理論建設中，各自在「氣」

論上有所拓展的同時也有相互的借鑑吸收。

三、宋以後「氣」論的精緻化

「氣」論精緻化的表徵是對混成之「氣」又進行了「氣」與「理」的區分和解析。

先秦《莊子》、《荀子》和《易傳》中已常見「理」的概念：

依乎天理。（《莊子》〈養生主〉）

爾將可與語大理矣。

是未明天地之理，萬物之情者也。

是所以語大義之方，論萬物之理也。（《莊子》〈秋水〉）

判天地之美，析萬物之理。（《莊子》〈天下〉）

凡人之患，蔽於一曲而暗於大理。（《荀子》〈解蔽〉）

窮理儘性以致於命。（《易》〈說卦〉）

易簡而天下之理得矣。（《易》〈繫辭上〉）

嵇康《聲無哀樂論》有「夫推類辨物，當先求之自然之理」之論。阮籍《達莊論》亦有「自然之理不得作」則一切事物的運作和關係亂套的表述。

在東晉的《易》學中支遁已經徑直把「道」解作「理」，他說：「至理冥壑而歸於無名，無名無始，道之體也。……故理非乎變，變非乎

理。……故千變萬化，莫非理外。」（《大小品對比要鈔序》）到了唐代，華嚴宗的「四法界」中就有了「理事無礙法界」和「理法界」，把佛教至高無上的真如境界叫作「理」世界。這種對「理」的推崇可以視為後來宋明理學的先導。

宋代有唯物論傾向的哲學家張載提出「虛空即氣」的學說。他在《正蒙》〈神化〉中說：「所謂氣也者，非待其蒸郁凝聚、接於目而後知之，苟健順動止、浩然湛然之得言，皆可名之象爾。然則像若非氣，指何為象？」《乾稱》又說：「凡可狀皆有也，凡有皆象也，凡象皆氣也。」、「健順動止」即依自然規律運動生息，「浩然湛然」指廣袤宏深不可窮盡。張載認為氣是宇宙萬物的本根，在他所提出的「氣」、「太和」、「太虛」、「性」四個基始性觀念中氣又是最根本的：「太和」是陰陽未分之氣，「太虛」是散而未聚無形可見之氣，「性」是氣所固有的能動的本性。其《正蒙》〈太和〉說：

太虛無形，氣之本體；其聚其散，變化之客形爾。……
氣之為物，散入無形，適得吾體；聚為有像，不失吾常。太虛不能無氣，氣不能不聚而為萬物，萬物不能不散為太虛。循是出入，是皆不得已而然也。

「氣」是萬物原生的狀態，雖有聚散運動仍然是本質的、恆常的，故言「本體」；而事物現象是暫時的變化不定的，故稱「客形」。萬物的生成消亡是氣之散聚所至；「氣」必然聚而為「有像」的萬物，萬物又必然散為「無形」的「太虛」（氣）。按照自然規律出現「無形」化為「有像」、「有像」復化為「無形」的循環往復是不得不然的。他在《天論・中》解釋說：「若所謂無形者，非空乎？空者，形之希微者

也。」顯然是以「虛空」為「氣」。

「氣」論在宋明理學中占有重要地位。二程雖然倡導理本體哲學，以為「理」先於「氣」，但仍然強調「氣」是理必須藉助的產生萬物必不可少的材料，朱熹的區分更為嚴格：

> 天地之間，有理有氣：理也者，形而之道也，生物之本也；氣也者，形而下之器也，生物之具也。是以人物之生，必稟此理，然後有性；必稟此氣，然後有形。（《答黃道夫》）

「氣」範疇中原本包含的「理」被剝離出來，雖然這時的「理」與「氣」或有本末先後之別，理學家也承認客觀上和應用上兩者不能分離。應該說是更為精緻的「氣」論。明代哲學家大都對「理在氣先」的論斷持不同意見，從以朱學為宗的羅欽順，到倡導心學的王守仁，大多以為「理」應是「氣」之條理。王廷相則承張載之說，以為「物虛實皆氣」、「理載於氣」（《慎言》）。

清代是古代學術集大成的時期，雖對張載的「氣」本體論有所弘揚，對程朱理學和陸王心學有所批判，總的說來「氣」論上並無大的建樹。清初王夫之算是在「氣」論方面用力甚多者，在《周易》的解說和《張子正蒙注》中他說：

> 陰陽二氣絪縕於宇宙，融結於萬匯，不相離不相勝，無有陽無陰，有陰而無陽……（《周易內傳》卷一）

> 六陰六陽，絪縕於兩間，而太和流行……（《周易內傳》卷二）

縕者，氣之母。(《周易外傳》卷二)

太虛即氣，縕之本體，陰陽合於太和，雖其實氣也，而未可名之為氣。(《張子正蒙注》卷一)

「縕」同於「氤氳」，語出《易傳》，原義是氣盛貌。船山既稱「縕」為「氣」的存在和運動方式，又以為陰陽二氣產生於「縕」。這後一個「縕」在陰陽二氣之上，是另一個具有類同氣之屬性的更原始的本根。王夫之強調它不是「氣」，是為本根擺脫「氣」之具體性進行的一次再抽象。認為宇宙間「人物之生，皆縕之伸聚」，而萬物「散而歸於太虛，復其縕之體，非消滅也」，可以說是對傳統宇宙生成論和莊子聚散生化之說的發展。王夫之把「縕伸聚」生化萬物的過程稱之「氣化」：「氣化者，氣之化也。陰陽具於太虛之中，其一陰一陽，或動或靜，相與摩蕩，乘其時位以著其功能，五行萬物之融、結、流、止、飛、潛、動、植，各自成其條理而不妄。」(本段引文皆出自《張子正蒙注》卷一)

「氣」範疇及其概念系列運用於藝術理論批評的優勢在於它們把握事物上的整體性和渾融性。宋明理學及其後繼者多將「氣」分化成「理」與「氣」，王船山甚至又增加了「縕」的層次，誠然分化能夠使相關的析論更為精細，但也因優勢弱化，未能對藝術論的進步產生明顯的影響。

近代西方科技傳入，一些知識分子想用近代物理學的概念來改造傳統的「氣」範疇，於是有釋「氣」為光、電、質點的，但這種生硬、表層的改造並不成功。

古代「氣」論的發展也顯示出一與多的對立統一：一方面，作為

宇宙萬物的基始和構成元素以及事物現象發展演變的動因，「氣」以其渾融的特質繼續保持著通同一切（無論現象還是本質、是主體還是客體、是內還是外，既是理性的也是感性的）、左右一切（經常是本根、是綜合、是總體）的巨大整合力和包容性。另一方面，隨著理論的拓展和走向精緻，個性化的「氣」以及與其他範疇概念的連繫、組合出現得越來越頻繁，也越來越重要。在話語的表述日趨精細的同時，也會分化和衍生出龐大的概念族群。「氣」範疇在古代常用常新，在發展中不斷自我完善，概念系列中衍生者眾而被更替者少，即使在中國哲學史上這一點也是最為突出的。

第四節 「氣」論與美學

如果說「五行」說所選用的基始物質其常態主要是固體（金、木、土）或液體（水），「氣」則是另一種常態（借用物理學、化學概念就是氣相）了。顯然「五行」實而「氣」虛。「氣」之細微、稀疏、彌滿、流動、升騰沉降、氤氳聚散，諸多氣相的屬性和變化是「五行」不可企及的。

「陰陽」說所以能夠與「五行」互補、結合為一，也因為陰和陽常以「氣」的形態和方式運動變化，彌補了「五行」偏於實的不足。

中國古代哲學中的「氣」論與西方有關物質或原子的理論有同也有異：都是理性的而非宗教的，所謂「氣」也是獨立於人的意識的存在，此其同者。與西方自然哲學中的物質或原子的具體性、不可入性不同，作為中國古代哲學概念的「氣」帶有更多的抽象意味：既可以天、地、人上下貫通構成一切、包容一切、涵蓋一切，又能充斥一切、滲入一切；既可以組成、轉化為或者左右有形的事物現象，又宜

於以自己的無形況喻、代指無形的因素和抽象的精神。從古代的話語看，「氣」是無「形」而有「象」的。所以有這些不同，是因為「氣」論受中國哲學傳統的影響只重視人與社會的關係，不重視人與自然的關係，其主導方面是社會哲學而非自然哲學；在思維方式上只重視體驗、領悟，習慣於不求甚解的模糊把握，而不強調實證。

圍繞「氣」建構的學說大都無須驗證，有時也無可驗證。不僅推導宇宙生成提及的「氣」是這樣，與「勢」、與「理」、與「心性」相伴的「氣」也主要是一種虛擬；即使是古代醫學辨證施治和健身導引中的「氣」，至多也不過虛實參半。未曾見過古代學者認真地追問那些想當然的「氣」究竟在哪裡？從何而來？又究竟是什麼？自然也不會要求論者拿出可以驗證的根據。

由於古代「氣」論立足於經驗判斷和臆測，從來就帶有彈性很大的假說成分。「氣」範疇本身也從未被精確界定過，在中國古代哲學史上它的跨時空性無可比擬：幾乎為每一個時代、每一個學派所共用。它的種種外部特徵和屬性以物質的氣態——作為物質一種普遍的存在方式——為基礎，而內涵的可塑性又大大高於其他的範疇（無論是以具象詞語代指還是抽象命名）。任何理論家個人都不妨依自己的理解和需要添加某種新義或者在使用中有某種側重，提出某種新的氣論模式（無論是先秦兩漢的「萬物抱陰負陽，沖氣以為和」與「精氣」、「元氣」說，還是宋明的「理先於氣」或者「理載於氣」之辨），只要不背離人們習慣上對「氣」基本屬性判斷的大致方向，其中的「氣」都能夠被人們認可。

「氣」的概念當然也不是虛無縹緲、不著邊際的，它是實踐理性的結晶（至少是傳統思維模式與論者切身體驗結合的產物），是人們對事物本質、規律的一種思辨和抽象，也成為在許多方面對事物現象作出

解釋、對因果和發展演變脈絡作出判斷的利器，古代哲人運用「氣」論上是得心應手的。

從梗概的介紹可知：「氣」論貫穿中國古代哲學史的始終。哲學的「氣」論究竟會給中國美學以什麼影響呢？

古希臘以氣或者地、水、風、火為萬物之基始的時間很短，自從德謨克利特提出原子論以後，古代西方哲學一直以有不入性的固態物質表示事物生成的基始，而且這種固態的基始的物質是與精神相對和相分離的。「氣」論貫穿始終表明，中國古代哲人的運思模式與西方哲人不同：被視為萬物本源的氣希微瀰漫無固定的形態，又可以化為任何有形質的東西，它兼具物質性和精神性，且有無限包容性和廣泛滲透性。作為哲學範疇，它在表述物質和精神的連繫、相融和轉換機制的時候是相當自由的。

「氣」是天地間一切事物的基始物質，「氣」的屬性貫通一切、滲透一切，於是人與宇宙同構，與萬物溝通、物我相融和感應興會成為可能。人們熟知的「物華天寶，龍光射牛斗之墟；人傑地靈，徐孺下陳蕃之榻」是王勃《滕王閣序》的名句。所謂「人傑地靈」可以理解為山川靈秀之氣鐘於才俊之士，「龍光射牛斗之墟」則是說天上星空出現的紫氣是地下寶劍（龍泉、太阿）精華所映照。《漢書》〈禮樂志〉指出：「人函天地之氣，有喜怒哀樂之情。」《周易》〈乾卦〉說：「同氣相求。」萬物相通、天人同質同構的「氣」本根論意識首先為古代文學藝術主客體關係論打下了基礎。

氣相物態具有瀰漫充斥、運動變化的特點。古人用「氣」之沖騰、磨蕩、氤氳、聚散……演示出事物生成、嬗變、盛衰、亡化的軌跡和因果。

古人從自身體驗中很早就發現氣息與生命現象須臾不能分離。〈玉

篇〉云：「氣，息也。」《釋名》〈釋天〉說：「氣，慨也，慨然有聲而無形也。」從氣息、子息，乃至熄（古作息）滅、止息、安息、休息都曾經或者可能與生命和呼吸相關。《管子》〈樞言〉說：「有氣則生，無氣則死，生者以其氣。」《莊子》〈刻意〉有「吹呴呼吸，吐故納新」之語，「吹呴呼吸」比起心臟跳動來是人自控程度較大的生命運作，至少在莊子時代就受到重視，其「吐故納新」反映出對生命運作的一種思考，可以說為傳統氣功提供了最早的理論依據。所以「氣」又往往作為人和事物生命性、靈動性（或言活力、生機）的一種表現。應該指出，儘管「氣」是生命的源泉，生命有待於氣，但無生命的事物也是「氣」所構成和參與運作的。《荀子》〈王制篇〉說：「水火有氣而無生。」水、火也屬於「氣」，水、火本身是無生命的，因此不宜將「氣」等同於生命力。生命理當屬於「氣」的更高層次。

《論衡》〈儒增〉曾作出過「氣乃力也」的論斷。在藝術活動中，「氣」也能夠形成衝擊觀照者感官和心靈的力度。當然這種「氣」既取決於藝術家的情志意氣和作品的精神內涵，也與媒介的運用、形式的組合和展開方式相關。

「氣」是有個性的。《左傳》中所謂「六氣」彼此就不相同；孟子「至大至剛」的「浩然之氣」只屬於志士仁人；王充雖然從稟受「元氣」之多少定優劣，畢竟人各有別。《周易》〈乾卦〉有「同聲相應，同氣相求」的論斷，在說明「氣」之間的親合是各從其類的同時，也透露出氣在個性上的差別。因此，文藝學中的「氣」幾乎從來就是個性鮮明的，從正邪、清濁到陽剛和陰柔，不勝枚舉，「氣」範疇在風格論中廣泛運用可謂順理成章。

古代哲學中的「氣」是物質的也是精神的。對於人來說，「氣」既是生理的，又是心理和思想精神的，以致通於靈慧和神明，如《列子》

〈仲尼〉說：「心合於氣，氣合於神。」《禮記》〈祭義〉說：「氣也者，神之助也。」相互借用的例子也不難見到，比如「正氣存內，邪不可干」（《黃帝內經》〈素問〉〈刺法論〉）原來是醫學上的「強身固本」之論，對於陶冶情操品格和恪守理想信念的士人，它又是堅持正義、拒斥邪惡的座右銘。在文學藝術活動中，「氣」既與思維運作、靈感來去和情感萌動、意趣形成乃至語勢的強弱相關，更是道德情操、精神意志、品格個性的體現。所以「養氣」可以指吐故納新的心理和精神營衛，也可以指義與道的陶冶充實；有從清濁剛柔到千差萬別的分類，也有氣盛言宜的一般要求……「氣」不僅是風格論的重要範疇，也介入創作思維論以及精神營衛，因此它又是藝術思維（包括靈感）道德修養等主體論的重要範疇。不僅《管子》用「精氣」的摶聚來闡釋思維中的靈感現象，《文心雕龍》以〈養氣〉篇直接討論文學創作的生理和心理準備，就是殷璠《河岳英靈集序》所謂「文有神來、氣來、情來」也是強調靈感的表現因人有別各有側重，因為「神」、「氣」、「情」三者是密切連繫而非互相排斥的。

宇宙萬物通一氣。「氣」作為萬物的本根，為「天人感應」、「物我合一」的學說和「心物交融」、「物我兩忘」的藝術境界提供了理論依據。「精氣」說、「元氣」論實現了創作主體與宇宙精神的溝通，有利於作家藝術家人文價值的自我發現、主體精神的張揚和思想境界的提升。

「氣」是先於世界的客觀存在。它是自在的，並非由冥冥中的主宰和神明創造和掌握。在藝術領域中的「養氣」論強調人的主觀能動作用，雖然多出現在主體論中，但「氣」的培養、完善、昇華、把握、作用完全是人為的，並非只由先天稟賦決定。

此外，人類精神活動的境域中始終存在著神祕的一隅，經常受到

關注。因為古往今來人們的精神視野裡總會面對一些玄妙莫測問題，即使是在高科技時代也未必都能一一作出徹底的解答。比如宇宙萬物如何生成？我們人類從哪裡來？最終的歸屬又在何處？生命的奧秘和意義何在？等等。對一些根本性問題的思考，有可能以藝術的方式提出，也常體現於審美創造和藝術追求中。某些類型的神祕感也常常成為審美趣味構成的因素之一。

以「氣」去指稱、描述不可確解和完全證實的事物和推斷、臆想的時候，其清虛、渾融和變幻不定的特點對於神祕的意蘊和感覺能夠給予包容和保留。《禮記》說「禮也者，神之盛也」（〈祭義〉），稱人的生命精魂為「魂氣」（〈檀弓〉〈郊特牲〉）；《黃帝內經》〈素問〉以種種「氣」的運作、消長來解釋生老病死的所以然；人們以「運氣」、「氣數」、「靈氣」之類概念去推測命運好壞，判斷慧根有無，描繪靈感來去無定，都由於其中神祕難測的因素。

天地之精華，五行之靈秀，造化成就的一切美好事物：聖賢、睿哲、烈士、貞女，一切鬼斧神工的製作、藝術的佳構等，在古代都能夠被認為是宇宙之清氣所化生。

小　結

「氣」是「雲氣」的初始義透露出它發展為概念以後仍然具有某些特點的所以然，也反映出古人思維上對「象」的倚重；從其與天候的連繫以及後起字中與米字的拼接，從先民四時天候之氣的關注以及對土氣、春氣、和氣的讚賞可以看到華夏民族以農立國的徵候和天人通同互動的意識；從與呼吸、血氣、精神的連繫和陰陽沖蕩生物可以看到其中常有的生命性蘊涵；在概念形成過程中不斷受據有主導地位的

社會哲學浸染，自然物所有的氣相屬性雖然有所保留，但充實了越來越多的精神方面的內涵；自超越某種具體事物之「氣」上升為哲學概念以後，因「氣」為萬物之元從而具有最大的親和性，從而形成了最為龐大的範疇概念族群。「氣」範疇出現早，很快被廣泛認同而且沿用不衰，是華夏民族在思維上習慣並擅長對事物進行整體和模糊的把握使然。

「氣」能夠以多種狀態、多種方式存在和運動變化，保留著不少初始物質形態的感性特徵，屬於中國古代學術中常見的那種能觸發多向聯想的形象性概念。「氣」作為一個眾所認同、廣為使用、貫穿古代學術史的重要理論範疇，理論家們卻從未對其意義作過嚴格的界定，充分顯示出「約定俗成」的理論特點。這也是容許運用它的學者作較大範圍自由發揮的重要前提。

就宇宙生成和萬物起源、構成上說，中國先秦時期的「氣」論、「五行」說與古希臘的自然哲學能夠找到某些契合點，甚至與《聖經》中所記上帝造物的方式也不無近似之處。然而中國古代哲學向來以人與社會關係（社會哲學）的研究為主導，即使像孔子、老莊對「氣」的言說和《管子》《荀子》《黃帝內經》〈素問〉中的「氣」那樣出現一些自然哲學的因素，也會很快地被社會哲學所吸收或改造，比如對後世影響很大的《孟子》的「氣」論，就基本上徜徉在精神領域。儘管在許多哲學家那裡被用來解釋宇宙萬物的生成及其運動變化，中國古代「氣」論的主流仍在社會哲學之中。其所謂「氣」，在原本物質的、具體的、客觀的「氣」中滲入了精神的、抽象的、主觀臆測的內蘊。即使用於闡釋自然現象時，它也往往與社會（政治、人文、道德）的因素相連繫。正因為如此，中國的「氣」論不會像古希臘的自然哲學一樣隨著自然科學的發展很快被新的範疇和範疇系列取代。

　　「氣」論貫穿中國哲學史的始終，也貫穿中國美學史的始終。「氣」
為萬物本根、通同一切的理念為藝術領域的主客體關係論奠定了基石；
其生命精神的屬性、運動變幻的特點和化生萬物的功能為古代藝術論
提供了一種表述審美理想和藝術創造機制的方式。

第二章

「陰陽五行」說和「神形」論中的「氣」

第一節　「氣」論與「陰陽五行」說的相互滲透和結合

　　「氣」的概念長期和廣泛運用於意識形態領域，在世界思想史和學術上是極其罕見的。先秦無論孔、孟還是老、莊，以後無論儒生還是佛徒、道士，以及從事醫學、歷算、占卜職業的人，儘管理解或者有異、闡揚各有千秋，但無不言「氣」。

　　李約瑟在《中國科學技術史》中指出：「當希臘人和印度人很早就仔細地考慮形式邏輯的時候，中國則一直傾向於發展辯證邏輯。與此相應，在希臘人和印度人發展機械原子論的時候，中國人則發展了有機宇宙的哲學。」[1]中國古代的「陰陽五行」學說比較集中地概括出傳

1　《中國科學技術史》第3卷，第337頁。

統辯證思維的模式。其中的「陰陽」和「五行」就是分別與「氣」相結合的。

一、「陰陽」是「氣」

早在先秦時期，無論是《周易》的陰陽八卦，儒家的治亂和文武之道，還是老莊的有無、動靜、虛實……對立統一、互相轉換通變的辯證思維在諸子的著述中體現充分且達到相當高的水平。

華夏先民很早就有這樣的意識：萬事萬物中兩相對立的因素是一種普遍的存在。八卦卦象就是由兩種基本符號——陽爻和陰爻組合而成的。世界由兩種對應的、性質相反的因素構成意識的產生，陽爻（一）和陰爻（--）符號的出現很可能是受男女有別、動物牝牡有異的啟發。

然而，以「陰」和「陽」來給兩種爻線符號命名也許比符號的啟用要晚。《說文解字》云：「陰，暗也；水之南、山之北也。……陽，高明也。」段《注》曰：「山南曰陽。」、「陰」與「陽」原來不過是指對陽光的向背而言，發展到能夠泛指男女、雄雌、天地日月、冬夏寒暑、白天黑夜，以至高卑、剛柔、內外、開闔、顯隱等，以二者的對應來概括一切事物現象內在因素的矛盾運動，從而具備了高於一般意識層次的哲學範疇的意義。也就是說用「陰」、「陽」的概念來代指對應的兩極是這種兩分辯證意識的推衍和昇華。

「陰」、「陽」作為對應的概念至少在西周就已經出現。現存資料中《國語》〈周語上〉的記載是比較可靠的：

幽王二年，西週三川皆震。伯陽父曰：「周將亡矣！夫天地之氣，不失其序；若過其序，民亂之也。陽伏而不能出，陰迫而不能蒸，於是有地震。今山川實震，是陽失其所而鎮陰也。陽失而在陰，川源必

塞；源塞，國必亡。……」

　　從中能夠看出當時人們的一種觀念：自然現象的正變與社會政治好壞、國家盛衰相通，災異是天譴和不可抗拒的「天命」的顯示。雖然帶有神祕色彩，但這裡的「陰」和「陽」所代表的是自然界矛盾對立和運動著的兩種力量，儘管是內在的無形的，卻左右著事物現象。從「陽伏而不能出，陰迫而不能蒸」的表述所透露的存在和運動方式可知，「陰」和「陽」是指性質對立的兩種「氣」。所謂「氣」已經不是某種具體的事物，而是一種抽象概念了。

　　《老子》說：「萬物負陰而抱陽，沖氣以為和。」（四十二章）更是把「陰氣」和「陽氣」視為萬物的基始和動因，認為萬物的內涵中都有這樣對立統一的兩極，它們互相沖蕩而達於（每一事物自身的）和諧。「陰」、「陽」的「沖和」既是宇宙萬物生成的根本，也是其運動變化之所以然。這個說法可以幫助人們從一個側面去理解太極圖的精髓。

　　因為「陰」和「陽」是高度抽象的兩個概念，無所不在又不斷進行矛盾運動和轉化，所以用可感而無形、運動變化方式最為豐富多樣的「氣」來比擬是最恰當不過的了。在古代話語中「陽剛之氣」和「陰柔之氣」的對舉也是極常見的。

　　在《易傳》中「陰陽」學說發展成為一種宇宙論，於「陰陽」之上還有與「道」相通的「太極」作為至高無上的本始，一切得都從「太極」開始進行推衍。所謂「太極」亦即「太初」或「太一」。《列子》〈天瑞〉明言：「太初者，氣之始也。」、「太極」是天地未分之前混而為一的元氣。〈繫辭上〉說：「易有太極，是生兩儀，兩儀生四象，四象生八卦，八卦定吉凶，吉凶生大業。」又進而指出：

　　是故剛柔相摩，八卦相盪，鼓之以雷霆，潤之以風雨，日月運
行，一寒一暑。乾道成男，坤道成女，乾知太始，坤作成物。

　　「陰」、「陽」二氣以相互「摩盪」的方式進行的矛盾運動不僅是
普遍的，兩者的對立統一和互相轉化也是多層面的。清虛的「氣」也
容易分解，《說卦》的一段話值得玩味：「昔者聖人之作《易》也，將
以順性命之理。是以立天之道，曰陰曰陽；立地之道，曰柔曰剛；立
人之道，曰仁曰義。……分陰分陽，迭用剛柔。」原本天與地已經有了
上下、清濁、陽陰之分，「陽」與「剛」、「陰」與「柔」也自然而然地
各從其類，此處強調「天道」復有陰陽，「地道」又分柔剛，足見所謂
「分陰分陽，迭用剛柔」是指可以在不同層次不斷進行兩分的一種思維
模式。《黃帝內經》〈素問〉的〈天元紀大論〉中明確指出：「天有陰陽，
地亦有陰陽；故陽中有陰，陰中有陽」；〈金匱真言論〉中既有「陰中
有陰，陽中有陽」，也曾提到「陰中有陽」、「陽中有陰」。

　　《黃帝內經》大約也成書於戰國時期，是中國傳統醫學首屈一指的
經典，在「陰陽」學說的運用上堪稱成功的典範，也是以「氣」論養
生、論病論治的醫學著作，時至今日仍然是辨證施治的基礎理論。這
方面的例證俯拾皆是，比如說：「陰陽者，數之可十，推之可百；數之
可千，推之可萬；萬之大，不可勝數；然其要一也。」（〈素問〉〈陰陽
離合論〉）指出對於事物「陰」、「陽」的劃分可以推而廣之，以至不
可勝數，然而都必須由「一」來統帥和把握。這裡的「一」指陰陽統
一的一面和事物的整體性而言。〈素問〉〈陰陽應像大論〉中也有幾處
論及「陰」、「陽」的相互關係：

　　一、積陽為天，積陰為地，陰靜陽躁，陽生陰長，陽殺陰藏。陽

化氣，陰成形。

二、陰勝則陽病，陽勝則陰病。陽勝則熱，陰勝則寒。

三、故重陰必陽，重陽必陰。

四、陰在內，陽之守也；陽在外，陰之使也。

四、故善用針也，從陰引陽，從陽引陰……

　　引文一表明，「陰」、「陽」表現為事物兩種屬性、因素和表現形態的對立和區別；引文二則強調這兩個對立面是相互依存的，對於人的生理來說兩者的平衡和協調才是健康的常態；引文三、五指出陰、陽能夠相互轉換，或是由極端走向對立面轉化，或是治療中反嚮導引的技巧；引文四表明「陰」、「陽」兩者的依存往往是相互為用、內外相成的。本論開篇曾借黃帝之口說：「陰陽者，天地之道也，萬物之綱紀，變化之父母，……」則道明「陰」、「陽」的矛盾運動是一切變化產生的本源，連繫到〈素問〉〈天元紀大論〉中的「動靜相召，上下相監，陰陽相錯，而變由生也」可知，「陰陽」學說反映了認識論上古人的辯證觀念：事物的發展演變是由內在對立因素矛盾運動的結果，由此形成的一種把握事物現象的思維模式被廣泛運用於各個領域。這一點可與《周易》〈繫辭〉有關論述相參照。

　　兩相對立的事物或事物構成和運作的因素本來就是一種廣泛的存在，而能夠將其抽象為「陰」和「陽」的對應是了不起的思維創造，這種概括可以推而廣之、涵蓋一切，顯示出先民以簡馭繁的非凡智慧。

　　如上所說，「陰」、「陽」自上升為一組抽象的概念的時候起，在古人的意識中它們就是以「氣」的方式存在和運作的，不僅《國語》有「陽伏而不能出，陰迫而不能蒸」，《老子》有「負陰而抱陽」一類記載，在《黃帝內經》〈素問〉這樣較早的典籍中還能找到直言「陽

氣」、「陰氣」的證據，如其〈生氣通天論〉說：

> 陽氣者，若天與日，失其所，則折壽而不彰。
>
> 凡陰陽之要，陽密乃固，兩者不和，若春無秋，若冬無夏；因而和之，是謂聖度。故陽強不能密，陰氣乃絕；陰平陽密，精神乃治；陰陽離決，精氣乃絕。

二、「五行」也是「氣」

中國古代除了「陰」、「陽」的兩分模式而外，還有常與「陰陽」說結合的「五行」說。

簡化的實質就是抽象。從對宇宙萬物構成因素的五分到兩分可以視為進一步的抽象，何況金、木、水、火、土比之「陰」、「陽」要「實」一些。顯然，「五行」說的抽象程度不如「陰陽」說。因而，在古籍中「陰」、「陽」與「氣」相結合、相連繫的論述更多。

「五行」出現的時代應該更早一些。即使《史記》〈曆書〉上「黃帝建立五行」的記載未必可靠，也可能產生於「陰陽」概念出現之前。學者們一般認為不會晚於殷商時代。今存典籍中，最早的記載見於《尚書》〈洪範〉，其中記箕子對周武王說：「天乃錫禹洪範九疇，彝倫攸敘。初一曰五行。……五行：一曰水，二曰火，三曰木，四曰金，五曰土。水曰潤下，火曰炎上，木曰曲直，金曰從革，土爰稼穡。潤下作鹹，炎上作苦，曲直作酸，從革作辛，稼穡作甘。」

「五行」是古人認為五種構成世界的基本元素，它們的屬性不同、存在和運動方式也不同。也可以說古人歸納了天地間事物的性能與作用，分別以金、木、水、火、土作為代稱：木有外揚的性能，金有內斂的性能，火有上炎的性能，水有下潤的性能，土有靜止的性能。《國

語》〈鄭語〉記錄史伯所說的一段話：「夫和實生物，同則不繼；以他平他謂之和，故能豐長而物歸之。若以同裨同，盡乃棄矣。故先王以土與金、木、水、火雜，以成百物。」《左傳》〈襄公二十七年〉則云：「天生五材，民並用之，廢一不可。」

「陰」與「陽」都不能脫離對方而獨立存在；沒有「陰」也就無所謂「陽」，反之亦然。「五行」也是相互依存的，雖然以五種物質（或言元素）作為名稱，名與實之間有時也確實存在著某種連繫（「五行」有時保持著各自作為元素的某些物質屬性、存在和運動方式的一定特點以及相互關係。比如：木之外揚性，金之內斂性，火之上炎性，水之下潤性，土之靜止性）。然而，金、木、水、火、土原本的物質屬性、存在和運動方式在「五行」說中已經不重要了。決定性的因素已變成「五行」之間相剋相生的關係。這種關係中的金、木、水、火、土在相當大的程度上已經抽象化了，它們分別代表的是五類性質各異的因素。沒有相剋相生的關係，金、木、水、火、土就不具有「五行」所概括的哲學意蘊。

重要的是，古人也把「五行」視為五種「氣」[2]。而以五種「氣」去理解「五行」，更合乎其抽象概念的身分。仔細考察「五行」相剋相生的關係可以發現，相剋的對像是各自相生所生，相生的對象又是剋剋我者。是生之生成克，克之克為生。除了能夠展示宇宙萬物五種因素相互助長、制約關係的循環模式以外，其中還包含著「間接回報」、「過猶不及」（走向極端就向反面轉化）等哲學內涵。

2　《禮記》〈禮運〉云：「……故人者，其天地之德，陰陽之交，鬼神之會，五行之秀氣也。」《史記》〈五帝本紀〉有「軒較乃修德振兵，治五氣」。其中「五氣」即五行之氣（見劉宋裴駰《史記集解》引三國魏王肅語）。宋王應麟《小學紺珠》〈律曆類〉中亦認為「五氣」指金、木、水、火、土。

　　「五行」所謂「行」有運作的內涵，《周易》〈繫辭〉有「天行健」之語。於是，古人也以「氣」的固有特點和運動變化方式來表述「五行」的運作。《黃帝內經》〈素問〉以「陰陽五行」說論醫道，其中說：「帝曰：『五行之始，如環無端，其太過、不及何如？』岐伯曰：『五氣更立，各有所勝，盛虛之變，此其常也。』」（〈六節藏象論篇〉）「黃帝問曰：『太虛寥廓，五運迴薄，衰盛不同，損益相從。願聞平氣何如而名？何如而紀也？』岐伯對曰：『昭乎哉問也！木曰敷和，火曰升明，土曰備化，金曰審平，水曰靜順。』」（〈五常政大論〉）此處的「平氣」是指無過、無不及的協和之氣，而「五氣」、「五運」皆指金、木、水、火、土「五行」之氣而言。王充在《論衡》〈物勢〉中說：

　　或曰：「五行之氣，天生萬物。以萬物含五行之氣，五行之氣更相賊害。」曰：「天自當以一行之氣生萬物，令之相親愛，不當令五行之氣把使相賊害也。」或曰：「欲為之用，故令相賊害，賊害相成也。故天用五行之氣生萬物，人用萬物作萬事。不能相制，不能相使，不相賊害，不成為用。金不賊木，木不成用；火不爍金，金不成器。故諸物相賊相利，含血之蟲相勝服、相齧噬、相啖食者，皆五行氣使之然也。」

　　王充以為「五行」的相剋是萬物「為用」的不得不然。然而另一面仍然是相輔相成，故隨即說：「天生萬物慾令相為用，不得不相賊害也。則生虎狼蝮蛇及蜂蠆之蟲，皆賊害人，天又欲使人為之用邪？且一人之身，含五行之氣，故一人之行，有五常之操。五常，五行之道也。五臟在內，五行氣俱。……」

　　《白虎通義》〈五行〉解釋說：「五行者何謂也？謂金、木、水、

火、土也，言『行』者，欲言為天行氣之義也。」唐顏師古注《漢書》
〈五行志〉因其說，也稱：「謂之『行』者，言順生行氣。」宋周敦頤
《太極圖說》則云：「陽變陰合而生水、火、木、金、土，五氣順布，
四時行焉。」《白虎通義》的「天」有上天神明主宰的意味，但「行」
仍然是運行、作用的意思。「五行」皆實，而「氣」則虛，兩者虛實相
生相濟，更能左右逢源方便於運用。

　　漢末到魏晉，就人個體而言的主體精神有張揚之勢，在人物品評
和審美追求中對個性的價值有所發現，於是「五行」之氣也用於人氣
質個性的區分上。漢魏之交的任嘏把人所稟之氣分為金、木、水、
火、土五種，以為稟氣不同，人的氣質個性也就不同：「木氣人勇，金
氣人剛，火氣人強而躁，土氣人智而寬，水氣人急而賊。」（引自《道
論》，見《全上古三代秦漢三國六朝文》之《三國文》卷三十五，《御
覽》三百六十）魏人劉劭《人物誌》〈九征〉亦云：「凡有血氣者，莫
不含元一以為質，稟陰陽以立性，體五行而著形。」

　　東晉干寶《搜神記》卷十二有《五氣變化論》：

　　天有五氣，萬物化成。木清則仁，火清則禮，金清則義，水清則
智，土清則思。五氣盡純，聖德備也。木濁則弱，火濁則淫，金濁則
暴，水濁則貪，土濁則頑。五氣盡濁，民之下也。中土多聖人，和氣
所交也；絕域多怪物，異氣所產也。苟稟此氣，必有此形；苟有此
形，必有此性。

　　「五氣」能夠生化而成有形的萬物，並能決定其品性賢愚。不僅
「氣」的清與濁判分了高下的差別，金、木、水、火、土五種「氣」之
生化也各有相應的質性。甚至夷夏之別、聖人怪物的誕育都是「氣」

之清濁使然。干寶是為他的神怪故事找根據，所以隨後又說：

> ……千歲之雉，入海為蜃；百年之雀，入海為蛤；千歲龜黿，能
> 與人語；千歲之狐，起為美女；千歲之蛇，斷而復續；百年之鼠，而
> 能相卜：數之至也。……應變而動，是為順常。苟錯其方，則為妖
> 眚。故下體生於上，上體生於下，氣之反者也；人生獸，獸生人，氣
> 之亂者也；男化為女，女化為男，氣之貿者也。

「子不語」的怪、力、亂、神在干寶這裡都由氣之濁者、錯者、反
者、亂者和貿（變易）者使然。此說雖然有魏晉南北朝佛道神異之說
流行的背景，但與先秦的「精氣」說、「神形」論相連繫，不能不認為
它反映了一種很特殊的鬼神觀念。

三、「陰陽」、「五行」的合流及其與「氣」論結合的意義

先秦陰陽家鼓吹「五德終始」的循環論，已經可以看出「陰陽」
說與「五行」說合流的趨勢。到了漢代，取得「獨尊」地位的儒學雜
糅刑名和「陰陽五行」，建立起全新的經學體系。

漢儒的「天人合一」完全是為政治服務的。自然現象顯現著「天」
的感情和意志，而「天」的感情意志又有指導政治的作用，於是「陰
陽」又與「德」和「刑」連繫起來。比如《春秋繁露》〈陰陽義〉說：

> 天亦有喜怒之氣，哀樂之心，與有相副。以類合之，天人一也。
> 春，喜氣也，故生；秋，怒氣也，故殺；夏，樂氣也，故養；冬，哀
> 氣也，故藏。四者天人同有之。有其理而一用之：與天同者大治，與
> 天異者大亂。故為人主之道，莫明於在身之與天同者而用之，使喜怒
> 必當義乃出。如寒暑之必當其時乃發也，使德之厚於刑也，如陽之多

於陰也。……

「陰陽五行」說是中國古代闡釋和演示事物現象各個構成因素有機連繫和運動變化機制的學說。由於天人同一，宇宙萬物皆以「氣」為基始和本根，「氣」論於是自然而然地滲透到「陰陽五行」說中來了。

「陰陽」說與「五行」說有合一的基礎，兩者都立足於傳統的辯證思維，將事物現象的特徵、屬性和它們發展演變的所以然歸之於各種內在因素的矛盾運動、制衡和消長的轉換。無論是陰與陽的對立統一，還是「五行」的相剋相生，都表述著事物構成因素和運作變化的模式，都有一目了然的簡括性，易於掌握，能夠有效地指導實踐。當然，「陰陽」說和「五行」說的結合也是一種互補：相比之下，「五行」說繁而實，而「陰陽」說簡而虛。由於都是抽象的概念，都是對現象背後動態因素的模糊概括，它們與「氣」的結合就有其必然性。

與「氣」論（特別是「精氣」說和「元氣」論）結合的「陰陽五行」說可以說是傳統的有機宇宙哲學的重要組成部分，宇宙與人，與人類社會同構，人體自身也是一個小宇宙的認識就很有代表性。與此密切相關的「天人合一」、「天人親和」的觀念意識的強化，「天人感應」說的流行對於文藝學中的感應興會、神與物游、心物交融、暢神娛情等意識和理論的形成也會有潛在的促進作用。

「氣」論與「陰陽五行」說的相互滲透與結合的積極意義還在於對於運思模式的改進。

「氣」有虛有實而以虛為主，即使是作為抽象的哲學概念，從自然物發展而來的「氣」仍保存著一定的可感性，具有廣為人們熟悉和認可的運動形態，可以說是「氣」概念本身就是一種理性思辨和感性存在的統一體。依古代哲人的話說，「氣」有「象」而無「形」。因此，

由「氣」組合而成的概念，「氣」發揮著非凡的協調、折中、互補的作用。過虛者，「氣」能補之以實；偏實者，「氣」能夠導之向虛。它在「陰陽五行」說中的作用就是很好的例子。

「陰」和「陽」在擺脫背陰、向陽的原始語義的侷限以後發展成為一對哲學範疇。代表著主宰事物現象生成、左右其運動變化的兩種對立統一的因素，或者兩種無形的力量。「陰」與「陽」的哲學內涵本來是高度抽象的，人們難以想像，更難以把握。這一點在與「氣」組合成「陰氣」和「陽氣」時就大為改觀了。這對範疇有了不難想見的感性特徵和運動形態，論說兩者的沖和、摩蕩也易於為人們接受和理解了。從此它們便能生動活躍地廣泛參與人們的運思。

「五行」作為構成宇宙萬物的五種基本元素，是先民從自然界的有形之物中選擇出來的。除水的常態是液體、火是物體的燃燒而外，金、木、土三者都是有不入性的固態物。「五行」原本各有其屬性，即使在上升成為哲學概念以後，它們或多或少與固有的物質屬性、狀態保持著連繫。同「陰陽」偏虛（更抽象）而「氣」實（與具象和感性特徵有連繫）相反，與「五行」相比，「氣」虛而「五行」偏實。如果將「五行」理解為五種「氣」，不僅有助於進一步擺脫其固有物質屬性的束縛，大大增加抽象的涵容，而且能夠以更清虛靈動的存在和運動方式相取代（即以氣態取代固態、液態的存在和運動方式），於是能克服惰性，獲得更為博大的運動轉化空間。「氣」的加入無疑使「五行」虛化，其「行」（運行、變化）於是靈便自如，它們兼及、深入和包容萬物的作用才容易為人們所體認。

第二節　「神形」論中的「氣」

一、「神」的意蘊和「神形」論的產生

古代哲學中的「神形」論可以說是先哲對於精神現象的考察。「氣」的概念系列一般都有精神的屬性，「神」、「形」在古代哲學和美學中是一對重要的範疇組合，常與「氣」發生連繫是正常的。古人也使用「神氣」和「形氣」的概念，尤其是前者。

「神」有三種基本的意義：其一，是神靈、鬼神之「神」；其二，是精神之「神」，可以屬於人這樣有生命的個體；其三，是神奇微妙之「神」，為前兩種意義的延伸：既是神靈超自然偉力神妙莫測的特點，從人精神活動的創造力方面說又是與精靈、智慧相通之神。

「神」和「鬼」兩字的意思最早是相近或相通的。《說文解字》云：「神，天神，引出萬物者也。」在解釋「 」字時說：「凡鬼之屬皆從鬼。古文從示，，神也。」《禮記》〈祭法〉云：「山林川谷丘陵，能出雲、為風雨、見怪物，皆曰神。」《正字通》已經把「氣」與鬼神連繫起來：「陽魂為神，陰魄為鬼；氣之伸者為神，屈者為鬼。」

精神現象是一種生命現象，人的精神健旺、創造力旺盛也是生命力充盈旺盛的一種表現。〈玉篇〉曰：「氣，息也。」《釋名》〈釋天〉曰：「氣，慨也，慨然有聲而無形也。」從氣息、子息，乃至熄（原作息）滅、止息、安息、休息都曾經或者可能與生命和呼吸有直接連繫。孔子論過血氣，就是指人的生命活力而言。

「神」、「形」是一對範疇。與精神之神相關的「形」是具體的可訴諸感官的形體、形質、體貌。《說文解字》解釋說：「形，象也。」《周易》〈繫辭上〉「形而上者謂之道」之《疏》云：「形是有質之稱。」《禮記》〈檀弓上〉「斂首足形」之《注》云：「形，體也。」《廣雅》〈釋詁

四》曰:「形,容也。」這些都與「神」有對應的意義。

「神形」論的出現與原始宗教意識有內在連繫。從對冥冥中萬物的主宰、祖先、神鬼的敬畏和崇拜,到對生命和精神現象的闡釋,古人將非凡的創造力和事物現象中一切精妙奇特、幽微難解的所以然歸之於神鬼;又以為精神寄寓於形質又主宰、超然於形質,乃至於可以游離於形質之外(比如有關魂魄和形滅而神不滅的意識)。

「神形」論對於對象的認識以兩分為主導,涉及超自然力量(鬼神)與現實世界、道與器、靈與肉、智與愚,以及事物內在與外在的關係;既有高低、主次、內外、抽象與具象、本質與現象、精神與物質等方面的差別與對立,又往往是相互依存和協調統一的。

先民對生命現象的感知和臆測可能是早期「神形」意識萌生的基礎。用由「氣」組合的詞表述人的魂靈和精神活動甚至早於精神之「神」。《禮記》的一些記載中能夠窺其一斑:

> 骨肉復歸於土,命也;若魂氣則無不之也。(〈檀弓下〉)

> 魂氣歸於天,形魄歸於地。(〈郊特牲〉)

> 宰我曰:「吾知鬼神之名,不知其所謂。」子曰:「氣也者,神之盛也;魄也者,鬼之盛也。合鬼與神,教之至也。眾生必死,死必歸土,此之謂鬼,骨肉斃於下陰為野土。其氣發揚於上為昭明;熏蒿淒愴,此百物之精也,神之著也。」(〈祭義〉)

是謂人的生命終結之際神形分離:有固定形質的骨肉體魄是重濁的,向下沉降復歸於土地;無固定形質的魂氣是清虛明朗的,輕揚飄

浮上歸於天。「氣」與精神現象從一開始就密不可分。

　　早期的「神形」論顯然出自原始宗教意識，是二元的「神形」論。作為生命的常態，則是「神」、「形」的結合。先民雖然敬畏自己創造的鬼神和冥冥中的主宰，然而在生命現象的啟示下，很早就覺察和開始關注生物個體的「神」、「形」關係。這種關注無疑是最具哲學意義，對美學至關重要的。

　　在人們開始以有別於動物的思維去認識周圍的事物以後，便逐漸意識到外部世界除了有形形色色能夠訴諸視聽的有形之物以外，還有一種無形然而是本原的、對有形之物起支配作用的東西存在。正如《戰國策》〈齊策〉顏斶所說：「無形者，形之君也；無端者，事之本也。」看來無形的精神、神明更宜與有本根意味的、精微無形而富於變幻的「氣」連繫或者組合成詞。

　　戰國時代的著述中開始出現「神」與「形」的對舉，最突出的是《莊子》。其中〈天地〉篇說：「汝方將忘汝神氣，墮汝形骸，而庶幾乎？」〈在宥〉篇說：「抱神以靜，形將自正」，「女神將守形，形乃長生」。莊子有時已將「神」與「氣」連成一個詞使用，他所謂「神」似乎與鬼神無涉，是指人內在的精神和生命活力。莊子常常強調「形」、「神」的對立，主張「墮形骸」、「唯神是守」（《莊子》〈刻意〉），讚賞形殘而神全的得道之士（《莊子》〈德充符〉等篇），仍有二元論的傾向。

　　「神」、「形」的區分和對應大致起源於原始的宗教意識，但後來發展成為游離於宗教意識之外的一種觀念，在各個時代的學術論辯中兩相對舉的時候卻大都與神鬼無涉。足見早期「神形」論儘管經歷了與原始宗教意識共生的發展階段，受華夏民族宗教意識淡薄的影響，非宗教的「神形」論很快成為主流。在論辯中唯物傾向的思想理論往

往占著上風。在傳統的「神形」之辨中，「氣」也常常與「神」相伴。

漢代的桓譚在《新論》〈形神〉中論道：「精神居形體，猶火之然燭矣。」又云：「氣索而盡，如火燭之俱盡矣。」王充《論衡》〈論死〉則說：「人之所以生者，精氣也；死而精氣滅。能為精氣者，血脈也；人死而血脈竭，竭而精氣滅。」、「人之精神，藏之形體之內，猶粟米在囊橐之中也。死而形體朽，精氣散，猶囊橐穿敗，粟米棄出也。」〈無形〉篇中說：「體氣與形骸相抱」，「氣猶粟米，形如囊也」。表明「氣」與「形」是相互依存的：有「形」無「氣」，「形」是無生命的軀殼；有「氣」無「形」，「氣」失去可供依託和寄寓的形體。王充強調「形隨氣而動」，「氣成而形立」，清楚地闡明兩者的先後和主從關係。一直到明代，王廷相駁斥二元神形論時仍不離氣：「神者，形氣之妙用；……夫神必籍形氣而有者，無形則神滅矣。縱有之，亦乘夫未散之氣而顯者，如火光之必附於物而後見，無物則火尚何在乎？」（《答何柏齋造化論》）

中國學術務實精神使「形神相即」和「形謝而神滅」的觀點能夠成立和被人們廣泛認可，但「神」高於「形」從來就是所有「神形」論者的共識。

「神」、「形」間的關係簡言之是一主一從、一虛一實、一內一外而又相互依存：「神」寓「形」內，「形」受制於「神」。由於「神」是虛的精神，是高明，是內蘊，所以與「氣」關係密切，在某些場合「神」與「氣」甚至可以互代；而「形」與「氣」主要是對應的關係，即使連用對舉，如《呂氏春秋》所謂「流水不腐，戶樞不蠹，動也。形氣亦然」，《文心雕龍》所謂「辭之待骨，猶形之包氣」，兩者還是各有所指，有虛實之別的。

二、「神」、「氣」、「形」的關係論

　　從早期典籍有人死魂氣上浮於天、體魄下沉歸於土的說法可知，在「神」、「形」二者中「氣」與「神」更近，莊子就是「神氣」、「形骸」對舉。從「虛」、「實」對應的角度看，「神」與「氣」皆屬虛而「形」歸於實。但「神」和「氣」不能等同，尤其在它們分開來使用的時候。

　　《管子》中有關「形」、「神」、「身」、「心」的論述較多，比如：

　　虛其欲，神將入舍。掃除不潔，神乃留處。

　　潔其宮，開其門。去私毋言，神明若存。

　　去欲則宣，宣則靜矣；靜則精，精則獨立矣；獨則明，明則神矣。神者至貴也。故館不辟除，則貴人不捨焉。故曰：不潔則神不處。

　　道也者，動不見其形，施不見其德，萬物皆以得，然莫知其極。（以上見〈心術上〉）

　　形不正者德不來，中不精者心不治。……氣者，身之充也。

　　一氣能變曰精。（以上見〈心術下〉）

　　〈心術上〉的四條中後兩條是對前兩條的闡釋。「形」是「神」的寓所，去私去欲，寓所潔淨，「神」（或「道」）就會留處其中。〈內業〉篇也說：「夫道者，所以充形也，而入不能固。其往不復，其來不捨；謀乎莫聞其音。卒乎乃在於心；冥冥乎不見其形，淫淫乎與我俱生。不見其形，不聞其聲，而序其成，謂之道。」、「定心在中，耳目聰明。

四枝堅固，可以為精舍。」所謂「道」（甚至「德」）似乎是「神」的同義語，「神」又與「精氣」相通。然而「一氣」還有待摶聚和變化才能升格為「精」，「精則獨立，獨則明，明則神」之論至少說明「一氣」、「精」、「神」還有層次上的差別。

「形」、「神」的問題也是「身」與「心」的問題。在二元「形神」論中，無形的「神」常常與「道」、「德」和聰明智慧通同和連繫。《管子》〈心術上〉云：「潔其宮，開其門，宮者謂心也。心也者，智之舍也。」〈內業〉篇論之更詳：

精也者，氣之精者也；……一物能化謂之神。

凡物之精，比則為生。下生五穀，上為列星；流於天地之間，謂之鬼神；藏於胸中，謂之聖人。

有神自在身，一往一來，莫之能思。失之必亂，得之必治。敬除其舍，精將自來。

摶氣如神，萬物備存。

靈氣在心，一來一逝。

這些論述不僅充分肯定精神智慧的偉大創造力，而且以構成宇宙萬物的精氣的摶聚作為「如神」物質基礎。「精氣」的運動（往來、聚散）又造成「靈氣」的「來逝」變化，可以說是古代典籍中對精神活動創造力起伏和靈感現象最早的解釋。其中「精氣」側重於質，而

「神」側重於用，也是有所通同，又有所區別的。

《文子》〈守弱〉篇說：「形神氣志，各居其宜。夫形者，生之舍也；氣者，生之元也；神者，生之制也。一失其位、即三者傷矣。」此書可能出自魏晉人之手，其論源出於漢初的《淮南子》〈原道訓〉：

> 形者，生之舍也；氣者，生之充也；神者，生之制也。一失其位則三者傷矣。

這是最清晰的「神」、「氣」、「形」的三元組合。「神」與「形」之間多了氣這個層面，有利於考察和表述生命現象和精神現象的連繫和區別，解析上就更精細了。「神氣」有了「氣」與「神」的分化，和後來「氣」又出現「氣」與「理」的分化不無相通之處，「神」和「理」都帶有進行更高層次抽象的意味。

從《管子》到《淮南子》，古人對於「神」、「氣」、「形」關係的考察是「神形」論精緻化的一個重要方面：「神」是精神、智慧、靈性和心宰，是具有原創力的、最高層次的生命現象；「氣」是流轉的生命活力，是「神」生成和發揮功用的基礎；「形」則是「神」、「氣」的宅寓和載體，具體的形質，在生命體中從屬於「神」、「氣」。「神」和「氣」針對人而言，這就便於把一般的生命體（如動植物）和智慧的生命體（人）區別開來，對於不同的人生機的旺盛與否、智愚的差別、靈感的行止作出解釋。

「神形」意識的產生是人類對精神現象的發現，古代「神形」論的發展是先民對精神現象認識的深化。國人在這方面的一個顯著特點是，儘管推崇智慧、靈妙、悟性，卻只重視其人文和精神財富、主觀道德境界的創造，而相對而言忽略其對物質財富的創造和對客觀世界

的探求。

「神形」論圍繞精神和思維活動的功能作用（包括精神現象和智慧、靈感的創造力），以及生命體（在藝術創造中人們也常常視作品為一個有生命的活物）中精神與形體的關係，以及虛與實、抽象與具象的對應關係等所闡述的思想原則，深刻地影響著國人的審美意識和藝術創造。

對於藝術理論來說，「神形」論的影響首先表現於對內容與形式關係的理解上：精神現象是通過可感的形式、體貌展示的；內在的精神對於外在的形質應該發揮主導作用，所以內容決定形式，形式為內容服務；「神」高於「形」，它是內在的本質、生命性（精神現象、運動以及靈慧和個性）的本根；也即內在美、精神美、空靈美高於外在的、質實和無生命感的美。於是在藝術傳達上，要求以「形」寫「神」，強調傳神高於摹寫、神似高於形似。由於「神」與「氣」的通同和密切連繫，凸顯生命精神、推崇表達傳神（或言求神似）的理論主張常是由「氣」的概念系列參與組合進行表述的，比如標舉氣韻生動、神來氣來、生氣彌滿之類。

三、藝術論的「神氣」說發軔於品評人物

古人既然認定「氣」是萬物之本根，是流轉的生命活力。它就必然與考察精神現象的「神形」相結合。對於人來說，無論是「神」還是「形」都離不開「氣」。《呂氏春秋》有句名言：「流水不腐，戶樞不蠹：動也。形氣亦然。」其中「形氣」可以看作是一個詞，也可視為「形」與「氣」的對舉。如果是後者，就類同於「形」與「神」的對舉。漢末荀悅《申鑑》〈雜言下〉中說「凡言神者，莫近於氣。有氣斯有形，有神斯有好惡喜怒之情矣」。不僅解決了「氣」與「神」、「形」兩者的關係，而且把「神」與人的感情活動連繫起來。

　　早期的「神」與「氣」常常連繫起來使用，但各有所指，《黃帝內經》〈素問〉中就有不少這樣的例子：

　　恬淡虛無，真氣從之，精神內守，病安從來？……呼吸精氣，獨立守神。（〈上古天真論〉）

　　味有所藏，以養六氣，氣和而生，津液相成，神乃自生。（〈六節藏象論〉）

　　血氣者，人之神，不可不謹養。（〈八正神明論〉）

　　當然，在《黃帝內經》〈素問〉中它們即使直接連用也未必是一個概念，比如〈離合真邪論〉中的「氣不得出，各在其處，推闔其門，令神氣存。大氣留止，故命曰補」就是如此。

　　中國古代哲學中的「神形」論主要是圍繞精神現象展開的。既然「氣」是物質的，也是精神的，貫通一切的「氣」論也就必然在向社會哲學和精神領域擴展和滲透。魏晉時期的品評人物之風推動了這個進程，「神氣」說由此進入了審美的層面，很快形成一個組合穩固、有重要影響的美學概念。

　　漢代選士的察舉征辟制度有月旦品評人物的常例，曹魏始創、兩晉南北朝沿襲的「九品中正制」也重視對士人的品評。正始以後清談盛行，對人物的褒貶評議更是一個經常的話題。

　　以「相骨望氣」來推斷吉凶禍福由來已久，有求實精神的司馬遷和王充在自己的著述也有這方面的記載。不過在魏晉時期，人們觀察人物形貌的著眼點有所轉移，更重視人物的精神風貌和氣質個性。魏

劉劭《人物誌》就有很好的證明：「強弱之植在於骨，躁靜之決在於氣」（〈九徵〉）；「……是故骨質氣清則休名生焉，氣清力勁則烈名生焉」（〈八觀〉）。

人們常以「氣」論人，品評中還能看到許多由「氣」派生和與「氣」組合的概念，如「體氣」、「骨氣」、「氣韻」、「氣調」之類。以後者為例，《南史》〈蔡廓傳〉說其孫蔡撙「風骨梗正，氣調英嶷，當朝無所屈讓」；《隋書》〈豆盧績傳〉說「績器識優長，氣調英遠」。所謂「氣調」雖然是見之於外的風度氣概，卻也是其人內在精神志趣的流露。「氣」原有一種與「神形」的概念系列相結合、相連繫的必然趨勢，尤其是與「神」的關係至為密切。最好的例子就是「神」與「氣」對舉、連用和「神氣」概念的出現。

《列子》〈黃帝〉記伯昏瞀人曾經對列禦寇這樣說：「夫至人者，上窺青天，下潛黃泉，揮斥八極，神氣不變。……」當然此書未必是先秦時代的東西，大抵魏晉人偽托。

從現存可靠資料上看，嵇康是常用「神氣」概念的第一人。其《養生論》所謂「外物以累心不存，神氣以醇白獨著」和《答向子期難養生論》所謂「不謷喜怒、平神氣，而欲卻老延年者，未之聞也」的「神氣」一詞已經是指主觀精神意氣的牢固組合了。此外，嵇氏在《聲無哀樂論》和《琴賦》中也多次用到「神氣」的概念，這一點我們在音樂中的「氣」論中還要討論，此處從略。

《世說新語》中每每見到「神氣」一詞表明，魏晉時代的士人確實常以此品評人物。比如：

（劉仲雄在評論和嶠、王戎在大喪中的行為時說）和嶠雖備禮，神氣不損。王戎雖不備禮，而哀毀骨立。（〈德行〉）

豫章太守顧邵，是雍之子。邵在郡卒，雍盛集僚屬，自圍棋。外啟信至，而無兒書，雖神氣不變，而心了其故。以爪掐掌，血流沾褥。

嵇中散臨刑東市，神氣不變，索琴彈之，奏《廣陵散》。曲終曰：「袁孝尼嘗請學此散，吾靳固不與，《廣陵散》從此絕矣。」

裴叔則被收，神氣不變，舉止自若。求紙筆作書。書成，救者多，乃得免，後位儀同三司。（以上見〈雅量〉）

庾公目中郎：神氣融散，差如得上。（〈賞譽〉）

王大將軍年少時……自言知打鼓吹。帝令取鼓與之，於坐振袖而起，揚槌奮擊，音節諧捷，神氣豪上，傍若無人。舉坐嘆其雄爽。（〈豪爽〉）

（謝萬過吳郡，訪太守王恬）坐少時，王便入門內，謝殊有欣色，以為厚待己。良久，乃沐頭散髮而出，亦不坐，仍據胡床，在中庭曬頭，神氣傲邁，了無相酬意。謝於是乃還。（〈簡傲〉）

上面引文中言及其「神氣」者七人，均有所褒美。顧雍是孫權賢相，王戎、嵇康是正始時代以自然與名教相抗衡的竹林名士，裴楷也「明悟有識量，尤精《老》《易》」，庾亮「好莊老」，王恬「性傲誕，不拘禮法」（引文均見《晉書》本傳），王敦則為叛臣。雖然其中裴、庾曾為重臣，但所言六人之精神意氣，或超邁，或從容，或倨傲，概與道義修養和功業無涉。

　　漢代舉士有孝廉、秀才的名目，儒術獨尊，必然重視道德規範。到了魏晉則可謂「禮崩樂壞」，正統經學失去了統御力。以自然對抗名教，反抗外來束縛「循性而動」的名士被廣泛推崇和效仿。於是評價人物的標準有了重大的變化。在《世說新語》中，人們更多地讚賞峻爽通脫、超越凡庸塵濁的儀容、風采，欽佩的是有器量和識鑑、談吐機智、主體精神張揚和個性卓異者……

　　擁有游離於道德信條、包含肯定個性和自然情感的審美追求對古代士人是一個了不起的超越。如此的人物品評顯示出向審美的自由境界突進的趨勢，推崇這樣的「神氣」必然對文士參與的藝術活動具有導向作用。魏晉時期起文士開始壟斷畫壇，書法藝術更是登峰造極，從此書畫中的「神氣」論總是帶著魏晉士人灑脫俊逸的風采情靈指導著後來的理論批評，代表著古代藝術中一種極有影響的審美取向。人物品評中的「神氣」說可以說是這種取向的先導。

小　結

　　「氣」概念的涵蓋力和親和力極強。作為宇宙萬物之本根，它極其自然地滲入「陰陽五行」說。於是，「陰」、「陽」和金、木、水、火、土皆可說成是性質有別的「氣」。「氣」論與「陰陽五行」說的結合，不僅有助於維繫和發展宇宙萬物自然生成的觀念、學說，「氣」特有的運動方式和變幻轉化也成為以「陰陽五行」代指的事物兩分和五分因素矛盾運動的基本特點，因此也有助於認識和推進辯證思維的運作。由於「氣」又具有精神性，常與形而上的、對應於「形」的「神」相通（或者相連繫）；作為原創性的生命活力，流轉的「氣」經常被古人視為精神現象的動因和本質，靈性和智慧創造的淵藪。「神氣」說融合

了「氣」與「神形」論，也可以說是「神形」論在人物和藝術品評中的具體運用，對古代藝術創造領域有廣泛影響。

「氣」雖以虛為主，畢竟是具有感性因素的理性概念，既可以說它是有「象」的，又常常是可感而無形的，具有渾融性和合乎中庸之道的調節能力：「陰」與「陽」因為與「氣」結合，原本高度抽象的概念有了一定的可感性，二者以「氣」的方式矛盾對立、運動沖和也更易於理解，可以說是抽象概念的具象化；而金、木、水、火、土受原來物質屬性的影響，提升為概念以後則有偏於實的缺陷，它們分別與「氣」組合成「金氣」、「木氣」、「水氣」、「火氣」和「土氣」，則是一種虛化──概念的抽象化，更有利於它們作為指域更寬泛的構成宇宙萬物的五種元素。可以說是遇實則補之以虛，遇虛則充之以實。

從《禮記》說人死魂氣上浮於天、體魄下沉歸於土可知，在「神」、「形」二者中「氣」與「神」更近，莊子就是「神氣」、「形骸」對舉。從虛、實對應的角度看，「神」與「氣」皆屬虛，而「形」歸於實。《管子》《淮南子》論「神」、「氣」、「形」的關係是「神形」論的一次精緻化：「神」是精神、智慧、靈性和心宰，是具有原創力的、最高層次的生命現象；「氣」是流轉的生命活力，是「神」生成和發揮功用的基礎；「形」則是「神」、「氣」的宅寓和載體，具體的形質，在生命體中從屬於「神」、「氣」。「神氣」主要針對人而言，這就便於把一般的生命體（如動植物）和智慧的生命體（人）區別開來，對於不同的人生機的旺盛與否、智愚的差別、靈感的行止作出解釋。

「陰陽五行」說較側重於自然關係論；「神形」說則是古代的精神現象學，側重於社會關係和藝術論，魏晉時代以「神氣」品評人物是「神形」論直接介入審美和藝術創造活動的開端。「氣」範疇對這兩種學說的滲透很有代表性，是其運用範圍在兩大領域拓展的證明。

第三章

「養氣」說

第一節　前期的「養氣」說側重於生理營衛

一、「養氣」說的發端

幾乎從人們認識到自然界中的氣（特別是人的呼吸）與生命現象有關時起，「養氣」的意識就開始萌生了。

孔子指出少年、壯年、老年時期的「血氣」不同，是注意到人生長發育、成熟和衰老的生理變化規律，分別提出戒色、戒斗、戒得的告誡也是從生命和精神營衛上說的。

莊子曾說：「人之生也，氣之聚也。聚則為生，散則為死。」雖然沒有道明氣是如何「聚」的，但人似乎不是無可作為的，所謂「吹呴呼吸，吐故納新」，就有通過對氣的吐納自我維繫、培養和更新生命的內涵。《莊子》〈人間世〉中的「德厚信矼，未達人氣」大概是當今流

行語「人氣如何」的源頭，這「人氣」體現著一種群體的意向和凝聚力，是由精神、情感上的溝通實現的親合與信賴。能夠以「德」、「信」達之，「達」的過程自然是修養的過程。

兵家所謂士氣需要激勵、維持，所以有「治氣」（見《孫臏兵法》和《尉繚子》）的主張，是一種以他人（部屬）為對象、目的明確的「氣」的培護和經營。

《管子》的「精氣」說更多地涉及「氣」如何獲得和留存問題。〈心術上〉篇云：「潔其宮，開其門，宮者謂心也。心也者，智之舍也」，〈內業〉篇也有「敬除其舍，精將自來」以及「搏氣如神」等語，確實有通過主觀努力創造條件使精氣聚集於自身的意思。通同於生命靈慧與活力的精氣雖來源於自然，但人通過主觀努力創造條件可以搏集、收存之，因而能夠獲得或者強化和蓄留自身的靈慧。要求「潔其宮」和「敬除其舍」，可知此論接受了老莊「虛靜」說的影響，不過強調氣「不可止以力，而可安以德」，則已經將決定氣留存的因素從生理方面轉移到道德修養方面。

最早直接說「養氣」的是孟子。《孟子》〈公孫丑上〉說：

「……夫志，氣之帥也；氣，體之充也；夫志至焉，氣次焉。故曰：持其志，無暴其氣。」……（公孫丑問：）「敢問夫子惡乎長？」（孟子）曰：「我知言，我善養吾浩然之氣。」、「敢問何謂浩然之氣？」曰：「難言也。其為氣也，至大至剛，以直養而無害，則塞於天地之間。其為氣也，配義與道；無是，餒也。是集義所生者，非義襲而取之也。行有不慊於心，則餒也。」

這「直養而無害」之「直」是正直之直、剛直之直。孟子所謂

「氣」從屬於精神意志的修養和對道、義的把握，對理想、情操的恪守，而且把「養氣」與「知言」連繫起來，所謂「知言」指的是「诐辭知其所蔽，淫辭知其所陷，邪辭知其所離，遁辭知其所窮」。身處百家爭鳴眾說紛紜的戰國時代，孟子以為只有強化思想精神自我的修養和道德信念，才能正本清源，辨明各種異端邪說的謬誤之所以然，抵制和廓清其影響。孟子與孔子一樣，對自己的品格、思想、學術和獻身的事業有充分的自信，對理想的追求是執著的，絕非那些朝秦暮楚的縱橫遊說之士可比，所以說自己培養出「至大至剛」、「塞於天地」的「浩然之氣」。孟子的「知言」、「養氣」說雖然不是針對文學而言，但這種情操和精神意志自我完善的途徑對於歷代士人的修身養性，對於文學藝術的主體論影響都至為深遠。

《荀子》〈修身篇〉說：「治氣、養心之術，血氣剛強，則柔之以調和；知慮漸深，則一之以易良；勇膽猛戾，則輔之以道順；齊給便利，則節之以動止；狹隘褊小，則廓之以廣大；卑濕重遲貪利，則抗之以高志；庸眾駑散，則劫之以師友；怠慢僄棄，則照之以禍災；愚款端愨，則合之以禮樂、通之以思索。凡治氣、養心之術，莫徑由禮，莫要得師，莫神一好。」是以「中庸之道」為指導，以相應（常常是相對立）的手段和環境因素去改造、節制、調和心氣和品性。面對複雜的因素，以兼取所長、去其所偏的對立統一、折中互補達於「中和」的理想境界是傳統文化中值得弘揚的一個部分。

從音樂到修身養性和政治，在對「中和」的追求方面先秦時代已有豐厚的積澱：《尚書》〈堯典〉說：「帝曰：夔！命汝典樂，教冑子。直而溫，寬而栗，剛而無虐，簡而無傲……」《左傳》〈襄公二十九年〉記吳公子季札評價《頌》樂：「至矣哉！直而不倨，曲而不屈，邇而不偪，遠而不攜，遷而不淫，復而不厭，哀而不愁，樂而不荒，用而不

匱，廣而不宣，施而不費，取而不貪，處而不底，行而不流，五聲和，八風平，節有度，守有序，盛德之所同也。」前者是「教冑子」，為的是改善其素質；後者是樂曲的理想效果。

《國語》〈鄭語〉記載，周史伯有「和實生物，同則不繼。以他平他謂之和」的名言。《左傳》〈昭公二十年〉中晏嬰也說調味、音樂和政治一樣都要正反兩方面相濟相成：「先王之濟五味，和五聲也，以平其心，成其政也。聲亦如味。一氣，二體，三類，四物，五聲，六律，七音，八風，九歌，以相成也。清濁、大小、短長、疾徐、哀樂、剛柔、遲速、高下、出入、周疏，以相濟也。」而《呂氏春秋》所記商湯賢相伊尹以烹調三蟲滋味比喻政治時也早已提出「必去其勝」的調和原則。

應該指出，孟子雖然是直言「養氣」的第一人，但他這種「以直養而無害」、「配義與道」的「養氣」說在早期並未得到廣泛的響應和發揮。只有少數心比天高而飽受摧折的志士可以作為他的知己，比如屈原的《遠遊》中就有「內惟省以端操，求正氣之所由。漠虛靜以恬愉兮，澹無為而自得」。不難看出，屈子兼容了儒、道兩家內省養氣的陶冶和精神追求。從戰國到漢魏六朝，人們的「養氣」說關注更多的仍然是在生理和心理方面。

二、漢魏六朝的「養氣」說

《禮記》〈月令〉〈季夏之月〉說：「毋舉大事，以搖養氣，毋發令而待，以妨神農之事也。」是告誡統治者不要大興徭役，損害農業。此所謂「養氣」是大自然滋養芸芸眾生之氣，針對農作物，也針對生民而言。

《黃帝內經》〈素問〉中論「氣」之處俯拾皆是，不少地方討論了氣的「固」、「營」、「守」、「衛」、「養」，顯然是從生理和病理學的角

度入論的。比如：

恬淡虛無，真氣從之，精神內守，病安從來？是以志閒而少欲，心安而不懼，形勞而不倦，氣從以順，各從其欲，皆得所願。

提挈天地，把握陰陽，呼吸精氣，獨立守神，肌肉宗一。（〈上古天真論〉）

營氣不從，逆於肉理，乃生癰腫。（〈生氣通天論〉）

五味入口，藏於腸胃。味有所藏，以養五氣。氣和而生，津液相成，神乃自生。（〈六節藏象論〉）

血氣者，人之神，不可不謹養。（〈八正神明論〉）

無論呼吸，還是固（強化、固定）、營（治理、營造）、養（培育、養護），皆是人對「氣」主動進行的吸納、調整、營衛……

漢初陸賈《新書》〈懷慮第九〉說：「……故治外者必調內，平遠者必正近。綱（紀）天下，勞神八極者，則憂不存於家；養氣治性，思通精神，延壽命者，則志不流於外。」這裡雖然「養氣治性」連用，但所養與壽命的延長相關，不是孟子所謂「直養而無害」與道、義偕存之「氣」。說「養氣」能夠「思通精神」、固守心志，已經在表述一種順應規律把握心理、思維活動的方法、途徑。

《淮南子》說：

土地各以其類生。是故山氣多男，澤氣多女，障氣多瘖，風氣多聾，林氣多癃，木氣多傴，岸下氣多腫；石氣多力，險阻氣多癭，暑氣多夭，寒氣多壽，谷氣多痺，丘氣多狂，衍氣多仁，陵氣多貪。……皆像其氣，皆應其類。（〈地形訓〉）

是故血氣者，人之華也；而五藏者，人之精也。夫血氣能專於五藏而不外越，則胸腹充而嗜欲省矣。胸腹充而嗜欲省，則耳目清、聽視達矣。耳目清、聽視達謂之明。五藏能屬於心而無乖，則勃志勝而行不僻矣。勃志勝而行不僻，則精神盛而氣不散矣。精神盛而氣不散則理，理則均，均則通，通則神，神則以視無不見，以聽無不聞也，以為無不成也。是故憂患不能入也，而邪氣不能襲也。（〈精神訓〉）

〈地形訓〉謂自然環境的各種「氣」會相應地對人的某種生理（包括疾病）、心理和品性，也即人的「氣」產生決定性影響。〈精神訓〉強調通過對自身五臟精華的調控做到「精神盛而氣不散」，於是由理而均、而通、而神，也是說的生理和精神上的自我營衛。前面說過，《淮南子》認為人的生命由「神」、「氣」、「形」三元構成，「一失其位，則三者傷矣」，所以主張「守」：「聖人使人（神氣形）各處其位，守其職，而不得相干也。故夫形者非其所安也而處之則廢，氣不當其所充而用之則洩，神非其宜而行之則昧。此三者，不可不慎守也。」（〈原道訓〉）守者，依其本然守持維護也。

東漢王充《論衡》〈自紀〉說：「庚辛域際（王充時年七十四五歲），雖懼終徂，愚猶沛沛，乃作《養性》之書，凡十六篇，養氣自守，適時則酒，閉明塞聰，愛精自保，適輔服藥引導，庶冀性命可延，斯須不老。」此處「養性」與「養氣」是相通的，顯然也是與生命活力的自

我調養、維護，以求延年益壽的一種努力，可惜《養性》十六篇已經失傳。「適輔服藥引導」一語透露，王充的「養氣」是指超過「引導」（呼吸吐納）範圍的廣義的養生之道。《論衡》〈道虛〉有「恬淡無慾，養精愛氣」之語，漢魏人亦常言「愛氣」，「愛」是珍惜，「養」則多了些滋育養成的意思。曹操《氣出唱》詩中有「但當愛氣壽萬年」之句。嵇康在《答難生論》中也從珍攝生命的角度說過：「內視反聽，愛氣嗇精。」

　　魏晉時的修身養氣更多闡揚的是老莊的主張，追求對世俗的超越，在呼吸吐納的「保神全身」的前提下盡情享受自然賦予的生命。嵇康《養生論》以為，傳說的神仙「以特受異氣，稟之自然，非積學所能致也。至於導養得理，以儘性命，上獲千餘歲，下可數百年，可有之耳」。「是以知形恃神以立，神須形以存悟生理之易失，知一過之害生。故修性以保神，安心以全身。愛憎不棲於情，憂喜不留於意，泊然無感，而體氣和平。又呼吸吐納，服食養生，使神形相親，表裡俱濟也。」、「喜怒悖其正氣」認為善養生者「清虛靜泰，少私寡慾，知名位之傷德，故忽而不營……外物以累心不存神氣以醇白獨著；曠然無憂患，寂然無思慮，又守之以一，養之以和，和理日齊，同乎大順。……」嵇氏強調神仙之氣得之自然而非積學所致，以「導養得理」的呼吸吐納、服食養生來達到健康長壽的目的。中國人的惜生之情是格外濃重的。

三、劉勰的《文心雕龍》之〈養氣〉篇

　　雖然揚雄、桓譚等人曾經就文章寫作傷神損性說過自己的體會，然而直到劉勰為止，還未見把「養氣」與文章寫作的精神、心理生理準備直接連繫的專門論著。

　　《文心雕龍》的第四十二篇為〈養氣〉篇，是首見於文學藝術論中

的「養氣」說。劉勰開篇即稱:「昔王充著述,制〈養氣〉之篇,驗己而作,豈虛造哉!」可見承襲的是王充思路。更往前些說,是闡揚老、莊和荀子的「虛靜」(或「虛壹而靜」)說和《黃帝內經》〈素問〉的「氣」之營衛學說而非孟子側重道義的修身養性之說。

劉勰說:「夫耳目鼻口,生之役也;心慮言辭,神之用也。率志委和,則理融而情暢;鑽礪過分,則神疲而氣衰:此性情之數也。」末尾的「贊」中再次申明「玄神宜寶,素氣資養」和「無擾文慮,郁此精爽」。劉勰在〈養氣〉篇討論的是精神和心理的自我營衛、調節對於「吐納文藝」的必要性:創造性的藝術思維之利鈍通塞取決於作家的精神和心理的狀態,而「率志委和」神清氣爽則是理想的狀態和養氣之指歸。

劉勰不是漠視作家品格和意志的修養,在「文之樞紐」和〈程器〉篇中都對創作主體的道德規範和思想品格有所論述。但〈養氣〉篇顯示出研討生命和精神活動的科學性,重視的是藝術思維創造的客觀規律,從本篇所論以及〈神思〉篇的「陶鈞文思,貴在虛靜」和〈物色〉篇的「入興貴閒」來看,劉勰的「養氣」說與傳統認識論中的「虛靜」說有更多的連繫。

《莊子》〈人間世〉中以「聽之以氣」為接納和體認外物的至境,且云「氣也者,虛而待物者也」,指出:「且夫乘物以游心,托不得已以養中,至矣」;說「汝游心於淡,合氣於漠,順物自然而無私焉,而天下治矣」(〈應帝王〉)。所謂「游心」就是心靈的自由活動,就是無罣礙的閑靜、從容,劉勰在〈神思〉篇曾經標舉「神與物游」和「陶鈞文思,貴在虛靜」,在〈養氣〉篇更進一步展開。

劉勰指出,良好的精神狀態是創作活動得以順利進行的必要條件,這種條件是通過作家一貫的主觀努力──「素氣資養」而形成的。

「心慮言辭，神之用也」表明思維活動與語言的運用都受制於精神，或者說是精神活動的表現。所謂「率志委和」就是順從心志之自然，使精氣和暢，如此創作才可望有成；「鑽礪過分」是在精神疲勞的情況下勉為其難，思維創造的活力必然降低。劉勰認為這是一種應該尊重的客觀規律。

劉勰對於文學創作思維的一些特殊性也有所認識，在〈養氣〉篇說：「夫學業在勤，故有錐股自屬；志於文也，則申寫郁滯，故宜從容率情，優柔適會。」作家出於「申寫郁滯」的需要，應該「從容率情，優柔適會」，這「會」就是「興會」之會，大致可以理解成有利於創作的主客觀因素會聚的時刻——靈感到來。不同的思維領域，不同的思維方式對於靈感依賴的程度是不一樣的，創造性越大，對靈感的依賴越深。一般說來，「學業」重在認識，主要依靠知識的積累。文學是藝術，固然需要生活體驗和「積學以儲寶，酌理以富才，研閱以窮照，馴致以繹辭」的素養，創作的靈感是不可或缺的，在藝術思維中居主導地位。因此劉勰不主張「錐股自屬」，而要求以「從容率情」的「優柔」為「興會」的到來和發揮作用作精神和心理的準備。

關於如何做到「率志委和」，劉勰的〈養氣〉篇說得更具體：

若銷鑠精膽，蹙迫和氣，秉牘以驅齡，灑翰以伐性，豈聖賢之素心，會文之直理哉！且夫思有利鈍，時有通塞；沐則心覆，且或反常。神之方昏，再三愈黷。是以吐納文藝，務在節宣，清和其心，調暢其氣；煩而即舍，勿使壅滯。意得則舒懷以命筆，理伏則投筆以卷懷，逍遙以針勞，談笑以藥倦，常弄閒於才鋒，賈餘於文勇。使刃發如新，腠理無滯，雖非胎息之邁術，斯亦衛氣之一方。

　　他指出，文章寫作是憑藉靈慧和悟性進行的精神創造，是一種要求很高、付出很大的辛勤勞動。作家在生活實踐中獲得的感受和體驗，要以藝術的方式表現出來，必須充分發揮思維潛在的創造力才有可能。作家只有神完氣足，心境從容寧靜，才能獲得敏銳的藝術洞察力，萌生出豐富的創意和想像；才能得心應手地運用業已掌握的語言技巧，去實現創作的意圖。這種創造性精神產品的生產，絕非「神疲氣衰」的頭腦可以勝任的。如果「勞神苦慮」，不僅沒有可能寫出好作品，反而會有傷神志，乃至於性命。所以他在〈神思〉篇也說：「秉心養術，無務苦慮；含章司契，不必勞神。」

　　在這個問題上後來也有人從不同角度立論，強調文章必經竭精盡智的慘澹經營才能入妙，而不可苟且。金聖歎〈水滸傳序一〉說：「……依文成於易之說，則是迅速揮掃、神氣揚揚者才子也；依文成於難之說，則必心絕氣盡，面猶死人者才子也。故若莊周、屈平、馬遷、杜甫以及施耐庵、董解元之書，是皆所謂心絕氣盡，面猶死人，然後其才前後繚繞得成一書者也。莊周、屈平、馬遷、杜甫，其妙如彼，不復具論。若夫施耐庵之書，而亦必至於心絕氣盡，面猶死人而後其才前後繚繞，始得成書。夫而後知古人作書真非苟且也者。」在《水滸傳回評》〈第四十一回〉中又說：「夫天下險能生妙，非天下妙能生險也。險故妙，險絕故妙絕；不險不能妙，不險絕不能妙絕。遊山亦猶是矣。不梯而上，不縋而下，未見其能窮山川之窈窕，洞壑之隱秘也。梯而上，縋而下，而吾之所至，乃在飛鳥徘徊、蛇虎躑躅之處，而吾之力絕，而吾之氣盡，而吾之神色索然猶如死人，而吾之耳目乃一變換，而吾之胸襟乃一蕩滌，而吾之識略乃得高者愈高，深者愈深，奮而為筆，亦得愈極高深之變也。」如果說劉勰論的是臨文的心理調節，金聖歎論的則是在執著求索中的心路歷程。金氏所說，或經

心血流注的痛楚磨難，或經驚心動魄的衝擊，最終才將藝術創造提升於至境，確乎有一種置之死地而後生的味道。劉、金兩說的共同之處是肯定寫作是一種非凡的精神性創造活動。劉勰強調必須在最佳的精神狀態下才可能有所作為，金聖歎則以為偉大作品都是其作者付出巨大、堅苦卓絕的創造。

劉勰〈養氣〉篇還注意到由於精力和閱歷、知識經驗的差別，不同年齡的人在臨文情感和思維的運作上也是各有特點的：

> 凡童少鑑淺而志盛，長艾識堅而氣衰，志盛者思銳以勝勞，氣衰者密慮以傷神，斯實中人之常資，歲時之大較也。若夫器分有限，智用無涯，或慚鳧企鶴，瀝辭鐫思，於是精氣內銷，有似尾閭之波，神志外傷，同乎牛山之木。

〈養氣〉篇要求人們認識和把握這些規律和特點，積極地營造出精神飽滿輕鬆，心境閒適自在寬緩從容——一種最有利於思維創造力發揮的精神狀態。劉勰所主張的精神飽滿輕鬆，心境閒適從容並非毫無功底、無所用心的懈怠和閒散，也不是否定為寫作付出長時間艱苦的勞動，〈神思〉篇肯定「研慮方定」和「愈久致績」就可以印證這一點。近代學者黃侃在《文心雕龍札記》中為此作了補充說明：「大抵年少精力有餘，而照理不深，雖用苦思，而文章未即工妙；年齒稍長，略諳文術，操觚之際，又患精力不能赴之。此所以文鮮名篇，而思理兩致之匪易也。恆人或用養氣之說，盡日遊宕，無所用心，其於文章之術未嘗研煉，甘苦疾徐未嘗親驗，苟以養氣為言，雖使頤神胎息，至於百齡，一旦臨篇，還成齟齬。彥和養氣之說，正為刻厲之士言，不為逸游者立論。」

第二節　遙承孟子的「養氣」說

受儒家思想的滋育熏染，古代士人一般都有強烈的歷史使命感和時代、社會責任感。「養氣」是自我的維護和境界提升長期努力，需要這樣的崇高目標引導和以堅韌不拔的毅力為後盾。

中唐的韓愈以恢復道統和文統為己任，其「氣盛言宜」之所謂「氣盛」已經帶有一種精神道義上的磅礴氣勢。到了宋代，中國封建社會的發展已日過中天，理學適應以封建倫常整肅世風、力挽頹勢的要求發展起來。宋明的儒者一方面矯正漢學的某些粗疏訛誤，一方面從「理」和「心性」入手，使儒學變得更為精緻。理學對於世人道德情操提出更為苛嚴的要求。「理」與「氣」的關係密切，「養氣」事關主體的素質品格，於是遙承孟子的與品格情操、精神意志直接連繫的「養氣」說從此張揚，有了多方面的拓展。

一、蘇轍等宋人說「養氣」

宋代蘇轍在《上韓樞密太尉書》中重新倡導「養氣」，並明言遙承孟子的宗旨，以為文章是主體精神的外現，而孟子和司馬遷文章中的「寬厚宏博，充乎天地之氣」和「疏蕩奇氣」堪稱表率。他說：

轍生好為文，思之至深。以為文者，氣之所形。然文不可以學而能，氣可養而致。孟子曰：「我善養吾浩然之氣。」今觀其文章，寬厚宏博，充乎天地之間，稱其氣之大小。太史公行天下，周覽四海名山大川，與燕趙間豪俊交遊，故其文疏蕩，頗有奇氣。此二子者，豈嘗執筆學為如此之文哉？其氣充乎其中，而溢乎貌，動乎其言，而見乎其文，而不自知也。轍生十有九年矣，其居家所與游者，不過其鄰里鄉黨之人，所見不過數百里之間，無高山大野可登覽以自廣。百氏之

書雖無所不讀，然皆古人之陳跡，不足以激發其志氣。恐遂汩沒，故決然捨去，求天下奇聞壯觀，以知天地之廣大。過秦漢之故都，恣觀終南、嵩、華之高，北顧黃河之奔流，慨然想見古之豪傑。至京師，仰觀天子宮闕之壯，與倉廩、府庫、城池、苑囿之富且大也：而後知天下之巨麗。見翰林歐陽公，聽其議論之宏辨，觀其容貌之秀偉，與其門人賢士大夫游，而後知天下之文章聚乎此也。

蘇轍強調「文不可以學而能，氣可養而致」，以親身的經歷為依據，主張作家突破書本知識和閉門造車的侷限，遍游名山大川和故都京邑，與豪俊之士交遊，聆聽大師高明的議論，以增加閱歷和體驗，開闊視野心胸，獲取儘可能多的教益和啟示，從而超越自我的侷限改造主體素質。他認為這種素質改造上獲得成功是根本性的，於是作家的思想言行和文章寫作自然而然會出現質的飛躍，即「其氣充乎其中，而溢乎貌，動乎其言，而見乎其文，而不自知也」。

後來元代郝經提出「內游」說，就把蘇轍強調壯游的「養氣」說歸之於重視「外游」的一派。

南宋作家很看重「養氣」對於詩文寫作的作用，陸游就是突出的一例。他有「平生養氣頗自許」（《秋懷》）的自負，認為「所養愈深而詩亦加工」（《曾裘父詩集序》）。其《從韻和楊伯子主簿見贈》云：「文章最忌百家衣，火龍黼黻世不知。誰能養氣塞天地，吐出自足成虹霓。」在《方德亨詩集序》又說：「詩豈易言哉！才得之於天，而氣者我之所自養。有才矣，氣不足以御之，淫於富貴，移於貧賤，得不償失，榮不蓋愧，詩由此出而欲追古人之逸駕，詎可得哉！」陸游所謂「氣」與高尚的情操和剛直不阿的意志水乳交融，也即是至大至剛的浩然正氣。其建樹在於論及「氣」與「才」的關係：僅有先天的才而缺

乏後天所養的「氣」駕馭之，就可能「淫於富貴，移於貧賤」，使自己
（乃至文苑和士人）含愧蒙羞。他的《上辛給事書》說：「賢者之所養，
動天地，開金石，其胸中之妙充實洋溢，而後發見於外，氣全力餘，
中正閎博，是豈可容一毫之偽於其間哉？」凜然的正氣充盈於胸臆，
才可能有純正深厚、真摯自然的感情和絕妙的意趣呈現於文章，也是
「動天地，開金石」震撼力之所在。

　　強調主體的精神陶冶對於創作有決定性意義是「養氣」說的共同
之處。呂本中《與曾吉甫論詩第二帖》以杜甫和蘇軾詩為例說：「其間
大概皆好，然以本中觀之，治擇工夫已勝，而波瀾尚未闊。欲波瀾之
闊去，須規摹令大，涵養吾氣而後可。規摹既大，波瀾自闊，少加治
擇，功已倍於古矣。試取東坡黃州以後詩，如《種松》《醫眼》之類，
及杜子美歌行及長韻近體詩看，便可見。」

二、元人的修正

　　由金入元的郝經提出與蘇轍意見相左的「內游」說。他批評司馬
遷「勤於足跡之餘，會於觀覽之末，激其志而益其氣」，「其得也小，
其失也大」，所以出現有悖道統的「甚多疏略」，認為道與氣無待山川
之助，只須在儒家經典中去學習體味，「身不離衽席之上，而游於六合
之外；生乎千古之下，而游於千古之上，豈區區於足跡之餘、觀賞之
末者所能也？持心御氣，明正精一，游於內而不滯於內，應於外而不
逐於外。……彼隋山喬岳，高則高矣，於吾道何有？長江大河，盛則
盛矣，於吾氣何有？故曰，欲游於外者，必遊於內」（《內游》）。

　　撇開其道學的某些保守和偏執，郝經道出了學習書本知識的意
義。其中能夠接受文化精粹的滋養，突破身觀侷限和思維空間，跨越
和融匯古今，與聖賢先哲對話，陶冶精神情操，從而改造和完善主體
的素質和品格。這種以讀書為「養氣」主要手段的看法在古代得到廣

泛的認同，大概是由於士人擁有獨占書本知識的優勢，也確實從中獲得過無可替代的教益，領略過在書中遨遊巨大樂趣的緣故。有人對此有所闡發，如清代李重華《貞一齋詩說》云：「多讀書非為搬弄傢俬，震川謂善讀書者，養氣即在其內。故胸多捲軸，蘊成真氣，偶有所作，自然臭味不同。」曾國藩在《家訓》上告誡其子曾紀澤說：「人之氣質由於天生，本難改變，惟讀書可以變化氣質。」不過郝經低估乃至否定接受大自然陶染和社會考察實踐顯然是錯誤的，親身觀察體驗能得到許多讀書得不到的知識，何況身心也能得到沐浴和鍛鍊。明人董其昌提出「讀萬卷書，行萬里路」（《畫旨》）的主張極有影響，雖然是就山水畫家自我改造和提高素質而言，且未直接提到「養氣」二字，卻兼取了「內游」、「外游」兩方面的內涵。

元人陳繹曾《文說》從另一層面進行補充修正。他以為，養氣之法「宜澄心靜慮，以此景此事此人此物默存於胸中，使之融化，與吾心為一，則此氣油然自生，當有樂處，文思自然流動充滿而不可遏矣。切不可作氣。氣不能養，而作之，則昏而不可用。所出之言，皆浮辭客氣，非文也。氣之變化無方，當以此類推之」。他的「養氣」是指作家在虛靜之中接納外部信息，心物化一融合無間，成為一種油然自生的靈秀之氣。有此氣，則「文思自然流動充滿而不可遏」。「作氣」是矯揉造作的氣，即使有所模仿吸納，卻缺少心物融合為一的過程。之所以「昏不可用」，是因為它與本真相扞格，故「所出之言，皆浮辭客氣」。一言以蔽之，「作氣」和「客氣」皆非由「養」而成的自我本真之氣。

三、宋濂和謝榛的拓展

明代宋濂在《文原》一文中把「養氣」——主體素質和精神品格的自我陶冶改造對文章寫作的重要性提高到空前的高度：「為文必在養

氣。氣與天地同，苟能充之，則可配序三靈，管攝萬匯。」、「氣得其養，無所不周，無所不極也。攬而為文，無所不參，無所不包也。」、「大道湮微，文氣日削，騖乎外而不攻其內，局其小而不圖其大。……斯皆不知其養氣之故也。嗚呼！人能養氣，則情深而文明，氣盛而化神，當與天地同功也。」顯然，宋濂倡言的「養氣」說也屬於孟子、陸游一派。其「大道湮微，文氣日削」的警世之言，是重新高舉「文以載道」的旗幟，欲使文章寫作擁有或恢復先秦漢唐和宋代名家那樣的精神意氣，創作出經天緯地的雄文。但封建社會的盛期已過，頹勢漸顯，儒道的振新既難，既合乎傳統道德理想又意氣風發的文人已很難找到；古文和古代格律詩、詞經歷了登峰造極的輝煌以後，即使還會有所建樹也不可能出現全面的超越了。因此，宋濂的大聲疾呼並沒有得到廣泛響應，挽狂瀾於既倒。

謝榛《四溟詩話》論「養氣」則有較多新意：

　　自古詩人養氣，各有主焉。蘊乎內，著乎外，其隱見異同，人莫之辨也。熟讀初唐盛唐諸家所作，有雄渾如大海奔濤，秀拔如孤峰峭壁，壯麗如層樓疊閣，古雅如瑤琴朱弦，老健如朔漠橫雕，清逸如九皋鳴鶴，明淨如亂山積雪，高遠如長空片雲，芳潤如露蕙春蘭，奇絕如鯨波蜃氣：此見諸家所養之不同也。學者能集眾長合而為一，若易牙以五味調和，則為全味矣。

　　謝榛用詩一樣美的排比句描繪了初唐盛唐詩歌各具特色、絢麗紛呈的風格，以為從中可以看出「諸家所養之不同也」。足見這裡的「氣」既不是人（或萬物）所共有的普泛和無差別的「氣」；也不是修身養性所得，與「道」、「義」協調統一的「氣」；而是兼綜詩人的精神品格、

氣質個性、學識和藝術素養的創作主體之「氣」，是決定詩歌風格並外現於作品的「氣」。可以認為，謝榛「氣各有所養」、「蘊乎內，著乎外」之論，是曹丕「文以氣為主，氣之清濁有體」見解的發展。當然，「能集眾長合而為一」只是藝術表現中的至境，能夠「兼通」（劉勰語）相濟為用、因時制宜表現出風格的多樣性誠然十分理想的，然而作家的氣質個性和藝術風格大多是以一種相對穩定的特點顯示的，更普遍的恐怕還是「氣之清濁有體，不可力強而致，雖在父兄，不能以移子弟」吧。

四、清代的集成之論

清人論養氣者亦多，尤其是在詩論中。沈德潛《說詩晬語》說：「文以養氣為歸，詩亦如之。七言古或雜於兩言、三言、四言、五六言，皆七言之短句也。或雜以八九言、十餘言皆伸以長句，而故欲振盪其勢，迴旋其姿也。其間忽疾忽徐，忽翕忽張，忽停瀠，忽轉制，乍陰乍陽，屢遷光景，莫不有浩氣鼓蕩其機，如吹萬之不窮，如江河之滔瀁奔放，斯長篇之能事極矣，四語一轉，蟬聯而下，特初唐人一法，所謂『王楊盧駱當時體』也。」其討論的重心不在創作主體而在句式和語勢起伏開合節奏的處理上，對於七言句式和「四語一轉」在古代詩歌中的特殊地位的強調是會心之語。

賀貽孫《皆園集序》說：「養氣者養之使老，養膽者養之使壯；氣老欲其常翕，膽壯欲其常張；以氣馭膽，以老用壯，以翕主張，天下無難事矣。」這是詩歌創作的一種經驗談。其「老」指根柢穩固、涵養深厚、練達持重，是成熟的表徵；「壯」指無所拘忌、縱橫揮灑才情的膽略和豪氣。「氣老」與「膽壯」相濟相成而以「氣老」居主導地位，創作的成功才有保證。

何紹基《與汪菊士論詩》說：

　　凡學詩者，無不知要有真性情，卻不知真性情者，非到做詩方去打算也。平日明理養氣，於孝悌忠信大節，從日用起居及外間應務，平平實實，自家體貼得真性情；時時培護，字字持守，不為外物搖奪，久之，則真性情方才固結到身心上，即一言語一文字，這個真性情時刻流露出來。然雖時刻流露，以之作詩作文，尚不能就算成家者。此外真性情雖偶然流露，而不能處處發現，因作詩文自有多少法度，多少工夫，方能將真性情搬到筆墨上。又，性情是渾然之物，若到文與詩上頭，便要有聲情氣韻，波瀾推蕩，方得真性情發見充滿，使天下後世見其所作，如見其人，如見其性情。若平日不知持養，臨提筆時要它有真性情，何嘗沒得幾句驚心動魄的，可知道這性情不是暫時撐支門面的，就是從人借來的，算不得自己真性情也。

　　恪守傳統信念的文論自然要求在文章中弘揚孝悌忠信之大節，其侷限性是毋庸置疑的。但此論並非空洞重複的說教，它將為人們認同的「真性情」與明理「養氣」連繫起來，何紹基淺顯明快的表述至少在兩個方面有所拓展：一則表明，詩文中的情懷志趣和精神品位的高尚不是偽善、做作或由借代而來，而是詩人人格情操、思想修養的自然流露，這種流露就不會是偶然的，而是處處生發的；二則強調，即使有了從無論鉅細的日常事務中長期培護得來的高尚情操，如果付諸「筆墨」，仍然要遵循「法度」（藝術的規律和原則、規範），運用文學的手段，發揮語言媒介傳達上種種優勢，才能自然而充分地表現出來。

　　朱庭珍在《筱園詩話》中把「積理」、「養氣」連繫起來，兼綜了不少前人以自我修養提高和改造主體素質方面的成果。他認為「詩人以培根柢為第一義。根柢之學，首重積理養氣」。首先論證了讀書與「積理」的關係和方法：

　　積理云者，非如宋人以理語入詩也，謂讀書涉世，每遇事物，無不求洞析所以然之理，以增長識力耳。勿論《九經》、《廿一史》、諸子百家之集，與夫稗官雜記，莫不有理存乎其中。詩人上下古今，讀破萬卷，非但以博覽廣見聞也。讀經則明其義理，辨其典章名物，折衷而歸於一是。讀史則核歷朝之賢奸盛衰，制度建置，及兵形地勢，無不深考，使歷代數千年之成敗因革，悉了然於心目之間。讀諸子百家之集，一切稗官雜記，則務沏所以作書之旨，別白其醇疵得失真偽，使無遁於鏡照，而又參觀互勘，以悟其通而達其變。設身處地，以會其隱微言外之情，則心心與古人印證，有不得其精意者乎？而又隨時隨地，無不留心，身所閱歷之世故人情，物理事變，莫不洞鑒所當然之故，與所讀之書義，冰釋乳合，交契會晤，約萬殊而豁然貫通，則耳目所及，一遊一玩，皆理境也。積蓄融化，洋溢胸中，作詩之際，觸類引申，滔滔湧赴，本湛深之名理，結奇異之精思，發之高論，鑄成偉辭，自然迥不猶人矣。此可以用力漸至，而不可猝獲也。

　　不僅要根據每種書的特點，汲取為其獨具的營養，並互相參證發明，以獲取較為全面的知識；而且要求留心「身所閱歷之世故人情，物理事變」，與讀書所得融會貫通，這樣才能達到積理的目的。自宋明理學興起，「氣」範疇常常與「理」發生連繫和並用。這裡的「積理養氣」就是一例。所謂「讀書積理」可以視為「內游」說的發展：如果說「內游」說只強調對經典著述的研讀體味，與古代聖賢對話「交遊」的話，朱氏讀書積理的著述包括經、史、子、集以及「一切稗官雜記」，範圍要寬泛得多。此論雖未言及對名山巨川的觀覽，卻也要求「隨時隨地」與親身閱歷和思考結合，未嘗不是一種廣義的「外游」。朱庭珍隨即闡述了他對「養氣」的見解：「積理而外，養氣為最要。蓋

詩以氣為主，有氣則生，無氣則死，亦與人同。」除了重申韓愈的「氣盛言宜」和蘇東坡的氣之盛者「與山石曲折，隨物賦形」、「行所當行，止所當止」之說而外，進而指出：

　　夫氣以雄放為貴，若長江、大河，濤翻雲湧，滔滔莽莽，是天下之至動者也。然非有至靜者宰乎其中，以為之根，則或放而易盡，或剛而不調，氣雖盛，而是客氣，非真氣矣。故氣須以至動涵至靜，非養不可。養之云者，齋吾心，息吾慮，游之以道德之途，潤之以詩書之澤，植之在性情之天，培之以理趣之府，優游而休息焉，醞釀而含蓄焉，使方寸中怡然渙然，常有郁勃欲吐暢不可遏之勢，此之謂養氣。

　　他以為「氣」若不是本根於「至靜」的心宰，則是「客氣」而非「真氣」。「真氣」只能由多方面的蓄養而得，是一種完全融為一體植根於性情，隨時「郁勃欲吐」有「暢不可遏之勢」的「氣」。養成於方寸之中，故能達於至靜；吐露於詩章則雄放若江河，是為至動。「客氣」則是與真我不相吻合甚至虛偽、做作的「氣」，所以是偶發、勉強、不能持久的「氣」。

　　在朱庭珍的「養氣」說中，還區分出與「養氣」有連繫又有差別的「煉氣」：

　　及用於神骨之間，潛貫於筋節之內，隨詩之抑揚斷續，曲折縱橫，奔放充滿於中，而首尾蓬勃如一。斂之愈其深且醇，縱之愈其雄而肆，揚之則高渾，抑之則厚重，變化神明，存乎一心，此之謂煉氣。似乎氣之為氣，誠中形外，不可方物矣。然外雖浩然茫然，如天風海濤，有搖五嶽、騰萬里之勢，內實淵渟嶽峙，骨重神寒，有沈靜

致遠之志。帥氣於中，為暗樞宰，若北辰之系眾星，以靜主動。此之謂醇而後肆，此之謂動而實靜，故能層出不窮，不致一發莫收，一覽易盡也。在識者謂道氣，詩家謂之真氣。所云煉氣者，即煉此真氣也；養氣者，即養此真氣也。彼剽而不留，或未終篇而索然先竭者，正坐不知養氣與煉耳。蓋養於心者，功在平日；煉於詩者功在臨時。養氣為詩之體，煉氣則詩之用也。

「養氣」是指情性品格和精神意志的自我陶冶，是提高創作主體素質的功夫；「煉氣」則指臨文對於作品中氣之貫注和展開（包括「抑揚斷續，曲折縱橫，奔放充滿……」）的駕馭，事關寫作的具體操作。誠於中者，是為所養；形於外者，為其所煉。作品之「氣」畢竟是作家之「氣」的外現，有因內符外的一致性，所以同為「真氣」。所謂「以靜主動」是以「養氣」之靜馭「煉氣」之動。最後明確指出兩者是體和用的關係。

論「煉氣」的當然不只是朱庭珍。黃子雲《野鴻詩的》曾說：「晚唐後專尚鏤鐫字句，語雖工，適足彰其小智小慧，終非浩然盛德之君子也。韓、柳之文，陶、杜之詩，無句不琢，卻無纖毫斧鑿痕者，能煉氣也；氣煉則句自煉矣。雕句者有跡，煉氣者無形。」劉熙載《藝概》〈詩概〉則曰：「文以煉神煉氣為上半截事，以煉字煉句為下半截事，此如《易》道有先天后天也。柳州天資絕高，故雖自下半截得力，而上半截未嘗偏絀焉。」所謂「煉氣」與「養氣」的一致之處是雖將修身養性的主體熔鑄為主導，但已經把作品字句的錘煉與「氣」的貫注融合緊密連繫起來。

畫論也有自己的「養氣」說。王昱《東莊論畫》說：「畫中『理氣』二字，人所共知，亦人所共忽。其要在修養心性，則理正氣清，胸中

自發浩蕩之思，腕底乃生奇逸之趣，然後可稱名作。」之所以會「人所共忽」是因為「養氣」是執著的向內探求和自我改造，是高度自覺的長期投入。松年《頤園論畫》說：「……再現古今畫家，骨骼氣勢，理路精神，皆在筆端而出。惟靜穆、丰韻、潤澤、名貴為難。若使四善兼備，似非讀書養氣不可。」

　　曾國藩深受傳統儒學熏染，是「養氣」說的身體力行者，他倡言讀書「養氣」，並在日記中寫道：「果能據德依仁，即使游心於詩文雜藝，亦無在不可靜心養氣。」（壬寅正月日記）「詩文雜藝」與力挽清王朝衰頹的事業相比當然被他視為餘事，但在道德理想的指引下寫文章仍可作為一種「養氣」的手段。他曾反省自己「近來事有不如意者，方寸鬱塞殊甚，亦足見器量之不閎，養氣之不深也」（壬戌七月日記）。又自責「憂灼過度」，「悶損不堪，皆由平日於養氣上欠工夫，故不能不動心」（壬戌九月日記）。他把心緒不寧、襟懷狹窄、鬱悶浮躁都歸於自己「養氣」上有欠缺造成的心志動搖不堅。他以為「養氣」要從「自反而縮，行慊於心」上入手。

　　華夏民族有重內省、追求情操和精神自我完善的傾向，在藝術論中對於主體氣質個性和作品風格關係有「蘊乎內，著乎外」的明確認識，所以講求主體素質的提高和完善。「養氣」說強調圍繞創作主體的情操、學養和精神、心理進行不懈的自我陶鑄。它與「虛靜」說相連繫，形成古代審美靜觀理論的主流；在創作論中，「養氣」則是感興萌生、神思運轉和崇高精神境界創造的必要條件。因此，「養氣」說是古代藝術思維論和主體論的重要組成部分。古代的「氣」論還涉及一個問題：人的「氣」究竟是先天稟賦還是在後天獲得。曹丕的「氣之清濁有體，不可力強而至，雖在父兄，不能以移子弟」是否是「天才決

定論」就曾引起學術界的爭論。人的「氣」雖與先天稟賦有直接的連繫，但強調「氣」可養的這一點足已表明，後天熏染陶冶，尤其是主觀努力的作用更是決定性的。

小　結

　　「養氣」說是古代生理學、心理學和藝術論領域「氣」論的重要組成部分。古人認為聚散、流轉不息的「氣」是構成萬物並使之具有生命運動和創造能力的基本物質；換言之，是人類生命現象和精神活動的根據和動力。人的健康壽夭、氣質個性、思想感情、智慧才能都與「氣」有直接關係。孔子關注不同年齡人的「血氣」之說表明他對生命和精神活力的珍惜以及把握其規律的欲求。「氣」是動態變化的，人的「氣」也是不斷發展和通過吐納新陳代謝的，這就決定了人的「氣」不僅得自先天稟受，而且與後天的蓄積、治守相關。

　　一般說，「養氣」是對精神的自我涵養營衛，體現出在維繫和健全生命、提高思維創造能力上重視主觀能動作用的傳統。「養氣」之「養」是主觀的努力，是一個後天的持之以恆的不斷完善和超越自我的過程，需要來自崇高的目標和堅定意志的精神支撐。文學藝術論中的「養氣」說要求作家藝術家通過心靈和精神的自我陶冶、淨化、充實、完善和昇華來提高和改善主體素質，維護身心健康，以最佳的思想境界和精神狀態投入創作活動。

　　「養氣」說是主體精神活力自我培養、維護的學說。它有側重生理和心理的一類，還有側重道德情操、意志品質修養的一類，在古代的創作主體論中占有重要地位。側重生理和心理營衛的一派以《文心雕龍》〈養氣〉為代表；圍繞道德和精神品質的一派遙承孟子，在宋代以

後有充分的拓展，比如曾出現過強調「外游」和「內游」的理論。此外在有些文論中「煉氣」、「養氣」在意義上有連繫也有區別，「煉氣」側重在與字句錘煉和「氣」的貫注等作品形式的構結方面。

「養氣」說歷代流行不衰也是向內探求民族性格的一種體現，它所倡導的是對生命的珍愛以及品性道德的自我完善和精神領域的求索；養氣有時與養性同義，是生命力的蓄養，也是士之所以為士熔鑄品格情操和精神意志的必由之路。受傳統文化熏染，士人的「養氣」雖從一己出發，卻不停留在善待自己的層面。從大的方面說，「獨善」之養氣，實為「兼濟」（肩負社會和歷史的責任）作準備；就參與文學藝術活動而言，則是為提升審美層次創造必要的條件。「養氣」與外部世界的連繫，是指對典籍和聖賢訓誨的體味接受，以及對宇宙萬物中一切生命性因素的吸納、代謝和整合。

第四章

文學理論中的「氣」

第一節　「文氣」說的發展脈絡和一般特徵

　　文學是中國古代最重要的藝術門類。文學在理論批評中先於除音樂以外的其他藝術門類（如繪畫、書法）運用「氣」範疇。在文學進入自覺的建安時代，曹丕《典論》〈論文〉提出了「文以氣為主，氣之清濁有體，不可力強而致」的命題。此後，「氣」這個範疇廣泛地運用於文學理論和批評中。一般說，「氣」指流轉的精神活力以及與其相關的氣質、個性、習染、志趣、情操等創作主體方面的因素，是「蘊乎內、著乎外」（謝榛《四溟詩話》語）的。「蘊乎內」是創作主體充盈流轉、具有原創力的生命精神；「著乎外」是這種主觀精神以運動的形式在作品中的表現。因為有鮮明的個性，「氣」的不同往往也是風格的不同。

　　「氣」論在先秦兩漢哲學領域已有雄厚的基礎，漢魏六朝時期，中國古代的美學思想和藝術理論發生了飛躍，以曹丕提出「文氣」說為標誌，「氣」開始成為文學、繪畫、書法理論以及人物品評中的重要概念。古代美學思想和藝術理論突破了言志和政治教化的束縛，發展到以「氣」範疇為中心的新階段。因為「文以氣為主」不僅是對文學鑑賞和批評出發點的規定，也是對文學創作的明確要求：寫作必須以表現作家的「氣」為主要目的！這是對文學主體性特徵（包括對人的個性和自然情感）的充分肯定，也可以視為文學應該對政教有所超越的理論主張，表明了文學一種獨特價值的發現。

　　在曹丕文論中，「氣」既指作家的主觀精神和個性，又指這種精神、個性在作品中的表現，二者雖有同一性，側重點顯然在作家主觀方面。其後重「氣」的文論家，卻大致分為兩種傾向：

　　一種仍以作家論為中心，「氣」依然指作家的主觀精神及其正大秀傑的力量和氣勢。沈約《宋書》〈謝靈運傳論〉的「稟氣懷靈」、「以氣質為體」，陳子昂《修竹篇序》的「骨氣端翔」，殷璠《河岳英靈集序》的「文有神來、氣來、情來」，以及柳宗元不以「昏氣」、「矜氣」出之都屬此類。這一派還包括注重思想精神修養和營衛的「養氣」論者在內，是「文氣」說的主流。在他們的論中，「氣」常與「神」、「志」、「意」、「情」並舉或連用，表明對創作主體的剖析進一步細緻深入。曹丕將「氣」分為清、濁二體，清是俊爽超邁的陽剛之氣，濁是凝重沉鬱的陰柔之氣。可是歷來的鑑賞批評所及，大多是指「俊爽超邁」之氣，似乎精神耿介、風格豪放勁健者方可言氣。鍾嶸《詩品》說劉楨「仗氣愛奇」，陸機「氣少於公幹，文劣於仲宣」；「劉越石仗清剛之氣」，「善為凄戾之詞，自有清拔之氣」；郭泰機等「氣調警拔」。皎然《詩式》云：「風情耿介曰氣。」《二十四詩品》論「勁健」曰：「行神

如空，行氣如虹」；論「精神」曰：「生氣遠出，不著死灰。」

氣息、語言與生俱來密不可分。《論語》〈泰伯〉中記曾子說：「君子所貴乎道者三：動容貌，斯遠暴慢矣；正顏色，斯近信矣；出辭氣，斯遠鄙倍矣。」已經把「辭」和「氣」連在一起。《荀子》〈大略篇〉仿此，也強調君子在「置顏色，出辭氣」上對聖賢的傚傚學習。《戰國策》《史記》記魯仲連《與燕將書》都言及曹沫劫齊桓公時「顏色不變，辭氣不悖」。辭氣與容顏態度一起固然能夠表現人的精神意志和品格，但終究是訴諸視聽的外在表現。

古人很早就發現聲響由「氣激而成」，語言音響也不例外。因此，另一種論「氣」的著眼點偏於文學語言的構結和作品展開的方式方面，其中的「氣」儘管或多或少與主體因素有所連繫，而重點顯然已經轉移到藝術形式上，譬如韓愈的「氣盛言宜」，李德裕的「以氣貫文」，以及劉大櫆的「以字句、音節求神氣」之類即是。欣賞上也有人提出過「因聲求氣」的主張。古代散文家特別講求字句的精警挺拔、行文氣勢的暢達閎通、聲調音節的抑揚鏗鏘，將氣的貫注和行止斂蓄、起伏跌宕的安排作為一種藝術手段用以謀求理想的傳達效果。韓愈和劉大櫆都是有影響的散文作家，他們在自己的創作實踐中也貫徹了這樣的理論主張。

從「氣」派生和與「氣」有密切連繫的概念、術語很多，像「風骨」、「神氣」、「氣韻」、「氣象」、「氣味」、「氣調」、「氣格」、「體氣」……可以說是一個無與倫比的龐大家族。近年出版的一個古代文學理論辭典中「以氣論文」的條目有一百零四個之多，其中帶「氣」字的概念術語竟然有八十三個。它們廣泛地運用於古代文學的批評和理論之中。「氣」範疇所屬的概念系列大多首見於文學理論，然後才被移用於其他藝術。文學中的「氣」論在藝術論領域往往具有先導作用，

從總體上說其開創性和理論探討的廣泛、深入、細緻遠遠超過其他藝術門類。充分顯示出文學領域的「氣」論對於古代文藝理論發展和深化的巨大推動作用。

概括地說，「文氣」有下列一些特點：

其一，造藝者的「氣」與作品的「氣」有一致性。作品的風格本來就是造藝者創作個性的表現，造藝者的主觀精神是個性的核心。欣賞者與批評家一般是從作品去體察造藝者的「氣」的，章學誠評皇甫湜的文章說：「第細按之，真氣不足。」王國維《元劇之文章》說：「……而真摯之理，秀傑之氣，時流露其間。」

其二，創作主體的「氣」須經長期陶冶，一旦定型便相當穩定。造藝者業已定型的「氣」，不會貿然轉變為性質相對立的另一種氣。作家之氣和風格的形成，主要原因也不是父傳師授。曹丕說：「氣之清濁有體，不可力強而致。……雖在父兄，不能以移子弟。」雖失之絕對，卻大致合乎客觀實際。

其三，「氣」的穩定性畢竟是相對的，不僅在其形成和發展過程（如「養氣」）中可以在一定範圍內發生變化，還會因主觀（如生理、心理），客觀（如時間、空間和環境、對象）因素的變化而受到影響，特別因為藝術創造的思維活動有特殊的規律，主體的特點並非在一切場合都能充分地表現於作品中，樓鑰《答綦君更生論文書》有「朝銳晝墮暮歸」之說；柳宗元自謂「未嘗敢以昏氣出之，懼其昧沒而雜也；未嘗敢以矜氣作之，懼其偃蹇而驕也。」（《答韋中立論師道書》）

其四，哲學中有「氣乃力」的提法。文學藝術中的「氣」和「氣力」是與鬆散凌亂、柔靡冗滯現象對立的。韓愈《答李翊書》中的著名論斷闡述了這方面的特點：「氣，水也；言，浮物也；水大而物之浮者大小畢浮。氣之與言猶是也，氣盛則言之短長與聲之高下者皆宜。」

其五，「氣」具有生命運動的屬性。藝術家追求生動的氣韻，以為氣動成勢、渾然一體、生機勃勃有生命意味的藝術創造才是上乘之作。顧愷之貶斥「刻削為容儀，不畫生氣」的繪畫。鄭板橋認為「吾之所畫，總需一塊元氣團結而成」。「氣」的生機與活性體現於藝術形象各部分的有機連繫之上。李德裕的《文章論》云：「魏文稱『文以氣為主，氣之清濁有體』，斯言盡之矣。然氣不可以不貫，不貫則雖有英詞麗藻，如編珠綴玉，不得為全璞之寶矣。鼓氣以勢壯為美……」文章須以氣貫之，「英詞麗藻」才能團練成一個有藝術生命力的統一體；以氣貫文則勢生，氣盛則勢壯。劉大櫆《論文偶記》也有「論氣不論勢，文法總不備」的話，把文章的語勢、音節、字句與氣的貫注和表現連繫起來。

其六，「氣」畢竟是無形的，至多說它可感、有「象」。「氣」虛柔而靈動，尚氣常常就是尚虛、尚空靈和自由超越，與高層次的審美境界相連繫。

總的說來，中國古代美學和文學藝術理論是重「氣」的，重「氣」就是重生命運動，重人的主觀意志和積極奮發精神，重道德修養和心靈的陶冶，重生動遒勁的力量，重超拔於形質之上的精神追求，甚至可以引申到重氣節、重情操。古代「氣」論的充分發育和廣泛影響，突出表現出華夏民族審美理想中尚生命運動、尚精神境界、尚空靈的鮮明個性。

第二節　韓愈「氣盛言宜」的理論與實踐

韓愈是中唐時期古文運動倡導者和最有成就的作家之一，其《答李翊書》中有一個著名論斷：

　　氣，水也；言，浮物也；水大而物之浮者大小畢浮。氣之與言猶是也，氣盛則言之短長與聲之高下者皆宜。

　　這就是廣為古代文家認同、影響深遠的「氣盛言宜」說。

　　韓愈是古代散文承前啟後的大師。清人編輯的《古文觀止》是一部歷代散文名作的優秀選本，其中韓文入選最多，竟達二十四篇，遠勝其他各家。他在古代散文創作中所占的地位可知。我們從能夠韓愈的名篇欣賞中體味「氣盛言宜」說之真諦和神髓，十分難得，也十分必要。

　　韓愈以挽狂瀾於既倒、恢復「道統」和「文統」為己任，發出「不平則鳴」的豪言，針砭時弊，拯救士節和文風。他明言：「愈之所志於古者，不惟其辭之好，好其道焉爾」（《答李秀才書》）。又說：「愈之為古文，……思古人而不得見，學古道則欲兼通其辭。通其辭者，本志乎道者也。」（《題歐陽生哀辭後》）因此蘇軾對他的推崇兼及兩個方面：「文起八代之衰，道濟天下之溺。」劉熙載的《藝概》〈文概〉也說：「昌黎接孟子『知言養氣』之傳，觀《答李翊書》、學養並言可見。」韓文之「氣盛」，首先是他對自己的道德情操、精神境界和抱負之不凡有高度的自信，與孟夫子的「浩然之氣」是相通的；但是，這「氣」在文章寫作的實踐中又是負載和驅動言辭的力量，隨同形式展開、並決定著長短不同的句式和語言聲響的傳達效果。

　　讀者能夠從韓文的字裡行間感受到一種與其前其後散文有別的浩蕩奇崛之氣。即如「水大而物之浮者大小畢浮。氣之與言猶是也，氣盛則言之短長與聲之高下者皆宜」這個論斷，有了「水大」和「氣盛」的高屋建瓴之勢，緊隨的「物之浮者大小畢浮」和「言之短長與聲之高下者皆宜」不論句式長短、有無回還波折，皆理所當然順勢而下，

不可阻遏、不容置辯。

　　韓愈說自己的文章「時有感激怨懟之辭」，說明在理想和現實矛盾和劇烈衝撞之際，正是自己所維護的道義正大宏深不容置疑，所獻身的事業無比崇高，貫注於文章的感情才能激越滂沛無可阻遏，加上語辭組合上能做到雄奇傲岸不墮凡庸，諸種因素的綜合，才能解釋其「氣盛」之所以然。

　　韓愈對於文學語言不只是駕馭純熟，而且極富創造性。正如《答李翊書》所說他抱定「惟陳言之務去」之旨，儘管「戛戛乎其難哉」！

　　以排比的運用為例。排比是文學語言加強氣勢的常用句式，《原毀》中對這種傳統句式的發展就是一個很好的例證，韓愈不只是並列語法結構相同的單句，更摒棄了駢文以四六句式對舉為主的單調格局。既有常見的上下句排比，如「其責己也重以周：其待人也輕以約」，「事修而謗興，德高而毀來」之類；也有錯落中見整齊者，如「能有是，是足為良人矣。能善是，是足為藝人矣」；還有距離較遠、遙相呼應的排比：「不若是，強者必怒於言，懦者必怒於色矣」和「不若是，強者必悅於言，懦者必悅於色矣」。最為突出的是，韓愈將整個段落用作映照鋪陳，比如第一段與第二段的中心部分句法結構安排大同小異：

　　古之君子，其責己也重以周，其待人也輕以約。重以周，故不怠；輕以約，故人樂為善。……

　　今之君子則不然。其責人也詳，其待己也廉。詳，故人難於為善；廉，故自取也少。……

　　我們可以將這樣的佈局視為一種前所未有的大排比，對照寫出了

古今「君子」的迥然不同，與後世長聯的上下映襯的處理不無相通的地方，似乎對詩歌的重章疊詠也有所取法。顯示出駕馭語言、營構篇章的非凡魄力和獨創性。

韓愈以盛大之「氣」負載的字句精警峭拔卻又有別於口語，為強力所驅動的筆觸生動準確，甚至能夠入木三分，頗為傳神。如《送李願歸盤谷序》寫豪門的妻妾「曲眉豐頰，清聲而便體，秀外而惠中。飄輕裙，翳長袖，粉白黛綠者，列屋而閒居。妒寵而負恃，爭妍而取憐」。展現了她們榮華富貴掩蓋之下無聊的情態和被扭曲的心理。最絕的是對士人為求官奔走鑽營的種種情狀：「伺候於公卿之門，奔走於形勢之途，足將進而趑趄，口將言而囁嚅。處污穢而不羞，觸刑辟而誅戮。僥倖於萬一，老死而後止者……」其中的「趑趄」和「囁嚅」把一個患得患失的求官士人的形象繪聲繪色表現出來。這樣的描寫如同棒喝，對於喪失獨立人格的讀書人，足以使其警醒。

韓文講究節奏韻味，常見其駢散結合，奇偶相生、錯落有致。比如《進學解》中說：「抵排異端，攘斥佛老；補苴罅漏，張皇幽眇；尋墜緒之茫茫，獨旁搜而遠紹；障百川而東之，回狂瀾於既倒：先生之於儒，可謂有勞矣。」兩句一韻、排比對偶聯用，琅琅上口氣貫於其中。

韓愈在散文句法上亦有創格，時見勁拗之接續使文章頓生奇崛不凡之氣，「氣盛則言之短長與聲之高下者皆宜」一句就是很好的例子。「氣盛」是因，決定一切，統領一切，凸顯了來自道義高度自信的精神氣量；「言（指句式）之短長與聲（指音響平仄）之高下者皆宜」是果，隨「氣盛」之後直瀉而下則強調了不容置疑的必然性。又比如：

今也舉夷狄之法而加之先王之教之上，幾何其不胥而為夷者。夫

所謂先王之教何也？博愛之謂仁，行而宜之之謂義，由是而之焉之謂
道，足乎己無待於外之謂德。（《原道》）

雖然，其賢於世之患不得之而患失之者，以濟其生之慾貪邪而亡
道，以喪其身者，其亦遠矣。（《圬者王承福傳》）

古文原本多為短句和單句，韓文中則不時用一些長句子，多是作
論斷、發感慨，儘管略覺拗口，但緊峭屈伸如虯松盤曲。其中「之」、
「者」之用尤耐咀嚼，或為節奏頓挫，或為轉接延續，皆關係氣脈意
味。韓愈不僅重視全篇首句起勢，也講究長句的發端。與「氣盛」能
夠統領該句一樣，「今也」、「幾何」、「雖然」為起首，或新異警人，
或意有轉折，可高屋建瓴，可層層遞進，亦可別開生面。

他錘煉字句，頗有創格，或以生動形象活化情理，或以精省之妙
語濃縮原典古義，曾創造過隔靴搔癢、搖尾乞憐這樣有生命力的譬
喻，僅《進學解》中就能見到不少後人廣為沿用的語彙：爬羅剔抉、
刮垢磨光、鉤玄提要、貪多務得、細大不捐、焚膏繼晷、補苴罅漏、
旁搜遠紹、含英咀華、佶屈聱牙、同工異曲、閎中肆外、跋前躓後、
動輒得咎、俱收並蓄、投閒置散……多由四字組成暗合漢語節奏美的
規律，明快凝練富於表現力，而且在創新中嶄露出深厚的底氣。

儘管有「道統」統領「文統」之論，韓愈畢竟是文學巨匠，朱熹
《與孟尚書》指出，韓愈「平生用力深處，終不離文字言語之工」。是
為知言。

歐陽修贊其文「深厚而雄博」（《記舊本韓文後》），蘇洵說「韓子
之文，如長江大河，渾浩流轉，魚黿蛟龍，萬怪惶惑，而抑遏蔽掩，
不使自露」（《上歐陽內翰書》），劉熙載說他文章「意思來得硬直」（《藝

概》〈文概〉），即使言未及氣，實無不論其氣！

第三節　側重作家思維創造和精神品格的「氣」

「氣」論中既有對主體精神、個性和藝術風格的肯定，又有對於語言組合和作品展開方式的特殊要求。以「氣」論文首先重視的是作家的精神品位和氣質個性，所以文學創作的主體論是「文氣」說的核心及其派生概念的內在依據。

從屬於「氣」範疇，側重主體精神志趣和文學品格的概念系列極其龐雜：從精神品格方面的「氣概」、「氣魄」、「氣節」、「正氣」、「邪氣」、「奇氣」、「逸氣」、「俠氣」、「元氣」、「意氣」、「志氣」、「豪氣」、「俗氣」，到藝術才能和表現方面的「才氣」、「靈氣」、「霸氣」、「大氣」、「氣調」、「氣味」……不勝枚舉。我們選擇其中的「靈氣」、「氣格」、「氣調」、「體氣」、「元氣」進行介紹，因為它們較有代表性，所論也有較大的發揮或拓展。

一、在靈感論中

創作思維論是主體論的一個部分，尤其是其中靈感論，與「氣」的連繫較多。從先秦《管子》的「精氣」說到劉勰的《文心雕龍》〈養氣〉都可以看出這一點。殷璠「神來、氣來、情來」（《河岳英靈集序》）之氣與靈感也不無關係。就「氣」的概念系列而言，「粹靈氣」和「靈氣」的出現理所當然。

主體因素不限於道德情操，靈慧資質也是一個重要方面。白居易提出過「粹靈氣」的概念：

天地間有粹靈氣焉，萬類皆得之，而人居多；就人中，文人得之

又居多。蓋是氣，凝為性，發為志，散為文。粹勝靈者，其文沖以恬；
靈勝粹者，其文宣以秀；粹靈均者，其文蔚溫雅淵，疏朗麗則，檢不
扼，達不放，古淡而不鄙，新奇而不怪。（《白香山集》卷五十九《故
京兆元少尹文集序》）

他認為「粹靈氣」廣泛存在於宇宙之中，這精粹至極、靈妙至極
的「氣」是萬物靈性的根源。「萬類皆得之，而人居多」，所以人得為
萬物之靈。而人當中，「文人得之又居多」，所以作家藝術家又是最有
靈性和創造力的群體。這樣，「粹靈氣」凝聚而成的心性，抒發出來的
情志，表現出來的文采，應該是不同凡響的。白氏所謂「粹」與「靈」
各有所指：「粹」質樸自然，是萬物至精至純的精神本原；「靈」靈秀
美妙，在作家來說就是創作的才華和靈感。「粹勝靈者」，其創作主體
的諸種因素中「粹」居主導地位，所以文章自有沖虛恬淡的特點；「靈
勝粹者」，則主體因素中以「靈」為主導，故文章明朗秀麗富於表現
力；「粹靈均」則兩方面兼備，相得益彰，可達於理想境界。

白居易把前人的「精氣」說、「才性」說以及人為萬物之靈的觀念
結合起來。「粹」側重於性，「靈」側重於才，這兩種主體因素都對藝
術風格和境界的創造有直接影響。由於「粹靈氣」為萬物所共有，也
為物我交感共鳴和物我合一的理論提供了依據。人們很早就覺察到作
家藝術家往往有一種特質，他們情感豐富，思維活躍靈敏，個性不
凡，慧眼獨具，即為天地靈秀所鍾。他們善於發現現象、物態中意趣
和微妙的所在，產生創作的興致。白居易以「粹靈氣」解釋作家藝術
家不同於常人之所由。在之前，顏之推曾經說過：「必乏天才，勿強操
筆。」在其後黃庭堅亦云：「天下清景，不擇賢愚而與之，然吾特疑為
我輩設。」藝術的境界是只有藝術家才能感受和表現的主客觀統一的境

界，「粹靈氣」得之居多便是主觀方面的必要條件。正如法國雕塑家羅丹所說：「藝術家是這樣的人，他們能夠在人們司空見慣的東西中發現美。」

如果說「粹靈氣」側重於資質稟賦，「靈氣」則側重於偶發的靈感。

唐李德裕在《文章論》中說：「文之為物，自然靈氣，惚恍而來，不思而至。杼軸得之，淡而無味。琢刻藻繪，珍不足貴。如彼璞玉，磨礱成器。奢者為之，錯以金翠。美質既雕，良寶所棄。」所謂「靈氣」就是作家寫作的靈感，它不受主觀意志的招致驅遣，是自然生發不期而至的。文章佳構全得力於靈氣的自由揮灑，如果苦心經營鏤金錯采，就會喪其渾樸、失其滋味。明代戲劇大師湯顯祖承其說，在《合奇序》指出：

予謂文章之妙不在步趨形似之間，自然靈氣，恍惚而來，不思而至。怪怪奇奇，莫可名狀，非物尋常得以合之。蘇子瞻畫枯株竹石，絕異古今畫格，乃愈奇妙。若以畫格程之，幾不入格。米家山水人物，不多用意，略施數筆，形象宛然。正使有意為之，亦復不佳。故夫筆墨小技，可以入神而證聖。

湯顯祖對李德裕之論是有所發展的：一方面，他把靈氣的作用從文章寫作擴大到繪畫，不啻認可了靈感在一切藝術創造的重要作用；另一方面則強調了是在「自然靈氣」的驅動下才做到藝術傳達的神似，實現對程式、常規的超越。李、湯都為「靈氣」前綴一個「自然」，既是指靈氣獲得的自然而然，又含有此氣充盈於宇宙為自然萬物所通同、共有的意蘊。

從其他角度以「靈氣」論文的亦不乏其人。

清賀貽孫《詩筏》所謂「靈氣」即指文學欣賞中體味到的一種縹緲流蕩靈妙非凡的神氣：「不知何所止，一片靈氣，恍惚而來。《十九首》中取一篇諷之亦爾，取一段諷之亦爾，取一句諷之亦爾，合《十九首》全諷之亦爾。」賙濟的《介存齋論詞雜著》則曰：「初學詞求空，空則靈氣往來；既成格調，求實，實則精力彌滿。」這「空」作為靈氣往來運作的條件，是指一種擺脫陳規俗套的束縛、以虛待實的心靈自由狀態（或言虛靜的心境）。

二、「氣格」‧「氣調」‧「氣體」‧「元氣」

「氣格」這個概念指作品的體氣品格及其體現的創作主體的意氣品性。《藝概》〈詩概〉說：「詩格，一為品格之格，如人之有賢愚不肖也；一為格式之格，如人之有貧富貴賤也。……言詩格者必及氣。或疑太煉傷氣，非也。傷氣者，蓋煉辭不煉氣耳。」由於重「氣格」者多強調主觀精神的驅邁而不事雕琢，因而每每對規範、格律有所突破。比如：

劉楨辭氣，偏正得其中，不拘屬對；有之，語與興驅，勢逐情起，不由作意，氣格自高。與《十九首》其流一也。（皎然《詩式》）

……故文之異，在氣格之高下，思致之淺深，不在其礫裂章句，隳廢聲韻也。（裴度《寄李翱書》）

歐陽文忠詩始矯「昆體」，專以氣格為主，故其言多平易疏暢，律詩意所到處，雖語有不倫，亦不復問。（葉夢得《石林詩話》）

杜子美「江漢思歸客」對「乾坤一腐儒」，氣格超然，不為律所縛，自有餘味也。（徐師曾《文體明辨序說》引王鏊語）

論詩有「大抵詩之道，以氣格為上」（徐芳《與高自山》）之語。既是作家意氣品格的顯現，作品的「氣格」也就因人而異，陳廷焯《白雨齋詞話》說：「放翁《蝶戀花》云：『早信此生終不遇，當年悔草《長楊賦》』。情見乎詞，更無一毫含蓄處。稼軒《鷓鴣天》云：『卻將萬字平戎策，換得東家種樹書。』亦即放翁意，而氣格迥乎不同：彼淺而直，此郁而厚也。」劉熙載《藝概》〈詩概〉論及的方面較多：「唐詩以情韻氣格勝，宋蘇黃皆以意勝。」、「氣有清濁厚薄，格有高低雅俗。詩家泛言氣格，未是。」、「近體氣格高古尤難，此少陵五排、五七律所以品居最上。」古代士人重視傳承和文化品位，仰慕先賢、古風，所以「氣格」之渾厚、沉鬱、高古者備受推崇。近體指五、七言律詩，雖格律精嚴，卻容易因雕琢而失卻古詩自由抒發的渾樸自然。

與「氣格」相近的概念是「氣調」，「氣調」指作品或人物的氣概格調。但由於與「氣」組合的是調而非格，以「氣調」論文談藝，往往對音樂或者文學語言的韻調有所側重，比如南唐陳陶有詩云：「氣調桓伊笛，才華蔡琰琴。」《藝苑卮言》又從產生的層次和相互關係的角度論「才」、「思」、「調」、「格」道：「才生思，思生調，調生格。思即才之用，調即思之境，格即調之界。」此論可以幫助我們瞭解「格」與「調」的密切關係與區別，王世貞認為，「調」是藝術思維的產物，有某種模糊的意境和發人聯想的韻味；「格」則指「調」的層次高低和境界的大小。

鍾嶸《詩品》評郭泰機等人的詩作說：「觀此五子，文雖不多，氣調警拔。」《顏氏家訓》〈文章〉云：「文章當以理致為心胸，氣調為筋

骨，事義為皮膚，華麗為冠冕。」顏之推認為「氣調」對於文章猶如筋骨之於人體，是體勢和支撐力量之所在。文章必須有峻拔的「氣調」才能卓爾不凡、兀然挺立。沈德潛《說詩晬語》認為明人謝茂秦五言律句「氣逸調高，集中『云出三邊外，風生萬馬間』；『人吹五更笛，月照萬家霜』；『絕漠兼天盡，交河蕩日寒』；『夜火分千樹，春星落萬家』；高岑遇之，行當把臂」。沈氏似乎以為詩文的「氣」與「調」有一種表裡關係：「氣」作為主體的意志情趣和精神活力，有時也在作品中以某種格調表現出來。他所舉的例詩多為謝榛對邊塞風光的寫意，其蒼涼雄渾的情調中確實能夠嶄露詩人豪壯驅邁的意氣襟懷。

與「氣」合成一個概念的「體」以主體論為中心，無論是「體氣」還是「氣體」，與通常指作品體制、風格的「體」有顯著的區別。

以「體氣」和「氣體」論文者對於主體精神境界的要求一般是相當高的。宋王柏在《題碧霞山人王公集後》中說：「夫道者，形而上者也；氣者，形而下者也。形而上者不可見，必有形而下者為之體焉，故氣亦道也。如是之文，始有正氣。氣雖正也，體有不同；體雖多端，而不害其為正氣，足矣。」闡述了「道」、「氣」、「體」的關係和區別。晚清羅汝懷在《與曾侍郎論文書》論到「體」與「氣」的關係：「且夫物必先有體，而後氣附之；則文家論氣，當兼論體。」、「氣」無形而「體」有形，與「氣」組合的「體」對作品而言是基本框架的構想、體式風格和形式的雛形；對創作主體而言是氣質個性、格調，乃至人格模式。

《典論》〈論文〉說：「孔融體氣高妙，有過人者，筆墨之性，殆不可勝。」是謂孔融的精神器度超過常人，要表現出來則不是其文筆所能勝任，因此同時代的劉楨也說過「孔氏卓卓，信含異氣」（轉引自《文心雕龍》〈風骨〉）。清賀貽孫《與友人論文第二書》將「體氣」、「神

韻」、「筋骨」、「脈絡」視為文學古今傳承的要素，而且把「體氣」置於首位，他說：「制義之趨時也，如水走下，不可挽也。雖然，所謂時者，亦在乎聲調形貌之間而已；若其體氣、神韻、筋骨、脈絡，則古猶今也。織者所謂時者，花樣也，患不為美錦耳；苟為美錦，則花樣可以意為大小也。妝奩所謂時也，梳掠也，患不為佳麗耳；苟為佳麗，則梳掠可以意為濃淡也。為文亦然，患體氣、神韻、筋骨、脈絡不大備耳；苟其體氣高妙、神韻仙舉，筋骨脈絡生動靈變，則聲調可以意為高下，形貌可以意為肥瘠也。」《藝概》〈詩概〉說：「學太白詩，當學其體氣高妙，不當襲其陳意。」曹丕所謂「體氣高妙」被襲用不絕，揣摩體氣高妙者之文風，大抵為超邁飄逸、意氣縱恣一類。

　　清桐城派則常以「氣體」論文，方苞在《古文約選凡例》中說：「古文氣體，所貴澄清無滓。澄清之極，自然發其光精，則《左傳》《史記》之瑰麗濃郁是也。」方東樹也以為這種古文典範之作「亦有平鋪直敘，而其氣體自高峻不可及」。又說文章寫作「若氣體輕浮，寡要不歸，不能持論，是理上事」（《昭昧詹言》）。在他們看來，詩文的氣體以清峻、高潔和雄渾為上乘。

　　當然，氣體的批評也針對詩詞而言。不僅方東樹說過「五言詩以漢魏為宗，用意古厚，氣體高渾」。《藝概》〈詩概〉也指出，《詩經》中的《商頌》與《周頌》「氣體攸別」。大抵《商頌》為殷商的後裔宋人所作，業已失卻天子之國的恢宏氣勢，故「氣體」不可與《周頌》同日而語。王國維的《人間詞話乙稿序》說：「白石（姜夔）之詞，氣體雅健耳。至於意境，則去北宋人甚遠。及夢窗（吳文英）、玉田（張炎）出，並不求諸氣體，而惟文字是務，於是詞之道熄矣。」王氏論詞獨標境界，然而在此處卻強調，姜夔雖在意境上不及北宋詞人，但其詞「氣體雅健」遠勝後來的「惟文字是務」者，不失為詞之道。所謂

「求諸氣體」是氣度體式上的根本性追求。

「元氣」原是哲學概念。藝術論說到創作主體的「元氣」，也有表現對象的「元氣」，都是指與宇宙基始的物質精神相通相融的靈性與生命力。

王安石《杜工部畫像》詩云：「吾觀少陵詩，為與元氣侔。」金王若虛《滹南詩話》說：「樂天之詩，情致曲盡，人人肝脾，隨物賦形，所在充滿，殆與元氣相侔。」指杜甫、白居易的詩作發自本根，真力充滿，且出於自然，與其卓異的素質和滂沛的精神活力相一致。以「元氣」作詩文評者仿此：不僅推崇杜詩的《昭昧詹言》反覆強調：「杜公包括宇宙，含茹古今，全是元氣，迴如江河之挾眾流以朝宗於海矣」，「大約飛揚幛幾之氣，崢嶸飛動之勢，一氣噴薄，真味盎然，沉鬱頓挫，蒼涼悲壯，隨意下筆而皆元氣，讀之而無不感動心脾者，杜公也」；論散文者也以為「文得元氣便厚，《左氏》雖說衰世事，卻尚有許多元氣在」；要求「文要與元氣相合」（《藝概》〈文概〉）。

在明末清初的歷史背景下黃宗羲曾推崇和呼喚一種「厄運危時」激盪噴湧的「元氣」。其《謝皋羽年譜游錄注序》中說：「夫文章，天地之元氣也。元氣在平時，崑崙旁薄，和聲順氣，發自廊廟，而暢浹於幽遐，無所見奇。逮夫厄運危時，天地閉塞，元氣鼓蕩而出，擁勇郁遏，坌憤激訐，而後至文生焉。」認為至文生於國家民族危亡之際，作家通同於天地的元氣鼓蕩而出，心血流注、悲愴憤激，才能寫出振聾發聵的偉大作品。

第四節　側重作品展開態勢、韻致和力度的「氣」

文學是語言的藝術。作品的展開、意象的展示都是在語言表述的

過程中實現的。有表述過程就有時間的延續，在這個意義上說，文學區別於依靠空間上展開的繪畫和雕塑藝術，是時間的藝術。

語言作為藝術傳達媒介，使文學的實踐和理論有自己的特點，在古代「氣」論上也是這樣。儘管側重文學作品態勢、語言形式和藝術效果的「氣」論數量上遠遠不及主體論方面的「氣」論，卻更能凸顯文學的特殊性。比如語音是語義的外殼，直接訴諸聽覺的語音有組合和傳達語義的功能。然而，語言音響在傳達語言符號指定語義內涵的同時，還可能產生一種由聽覺傳感又對語義有所游離的效果。語音的抑揚頓挫、渾厚洪亮、婉轉柔軟，有低沉也有高亢；節奏的滯重、輕快、舒緩、急促，……再加上平仄的交錯、聲律音韻協調，不僅語音本身的美感就可能是豐富多樣的，而且具有形成、強化某種氛圍和模糊意蘊的功能。

古人認為聲音由「氣激」而成，作家和詩人之所以力主將氣貫注於文，大抵謀求以精神力量和語言組合構成的氣勢形成或者強化對讀者心靈的感染和衝擊，因而「氣」的概念系列中又有側重作品展開勢態和語言組合的一類。以這類概念入論，或者讚賞暢達宏通，或者追求委婉曲盡，或者主其蓄斂，或者欲其恣肆，或者精心安排其起伏收放、迴旋跌宕……

除了韓愈的「氣盛言宜」，李德裕的「以氣貫文」，劉大櫆的「以音節、文字求神氣」以及曾國藩的「文字猶人身之血氣」等名論而外，一些由氣派生的概念也經常運用於作品展開勢態和文學語言構成的理論批評中。由於氣是運動流轉的具有生命性的，氣的旺盛使事物各組成部分間存在著顯示出整體性的統序分明的有機連繫，充滿生機。因此「氣」範疇及其概念系列在藝術形式論中運用也相當普遍。較有代

表性的就是「氣勢」、「氣脈」、「氣力」、「氣骨」之類。

一、與「勢」的連繫與組合

李德裕說過：「論氣不論勢，文法總不備。」古人論「氣」常常不離勢，有時所指咸同。如果兩者對舉有所分較，則氣更虛，側重內在的精神；勢稍實，與形連繫更直接，指運作和展開的勢態。論及「勢」，往往與佈局、線索、脈絡、節奏等展開方式的安排等相關，從手法、技巧上說比「氣」更具可操作性。清包世臣《藝舟雙楫》〈文譜〉說：「文勢之振，在於用逆；文氣之厚，在於用順。」周振甫先生解釋說：順敘要內容豐富，「文氣厚由於像層波疊浪，一個浪頭過去了，又一個浪頭跟上來，顯得力量很厚；一浪高過一浪，是順著潮水來的，所以文氣之厚在於用順」。又說逆敘要追溯源頭，一層深一層，才能振起文勢：「逆如逆水行舟，會激起浪花，所以是振起：衝破一個浪頭，再衝破一個浪頭，都是振起。」這種議論中，「氣」與「勢」各有所指。

方東樹討論類似問題的時候卻與包世臣不同，沒有將「氣」與「勢」分指順、逆：「詩文貴有雄直之氣，但又恐太放。故當探求古法，倒折逆挽、截止橫空、斷續離合諸勢。」（《昭昧詹言》卷九）所謂「雄直之氣」固然是一種張揚的陽剛之氣，是豪強驅邁的精神力量和勃發生機的顯現，然而此氣若「太放」則不足取。作家應該遵循從歷代創作經驗中總結出來的法度，探求以「倒折逆挽、截止橫空、斷續離合諸勢」進行處理的訣竅。

《昭昧詹言》卷一中「氣勢」更是一個概念：

朱子曰：「行文要緊健，有氣勢，鋒刃快利，忌軟弱寬緩。」按，此宋歐、蘇、曾、王皆能之，然嫌太流易，不如漢唐人厚重。然卻又非煉局減字法，真知文者自解之。以詩言之，東坡則是氣勢緊鍵，鋒

刃快利，但失之流易不厚重，以此不及杜、韓。在彼自得超妙，而陋
才崑士，以猥庸才識學之，則但得其流易之失矣。

「氣勢」以緊峭剛健和鋒刃快利顯示出雄強的力度，軟弱緩弛自然
與之格格不入。方東樹有所貶抑的「流易」則與「厚重」相背離，是
一種缺少錘煉的率性和放縱，是求「氣勢」者應該克服的毛病。他又
指出：「氣勢之說，如所云：『筆所未到氣已吞』，『高屋建瓴』，『懸河
洩海』。此蘇氏所擅場，但嫌太盡，一往無餘，故當濟以頓挫之法。頓
挫之說，如所云：『有往必收，無垂不縮』，『將軍欲以巧服人，盤馬彎
弓惜不發』。此惟杜、韓最絕，太史公之文如此，《六經》、周、秦皆如
此。」此處方東樹所批評的是一味追求雄豪恣肆、太露太盡，不知頓挫
收斂和節奏控馭的氣勢。按照桐城派的「義法」，他對蘇軾文章的這個
方面頗有微詞。

曾國藩《求闕齋讀書錄》中說在漢人奏疏中賈誼《治安策》特以
「氣勢最盛」，為千古絕唱。《喻紀澤、紀鴻》中告誡紀鴻「在氣勢上用
功」，行文須展開「氣勢」，認為「氣勢之屬太陽者」最是難能可貴。
他在《古文四象》中標舉的所謂「太陽氣勢」又分為「噴薄之勢」和
「跌宕之勢」，可見偏於陽剛，是豪雄勁健恣肆奇崛的一類。誠然，「氣
勢」不可一味張揚，曾氏在《斂侈伸縮》中指出：

凡為文用意，宜斂多而侈少。推之孟子不如孔子處，亦不過辭昌
語快、用意稍侈耳。後人為文，但求其氣之伸；古人為文，但求氣之
縮。氣恆縮則詞句多澀；然深於文者，固當從這裡過。

勁氣內斂之文含藏深厚、器度宏博、韻味悠遠。近人林紓《春覺

齋論文》對斂蓄氣勢的必要也總結得很好：

> 文之雄健，全在氣勢。氣不王，則讀者固索然；勢不蓄，則讀之亦易盡。故深於文者，必斂氣而蓄勢。然二者皆須講究於未臨文之先，若下筆呻吟，於欲盡處力為控勒，於宜伸處故作停留，不惟流為矯偽，而且易致拗晦。蘇明允《上歐陽內翰書》稱昌黎之文「如長江大河，渾浩流轉，魚鱉蛟龍，萬怪惶惑，而抑遏蔽掩，不使自露。」此真知所謂氣勢者矣。……須知但主奔放，亦不能指為氣勢。北齊顏之推曰：「凡為文章，猶人乘騏驥，雖有逸氣，當以御勒制之，勿使流亂軌躅，放意慎坑岸也。」解得顏氏之語，即知斂氣蓄勢之妙用。譬諸作畫，遠山知映帶以云物，按之與近山之脈不連；高山知極狀以崔巍，按之與岡之基無托；寫瀑不先寫高澗之泉，則下洩無根，不縈迴以溪澗之石筍，則細流不曲。此雖作畫之氣勢，亦可悟作文之氣勢。

　　文章的佈局要考慮展開的方式及其內在的脈絡連繫。因此，「氣勢」也是有張有弛，有開合，有起伏跌宕，而且底蘊富厚蓄藏內斂的氣勢要比直露淺顯者更具一種質實深沉的力度。懂得斂氣蓄勢，引而不發、厚積薄發表明作者是駕馭文筆的高手。而這樣高明的處理不是一種臨文勉強而為和矯偽做作，而是平日深厚功力的顯現。其後以畫為喻，強調文章氣勢體現的是一種講求各個組成部分有機連繫、有來龍去脈的總體構想。

二、「氣脈」・「氣韻」・「氣力」・「氣骨」

　　「氣脈」原是指人體氣血流通的中醫學術語，也被借用到文論中來。明胡應麟《詩藪》外編卷一批評說：「四皓詩『燁燁紫芝，深谷逶迤』一章，《高士傳》所載，最為淳古。《古今樂錄》作『昊天嗟嗟』

等，語殊生強，且氣脈不貫。」清劉大櫆《論文偶記》說：

> 文貴大：道理博大，氣脈洪大，丘壑遠大；丘壑中，必峰巒高大，波瀾闊大，乃可謂之遠大。古文之大者莫如史遷。震川論《史記》，謂為大手筆。又曰：「起頭處來得猛。」又曰：「連山斷嶺，峰頭參差。」又曰：「如畫《長江萬里圖》。」又曰：「如大塘上打纖，千船萬船，不相妨礙。」此氣脈洪大，丘壑遠大之謂也。

　　文章作為一個整體，其內在精神猶如氣血脈注通達，活力充沛流轉凜然有神，才有可能成為不朽的傳世之作。《昭昧詹言》卷一中曾指出：「大約詩文以氣脈為上。氣所以行也，脈絎章法而隱焉者也。章法形骸也，脈所以細束形骸者也。章法在外可見，脈不可見。氣脈之精妙，是為神至也。俗人先無句，進次無氣，數百年不得一作者，其在茲乎！」看來他認為，宋以後的文章缺少一種康強健旺足以使義脈流注的底氣。

　　以「氣韻」論文者關注的也是文學作品的生命性內涵。

　　梁蕭子顯在《南齊書》〈文學傳論〉中說：「文章者，蓋情性之風標，神明之律呂也。蘊思含毫，游心內運，放言落紙，氣韻天成，莫不稟以生靈，迂乎愛嗜，機見殊門，賞務紛雜。」他認為，氣韻天成與作家「稟以生靈（即性靈）」有直接關係，又強調作家各有愛好、各有見地、各有賞悟，突出了文學創作的主體性特徵。此後，「氣韻」不時見於文學批評，如南宋敖陶孫所謂「魏武帝如幽燕老將，氣韻沉雄」（《臞翁詩評》）即為人所稱道。清方東樹評論說：「謝公氣韻沉酣，精嚴法律，力透紙背，似顏魯公書。」、「韓公詩，文體多，而造境造言，精神兀傲，氣韻沉酣。」並對詩歌的「氣韻」作了簡明的解釋：「讀古

人詩，須觀其氣韻。氣者，氣味也；韻者，態度風致也。」（《昭昧詹言》）

視「氣韻」屬高層次文學美者不乏其人。宋張表臣《珊瑚鉤詩話》稱詩「以氣韻清高深眇者絕」。陳善《捫蝨新話》說：「文章以氣韻為主。氣韻不足，雖有辭藻，要非佳作也。」清何紹基《與汪士菊論詩》說：「又性情是渾然之物，若到文與詩頭上，便要聲情氣韻，波瀾推蕩，方得真性情發見充滿⋯⋯」渾然的性情須渾然的氣韻去表現，文章中才見得真人、活人。

「氣，乃力也。」氣的運動流轉給人力的感受，「氣力」也是文論中的概念。

《文心雕龍》兩次用到「氣力」，但意義卻不一樣。〈通變〉篇說：「文辭氣力，通變則久。」〈聲律〉篇則說：「氣力窮於和韻。」前者指文學發展的勢頭，後者指作者營構文學語言聲韻的心力。白居易的《又吟元九律詩》感慨自己不如元稹：「顧我文章劣，知他氣力全。」歐陽修《唐元佳〈陽華岩銘〉》指出元結文章「氣力不足，故少遺韻」。朱熹《清邃閣論詩》說：「後山（陳師道）雅健，強似山谷（黃庭堅），然氣力不似山谷較大，但卻無山谷許多輕浮意思。」都以「氣力」不足為缺憾。「氣力」雖然來自主體，但畢竟施展於營構和展開意象、駕馭文學語言方面，且無不以宏大為上。曾國藩《日記》中有：「奇辭大句，須得瑰瑋飛騰之氣，驅之以行，凡堆重處皆化為空虛，乃能為大篇，所謂氣力有餘於文之外也。否則氣不能舉其體矣。」、「氣力」是駕馭文辭整飭文體所必須，曾氏想往驅遣奇辭大句的「瑰瑋飛騰之氣」，可知「氣盛言宜」是其淵源。

重「氣力」則要求作品和藝術形象表現豐富充溢的力的內涵，反映出古人審美理想中對強健生命力的追求。

「氣骨」是文論中講求以文辭力度表現作家作品內在精神的概念。

《南史》〈丘遲傳〉有這樣的記載：「八歲使（丘遲）屬文，父靈鞠謂：『氣骨似我。』」從盛唐殷璠《河岳英靈集》〈集論〉闡述結集的宗旨時說「言氣骨建安為傳」來看，他所謂「氣骨」與「風骨」的含義接近。陸游《讀近人詩》中道：「雕琢自是文章病，奇險尤傷氣骨多。」姜夔《白石道人詩說》強調從大處著眼：「雕刻傷氣，敷衍露骨。」可知詩歌的「氣骨」存於勁健渾成的意象中。明王驥德《曲律》〈雜論〉中說：「南北二調，天若限之。北之沉雄，南之柔婉，可畫地而知也。北人工篇章，南人工字句。工篇章，故以氣骨勝；工字句，故以色澤勝。」與「工字句」相較，所謂「工篇章」就是擅長從整個作品總體意象的營構佈局，以沉雄的風格相連繫，當有豪勁渾厚之大氣；與「工字句，故以色澤勝」的南調迥然有別。《昭昧詹言》也說：「古人皆於本領上用功夫，故文字有氣骨。」《藝概》〈詩概〉則云：「杜詩只有無二字足以評之。有者，但見性情氣骨也；無者，不見語言文字也。」足見文章「氣骨」的熔鑄須從根本上入手，應在主體「本領」、「性情」的鍛鍊上著力，而不是雕章琢句可以獲得的。

三、「神氣」説、「因聲求氣」説和「行氣」説

「神氣」成為文論常用概念的時代較繪畫書法為晚，但有自己的特點。神氣無論就藝術造型而言還是就創作主體而言，都是指其靈動、微妙的個性特徵和內在的精神凸顯。

輯錄盛唐詩作的殷璠在《河岳英靈集序》中提出：「文有神來、氣來、情來」。其中「氣」雖與「神」、「情」有區別，卻都是文學藝術創造中主體思維情靈活躍的卓異境界。元楊維楨《趙氏詩錄序》說：

評詩之品無異人品也，人有面目骨體，有情性神氣，詩之醜好高

下亦然。《風》《雅》而降為《騷》，而降為《十九首》，《十九首》而降為陶、杜，為二李，其情性不野，神氣不群，故其骨骼不庫，面目不鄙。嘻！此詩之品，在後無尚也。下是為齊、梁，為晚唐、季宋，其面目日鄙，骨骼日庫，其情性神氣可知已。嘻！學詩於晚唐、季宋之後，而欲上下陶、杜、二李，以薄乎《騷》《雅》，亦落落乎其難哉！然詩之情性神氣，古今無間也。得古之情性神氣，則古之詩在也。然而面目未識，而（謂）得其骨骼，妄矣；骨骼未得，而謂得其情性，妄矣；情性未得，而謂得其神氣，益妄矣。

　　他將人品喻詩品，分「面目」、「骨骼」、「情性」、「神氣」四個層次，認為「神氣」是凌駕一切的精神意氣，以「不群」——不墮凡庸的獨特性為至上的境界。明人謝榛《四溟詩話》卷二云：「詩無神氣，猶繪日月而無光彩。」卷三說學前人之作要「熟讀之以奪神氣」。董其昌則以為「神氣」就是文章的活力和靈性，其《畫禪室隨筆》〈評文〉說：「文要得神氣。且試著死人、活人，生花、剪花，活雞、木雞，若何形狀，若何神氣，識得真，勘得破，可與論文。」

　　以「神氣」論文清人建樹最多。

　　方東樹《昭昧詹言》卷十一論寫作道：「大約不過敘耳、議耳、寫耳，其入妙處，全在神來、氣來，紙上起棱，骨肉飛騰，令人神采飛越。此為有汁漿，此為神氣。」卷十二論及題畫詩的時候說：「《李思訓畫長江絕島圖》神完氣足，遒轉空妙。」、「《王維、吳道子畫》，古人得意語，皆是自道所得處，所以衝口即妙，千古不磨。今人但學人說話，所以不動人，此誠不可掩也。以此觀大家無不然，而陶、杜、韓、蘇、黃尤妙，神品、妙品，筆勢奇縱。神變氣變，渾脫溜亮。一氣奔赴中，又沉鬱頓挫。……」既是對殷璠「神來、氣來」的解說，

又提出藝術創造的理想境界。

在文章寫作中最重「神氣」的自然是桐城派的劉大櫆，在理論批評中對於文章「神氣」闡釋得最充分的也是他的《論文偶記》：

行文之道，神為主，氣輔之。曹子桓、蘇子由論文以氣為主，是矣。然氣隨神轉，神渾則氣灝，神遠則氣逸，神偉則氣高，神變則氣奇，神深則氣靜，故神為氣之主。至專以理為主者，則猶未盡其妙也。

神氣者，文之最精處也；音節者，文之稍粗處也；字句者，文之最粗處也。然論文而至於字句，則文之能事盡矣。蓋音節者，神氣之跡也；字句者，音節之矩也。神氣不可見，於音節見之；音節不可准，以字句准之。

神者，文家之寶。文章最要氣盛；然無神以主之，則氣無所附，蕩乎不知其所歸也。神者氣之主，氣者神之用。神祇是氣之最精處。古人文章可告人者惟法耳。然不得其神而徒守其法，則死法而已。要在自家於讀時微會之。李翰云：「文章如千軍萬馬，風恬雨霽，寂無人聲。」此語最形容得氣好。論氣不論勢，文法總不備。

劉大櫆此說最大的貢獻就是把有虛無縹緲之感的「神氣」與較易把握的音節字句連繫起來。儘管神氣仍然是「文之最精處」，音節和字句是「稍粗處」和「最粗處」。文學是以語言作為媒介的藝術門類，負載、傳達神氣的只能是音節和字句。他的「神氣」說只屬於文學，甚至只屬於散文。所以他又說：

音節高則神氣必高，音節下則神氣必下，故音節為神氣之跡。一句之中，或多一字，或少一字；一字之中，或用平聲，或用仄聲；同

一平字仄字，或用陰平、陽平、上聲、去聲、入聲，則音節迥異。故字句為音節之矩。積字成句，積句成章，積章成篇。合而讀之，音節見矣；歌而詠之，神氣出矣。

學者求神氣而得之於音節，求音節而得之於字句，則思過半矣。其要只在讀古人文字時，便設以此身代古人說話，一吞一吐皆由彼而不由我。爛熟後，我之神氣即古人之神氣，古人之音節都在我喉吻間。合我喉吻者，便是與古人神氣音節相似處，久之，自然鏗鏘發金石。

作為一個在寫作實踐上卓有成就的大家，他不僅論及字句章篇的組合，而且將音節置於高於字句的層次，論及文學語言的抑揚和節奏，似乎對於區別於語義傳達的語音傳達在功能和藝術效果方面的特殊性有所省悟和發現。

魏晉時期的玄學家們曾經對於「才」和「性」的關係進行過論辯，分別有主張「才」、「性」合，「才」、「性」離，「才」、「性」同和「才」、「性」異的，且各自撰著立論。古代的「神氣」論中，「神」與「氣」的關係各家的看法也不盡一致，似乎也存在著「合」、「離」、「同」、「異」的差別。在「神」、「氣」有別、各有所指時，「神」完全是無形的，更玄遠、縹緲，更抽象和類同於本質，更富於精神性和理念性，於是指向藝術表現的最高境界和極終目的。相對而言，「氣」在原本自然的我態屬性上則有較多的保留，常常與生命的活力相類同，更富於直覺的物質性和流動感，於是也與藝術媒介的運用有更直接的關聯。李重華《貞一齋詩說》的論證就屬於「神」、「氣」有別，剖析比較精細的一類：

詩有五長，曰：以神運者一，以氣運者二，以巧運者三，以詞運者四，以事運者五。曰：神與氣互相為用。曷以離二之也？曰：《詩品》云：「行神如空，行氣如虹。」夫神妙於物而不知，氣入物於無間，固各有當也。詩之宗莫若李、杜。杜生氣遠出，而總以神行其間；李神采飛動，而皆以浩氣舉之。是兩人得之於天，各擅其長矣。惟夫杜之妙，神行而氣亦行；李之妙，氣到而神亦到。此其所以未易優劣爾。若歷代名家，或凝神以發英，或振氣以舒秀，尤了然可指者。詩之尤貴神者，惟其意在言外也；若氣，則凡為文無不貴之，豈獨詩然乎哉？我之微分其等者此也。

「神」玄虛、微妙，此處指通於神聖的精神，蘊藏於作品意象之中，又主宰一切。「氣」滲透一切、貫穿一切，此處指超邁的意氣，具有驅動藝術創造的生機活力，所以以「生氣」、「浩氣」名之。儘管「神」列於「氣」之前，「神」與「氣」各有側重、互生並行相得益彰，故云「未易優劣爾」。由於詩歌語言更精煉、更含蓄，多以模糊渾成的意象作為傳達媒介，所以「尤貴神也」；而對於散文的實踐和理論來說，從孟子、賈生到曹丕、韓愈、劉大櫆，從來都是重「氣」的，這當然與文學語言的構結和展開的特殊要求相關。

與講究「神氣」有內在連繫的是「因聲求氣」的主張。

朱熹指出：「韓退之、蘇明允作文，敝一生精力，皆從古人聲響處學。」是其會心之語。後來散文的語言音響在清代古文作家中特別受到重視。張裕釗《與吳至父書》說：「古之論文者曰：文以意為主，而詞欲能副其意，氣欲能舉其辭。譬之車然，意為之御，辭為之載，而氣則所以行也。其始在因聲以求氣，得其氣，則意與詞往往因之而並顯，而法不外是矣。」這就是所謂「因聲求氣」說。周振甫先生仍然認

為這裡的氣仍然和韓愈和劉大櫆所追求的一樣，是文章的語氣或氣勢。張裕釗隨後強調「姚氏（鼐）暨諸家因聲求氣之說，為不可易也」，足見此說被桐城派奉為圭臬。

　　張氏的「因聲求氣」說遠紹韓愈的「氣盛言宜」說，近承劉大櫆「以音節、字句求神氣」的宗旨。當然，從韓愈到劉大櫆，再到姚鼐和張裕釗，雖一脈相承，理論上還是有所發展的。主要是出發點的轉移：韓愈的「氣盛言宜」突出的是創作主體的強化，一是使精神氣勢的超拔和凌轢一切，一是提高駕馭語言的能力；劉、姚、張則首先從音響效果入手，考慮文學語言的構結對於文章和作者精神品格和靈性的表現；如果說劉大櫆還側重於從創作的角度考察音節和字句的話，張裕釗的「因聲求氣」則更多地站在審美接受的立場體察文學傳達的微妙。張氏在談到對「文之至者」的欣賞時說：

　　觀者因其既成而求之，而後有某者某者之可言耳。夫作者之亡也久矣，而吾欲求至乎其域，則務通乎其微，以其無意為之，而莫不至也。故必諷誦之深且久，使我之心與古人欣合於無間，然後能深契自然之妙，而究極其能事。

　　他以為文章的「意」、「辭」、「氣」、「法」、「非判然自為一事，常乘乎其機而混同以凝於一，唯其妙之一出於自然而已。自然者，無意於至而莫不備至，動皆中乎其節，而莫或知其然」。是謂無論是意、詞、氣還是作品構成的法則框架，都是自然形成、融匯成一體的，任何一個方面都不可造作。只有協調自然文章才能入妙，誦讀者也才能達到與作家作品「欣合無間」的無差別境界。

　　張裕釗認為，只有「一出於自然」的「意」、「辭」、「法」才能真

實和無所不至地呈露作家作品的氣。有了這種從古人名篇欣賞中獲得的體驗和心得，於是可以指導自己寫作實踐：「吾所求於古人者，由氣而通其意以及其辭與法，而喻乎其深。及吾所自為文，則一以意為主，而辭氣與法胥從之矣。」此時「辭」、「氣」、「法」都不須特為，而自然與「意」同至。

曾國藩雖然倡言「理義」，但絕不忽略文學傳達必須藉助語言文字媒介的特點。他在《致劉孟容》書中說：

即書籍而言道，則道猶人心所載之理也，文字猶人身之血氣也。血氣誠不可以名理矣，然舍血氣則性情亦胡以附麗乎？今世彫蟲小夫，即溺於聲律繪藻之末；而稍知道者，又謂讀聖賢書當明其道，不當究其文字。是猶論觀人者當觀其心所載之理，不當觀其耳目言動血氣之末也，不亦誣乎？舍血氣無以見心理，則知舍文字無以窺聖人之道矣。

在說明「道」與「文」關係的時候，以「血氣」比喻文字是很有意思的。文字（文學語言）既是有形質的，又是在流轉脈注中表現出生命內蘊的。曾氏讚賞西漢文章有「天地之義氣」和「天地之仁氣」（《聖哲畫像記》），以為文章「總須有倔強不馴之氣」（見《家書》），顯然有品格和道德理想上的追求。然而《家訓》中卻強調：「行氣為文章第一義，卿云之跌宕，昌黎之倔強，尤為行氣不易之法。」又云：「奇辭大句，須得瑰瑋飛騰之氣，驅之以行，凡堆重處皆化為空虛乃能為大篇。」所謂「行氣」就不止於對文章精神內涵方面的要求。於是注重「行氣」的主張涉及文章段落的處理，他在《復許孝廉振褘書》中說：「文章欲分段之古，宜熟讀馬、韓、歐之作，審其行氣之短長，自

然之節奏。」古代名家的文學語言合乎漢語美的客觀規律，故得云具備
「自然之節奏」。他又指出：

> 為文全在氣盛，欲氣盛全在段落清。每段分束之際，似斷非斷，
> 似咽非咽，似吞非吞，似吐非吐；古人無限妙境，難於領取。每段張
> 起之際，似承非承，似提非提，似突非突，似紆非紆；古人無限妙
> 用，亦難領取。韓文之不可及，全在行氣，如列子御風，不在義理字
> 句之間也。（《辛亥七月日記》）

看來文章層次的安排、節奏（開合、斷續、吞吐、急徐、曲直、
顯隱等）的控馭都是「行氣」的要素，古代大師的境界是難以企及的。

朱光潛先生在《散文的聲音節奏》中說，對於那些古代的散文精
品，應該「熟讀成誦，反覆吟詠，不但懂透每字每句的確切意義，還
要推敲出全篇的氣勢脈絡和聲音節奏，使它沉浸到自己的心胸和筋肉
裡，等到自己動筆行文時，於無意中支配著自己的思路和氣勢」[1]。這
段話完全可以視為對張裕釗的「因聲求氣」和曾國藩的「行氣」之說
的詮解。

第五節　重「氣象」的詩論

中國是詩的國度。在幾千年的古代文學史上，詩歌所據有的文壇
盟主地位一直沒有動搖過。我們民族的思維方式從來就對「象」十分
倚重，加之古詩中抒發情志的短章占絕大多數，詩人既留心也擅長把

1　《朱光潛美學文集》第二卷，上海文藝出版社1982年9月版。

無形的精神、情志寄寓於物或者轉化為可感的意象，理論、批評讚許渾成含蓄的藝術傳達，於是「氣象」的概念應時而生。在詩歌理論批評中「氣象」的概念占有比較特殊的位置，特別是在評議唐人的風格、成就的時候。

「氣象」的本義是大自然的景觀和現象它與四時朝暮的氣候和山川風貌相關。比如晉代女詩人謝道韞《登山詩》有「氣象爾何物？遂令我屢遷」；高適《信安王幕府》詩云：「四郊增氣象，萬里絕風煙。」范仲淹《岳陽樓記》的「朝暉夕陰，氣象萬千」更是膾炙人口。在古代，「氣象」作為一個概念運用的範圍還擴大到人物、社會、地域、時代的特質和風格方面，比如帝王氣象、氣象蕭條、河朔氣象、盛唐氣象之類。在文學藝術理論中，「氣象」常指作品情態、景況的總體風貌以及藝術形象顯示出來的氣概和徵兆。

一、發端於唐，昌盛於宋

唐詩重「氣象」。杜甫《秋日寄題鄭監湖上亭》詩有「賦詩分氣象」；《秋興》第八亦曰：「彩筆昔游干氣象，白頭吟望葳低垂。」看來這位大詩人已有注重詩歌「氣象」的自覺意識，且善於區分不同的「氣象」了。釋皎然《詩式》化「詩有四深」，列為第一就是「氣象氤氳，由深於體勢」。氣象氤氳的藝術效果產生於對體勢的透徹瞭解和純熟營構。體勢是作品總的格局和態勢，足見皎然所謂「氣象」是從大處著眼，針對作品全局而言的，以氤氳來形容上乘的「氣象」，透露出對「氣象」的把握常常是一種整體的模糊的把握。

「氣象」有時是某種時代精神的反映，比如韓愈《薦士》詩云：「透迤晉宋間，氣象日凋耗。」是謂晉宋間之際日益缺少建安時代博大的胸懷和昂揚意氣。李漢《昌黎先生集序》論文云：「秦漢已前，其氣渾然。迨乎司馬遷、相如、董生、揚雄、劉向之徒，成所謂傑然者也。

至後漢、曹魏，氣象萎爾。」李漢恪守「文以明道」的立場，視文為「貫道之器」，以為先秦作家才能寫出五經那樣不朽的經典著作。司馬遷等西漢時期的傑出作家尚能做到「其氣渾然」。到了東漢、曹魏，文章寫作出現了「文」、「道」分離的趨勢，流於華靡的文風與浩氣渾然的理想背道而馳，便是「氣象萎爾」了。他所謂「氣象」非關景色，指的是文章的神氣和風貌，與時代風尚和作家主觀精神有密切關係。「氣象萎爾」受到貶斥，可見他推崇的是主體精神昂揚、真力彌滿、偉岸雄奇的「氣象」了。

宋代文論家總結唐代文學創作的經驗，以「氣象」論詩也進了一步。「氣象」一詞不僅詩評中出現頻繁，理論闡述也更精緻和充分了，在標舉唐人批評當代以文字為詩、以議論為詩的弊端時尤其如此。

周紫芝《竹坡詩話》載：「東坡有書與其侄云：『大凡為文，當使氣象崢嶸，五色絢爛，漸老漸熟，乃造平淡。』」葉夢得《石林詩話》云：「七言難於氣象雄渾，句中有力而紆徐不失言外之意。自老杜『錦江春色來天地，玉壘浮云變古今』與『五更角鼓聲悲壯，三峽星河影動搖』等句之後，嘗恨無復繼者。韓退之筆力最為傑出，然每苦意與語俱盡。《和裴晉公破蔡州回》詩『將軍舊壓三司貴，相國新兼五等崇』，非不壯也，然意亦盡於此矣。不若劉禹錫《賀晉色留守東都》云：『天子旌旗分一半，八方風雨會中州』，語遠而體大也。」言「氣象」則尚崢嶸、尚雄渾，顯然它與瑣細乏力、平庸無奇的藝術表現相對立。「意與語俱盡」是為病，則知「氣象」對包孕的講究。杜甫和劉禹錫的例詩都用的是雄奇渾成的凌雲健筆，有感蕩心魄豁人耳目而且耐人玩味的藝術力量。故言其「句中有力而紆徐不失言外之意」和「語遠而體大」。

考察「氣象」如何是南宋詩論的一個重要內容。

姜夔《白石道人詩說》稱：「大凡詩，自有氣象、體面、血脈、韻度。氣象欲其渾厚，其失也俗……」此處的「氣象、體面、血脈、韻度」四事是將詩歌比為人的體貌風采。「氣象」列為第一，是詩篇總體的精神狀貌。姜夔以為「氣象」渾樸深厚應是詩家追求的目標，告誡要避免流於凡俗。其後元代楊載《詩法家數》重申了這樣的主張。

嚴羽《滄浪詩話》評論的深入細緻向來為人們稱道。他仍然將「氣象」視為詩歌藝術創造的五個基本方面之一：「詩之法有五：曰體制，曰格力，曰氣象，曰興趣，曰音節。」嚴滄浪首先強調「氣象」有鮮明的時代特徵，指出「漢魏古詩，氣象混沌，難以句摘」；「建安之作，全在氣象，不可尋枝摘葉」，充分肯定漢魏詩章的整體性，以為這個時代的詩作全篇「氣象」渾融深厚不容割裂，是後來那些有句無篇之作難以企及的。《滄浪詩話》不以宋詩為然，認為「唐朝人與本朝人詩，未論工拙，直是氣象不同」。當然，「氣象」上不僅體現著時代精神風貌的差別，詩人之間也有所不同，時代和個人的詩歌的「氣象」都是不可模擬的。嚴羽在《考證》中說：「雖謝康樂擬鄴中諸子之詩，亦氣象不類。」又謂晁文元家所藏陶詩有《問來使》一篇，「余（嚴羽）謂此篇誠佳，然其體制氣象，與淵明不類」。又說「『迎日東風騎蹇驢』絕句，絕非唐人氣象，只似白樂天言語」，斷言絕非杜甫之作。這些主張對於盲目模擬古人和尋章摘句的風氣有批判的意義。嚴羽又在《答出繼叔臨安吳景仙書》中說：「坡、谷諸公，如米元章之字，雖筆力勁健，終有子路事夫子時氣象。盛唐諸公之詩，如顏魯公書，既筆力雄壯，又氣象渾厚，其不同如此。」依然執著於揚唐抑宋的宗旨，其「氣象」仍是指作品總的情態和神采風貌而言。

元人范梈所謂「氣象」不是指時代和具體作品而言，而與詩人的資質、習染相關。他在《木天禁語》中說：「翰苑、輦轂、山林、出

世、偈頌、神仙、儒先、江湖、閭閻、末學，以上氣象，各隨人之資
稟高下而發。學者以變化氣質，須仗師友所習所讀，以開導佐助，然
後能脫去俗近，以游高明。謹之慎之。又詩之氣象，猶字畫然，長短
肥瘦，清濁雅俗，皆在人性中流出。」是謂種種「氣象」，皆隨每一個
人的資質懷抱發展而來，是人性的流露，看來這「氣象」是主體天賦
精神氣質和個性特徵的自然顯現。不過他也承認：經過學習，在師友
的引導幫助下人的氣質可以「脫去近俗」。

二、明清人的發揮

在晚清宋詩派崛起之前，明清詩壇說古論今之際揚唐抑宋一直是
主流，因此以「氣象」說詩者亦多。

明代以「氣象」論詩的代表人物是胡應麟，其《詩藪》〈內編〉中
「氣象」的概念出現尤頻。如：

至淮南《招隱》，疊用奇字，氣象雄奧……（卷一〈古體上〉〈雜
言〉）

李、杜外，短歌可法者：岑參《蜀葵花》《登鄴城》，……雖筆力
並非二公比，皆初學易下手者。但盛唐前，語雖平易，而氣象雍容；
中唐後，語漸精工，而氣象促迫，不可不知。（卷三〈古體下〉〈七
言〉）

五言律體，極盛於唐。……惟工部諸作，氣象嵬峨，規模宏遠，
當其神來境詣，錯綜幻化，不可端倪。千古以還，一人而已。

「氣蒸云夢澤，波撼岳陽城」，浩然壯語也，杜「吳楚東南坼，乾

坤日夜浮」氣象過之。

　　錢、劉諸子排律，雖時見天趣，然或句格偏枯，或音調屏弱，初唐鴻麗氣象，無復存者。（以上見卷四〈近體上〉〈五言〉）

　　盛唐氣象渾成，神韻軒舉，時有太實太繁處。

　　老杜七言律全篇可法者，《紫宸殿退朝》《九日》《登高》《送韓十四》《香積寺》《玉觀台》《登樓》《閣夜》《崔氏莊》《秋興》八篇，氣象雄蓋宇宙，法律細入毫芒，自是千秋鼻祖。（以上見卷五〈近體中〉〈七言〉）

　　「明月自來還自去，更無人倚玉闌干」，「解釋東風無限恨，沈香亭北倚欄干」，崔魯、李白同詠玉環事，崔則意極精工，李則語由信筆，然不堪並論者，直是氣象不同。（卷六〈近體下〉〈絕句〉）

　　胡應麟標舉李白、杜甫詩歌所體現的盛唐氣象，尤其推尊杜甫。盛讚其五言律「氣象嵬峨，規模宏遠」，為千古一人；其七言「氣象雄蓋宇宙」，「自是千秋鼻祖」。揣摩胡氏所謂「氣象」，雖是作品總的風貌和神采氣概，卻並非與景物的描寫有必然連繫。《招隱士》以「疊用奇字」而獲「氣象雄奧」之評，大概它能產生雄奇莫測的心理效果吧。盛唐詩所以氣象渾成，當與其開廓恢宏的時代精神有關。中唐以後的作品所以「氣象促迫」則是國運衰頹的折射。雍容的「氣象」出之平易，語漸精工卻導致「氣象促迫」。這個論斷很有見地：平易的語言優游從容，真樸自然；精工的語言卻往往因雕琢而傷氣，失去信筆抒寫

的天然情韻。也可能因「銳精細巧」而疏於體統，忽略了作品整體的藝術效果。

品評「氣象」講求意蘊深厚、從大處著眼、自然渾成，這也為清人所認同。王夫之《詩繹》說：「『采采芣苢』，意在言先，亦在言後，從容涵詠，自然生其氣象。」方苞《書韓退之〈平淮西碑〉後》說：「介甫（王安石）近之（韓愈）矣，而氣象過隘。」前者就欣賞而言，以為「從容涵詠」之後可由得意而生氣象。後者透露出作品之氣象實與作者的胸襟氣度直接相關。劉熙載《藝概》中「氣象」亦頗常見。《藝概》〈文概〉說：「學《左氏》者，當先意法，而後氣象。氣象所長在雍容爾雅，然亦有因當時文勝之習而腴重以肖之者。後人必沾沾求似，恐失之嘽緩侈靡矣。」又云：「王仲淹《中說》，似其門人所記。其意理精實，氣象雍裕，可以觀其所蘊，亦可以知記者之所得矣。」劉熙載稱許《左傳》「氣象所長在雍容爾雅」，王通《中說》「氣象雍裕」，他推崇的文章「氣象」顯然是意態風姿優雅從容的一類。他又指出：「文之要，本領氣象而已。本領欲其大而深，氣象欲其純而懿。」此處「純」與雜駁相反，指其和諧化一，清朗明靜；「懿」則指宏大美好，在他看來，「純而懿」是理想的文章氣象。《藝概》〈詩概〉中也有：「或問詩何為富貴氣象？曰：大抵富如昔人所謂『涵蓋乾坤』，貴如所謂『截斷眾流』便是。」劉氏所謂「富貴氣象」是以富貴者的心態和言行舉止作譬比，描述創作中睥睨萬類，為所欲為的氣概與優雅宏深的意象。《藝概》〈詩概〉還說：「少陵云：『詩清立意新』；又云：『賦詩分氣象』。作者本意取意與象相兼，而學者往往奉一以為宗派焉。」、「山之精神寫不出，以煙霞寫之；春之精神寫不出，以草樹寫之。故詩無氣象，則精神無所寓矣。」前一段話表明杜甫主張「意」與「氣象」兼而有之，不宜偏執；後一段話則表明「氣象」由生機勃郁的景物呈現，有

更高層次的精神寄寓其中。

「氣象」最早指氣候以及相關的景象，後來在藝術論中發展成為一種虛實、神形兼具，指時代、作家、作品意象的氣概風貌的概念。在古代話語中「象」與「形」意義是交叉的，有時相通，但更多的時候則是有差別的。「形」與「象」雖同有可感性，但「象」大都渾沌不可區界、不可清晰勾勒描摹，是一種側重精神感受的整體的模糊印象，區別於與事物具體型貌類同和有直接連繫的「形」。因而，「氣象」常常超越具體、個別的意象而有凸顯的整體性。經過唐宋人的努力，「氣象」說在古代文學藝術理論中的地位得到確立。明、清兩代文論家又不斷使之完善。在詩史上，「盛唐氣象」具有特定的時代風格內涵，也簡要地道明了盛唐詩歌藝術成就的一個重要方面。「氣象」與其他「氣」所派生的概念比較自然是重「象」的，因而常常與山水景物和物象的氣貌描寫有較多的連繫。這大概也是「氣象」只是在詩文和繪畫理論批評得到廣泛運用的主要原因。

小　結

文學是中國古代首屈一指的藝術門類。文學在理論批評中先於除音樂以外的其他藝術門類運用「氣」範疇，由「氣」組合而成的概念絕大多數首先出現於文學的理論批評，然後才被移用於其他藝術。文學中的「氣」論在藝術論領域往往具有先導作用，於是總的說來其開創性和理論探討的廣泛、深入、細緻遠遠超過其他藝術門類。

「氣」論中既有對主體精神、個性和藝術風格的肯定，又有對於語言組合和作品展開方式的特殊要求。以「氣」論文首先重視的是作家的精神意志的品位和氣質個性，所以文學創作的主體論是「文氣」說

的核心及其派生概念的內在依據；文學是語言的藝術，作為語義的外殼，語音由「氣激」而成，在傳達語言符號明確規定之義蘊的同時，還有一種以聽覺傳感的效果。古代重「氣」的作家謀求以作品內容的精神力量和語言組合構成的氣勢強化對讀者心靈的感染和衝擊，所以「氣」的概念系列及其參與組合的理論話語中既有側重主體精神意志和藝術個性的一類，又有側重作品展開勢態和語言組合的一類。

　　古代作品大多是抒情言志的短章，許多作家以貫氣於文作為加強文章感動力的手段；中國也被稱為詩的國度，古詩主體性特徵至為鮮明，且重意象，於是「氣象」的概念應時而生，在詩歌理論中占有比較特殊的位置。因此本章分別介紹了文學理論中「氣」範疇的發展脈絡和一般特徵，韓愈「氣盛言宜」的理論與實踐，主體論和藝術形式論中的「氣」，以及詩歌中的「氣象」之論。

第五章

樂論中的「氣」

第一節　早期樂論中的「氣」概念

一、始見於《左傳》和《國語》等典籍

有關音樂的議論比文論更早用到「氣」的概念。

《左傳》〈襄公三十一年〉記北宮文子對衛侯解釋「威儀」的時候說：「……故君子在位可畏，施捨可愛。進退可度，周旋可則，容止可觀，做事可法，德行可像，聲氣可樂，動作有文，言語有章，以臨其下，謂之有威儀也。」說到居上位者的表率作用時提到的「聲氣可樂」之「聲氣」不是容止、言語，顯然是指音樂而言，「可樂」者可以樂其心也。另一些記載中也能看到「氣」與聲響音樂的連繫：

天有六氣，降生五味，發為五色，徵為五聲，淫生六疾。（《左傳》

〈昭公元年〉）

　　則天之明，因地之性，生其六氣，用其五行。氣為五味，發為五色，章為五聲。（《左傳》〈昭公二十五年〉）

　　西晉杜預對「六氣」作了這樣的解釋：「謂陰、陽、風、雨、晦、明」（《春秋左氏傳集解》）顯然「天有六氣」是從天候作出的區分。儘管其中的「氣」還不能說是成熟的哲學概念，作為一類有六種形態和特徵的自然現象（氣候）已經能轉化為高低不同的音響了，無論訴諸聽覺還是視覺和味覺，音響和色彩、滋味都有豐富變化，都是「氣」的外在表現，區別只是所訴諸的感官不同而已。於是藝術在本質上的同一性又有了一種解釋。在古人心目中，「氣」也是人類不同情感產生的內在依據：「民有好、惡、喜、怒、哀、樂，生於六氣」（《左傳》〈昭公二十五年〉引鄭子產語）。

　　《國語》〈周語下〉記周景王二十三年（魯昭公二十年）將鑄「無射」大鐘，單穆公以為不可，認為景王先鑄大錢，又鑄大鐘，這樣會耗盡民資，斷絕生殖，他說：

　　……夫樂不過以聽耳，而美不過以觀目。若聽樂而震，觀美而眩，患莫甚焉。……口內味而耳內聲，聲味生氣。氣在口為言，在目為明。言以信名，明以時動，名以成政，動以殖生。政成生殖，樂之至也。若視聽不和，而有震眩，則味不入精，不精則氣佚，氣佚則不和。於是乎有狂悖之言，有眩惑之明，有轉易之名，有過慝之度。

　　指出這樣的鍾不過和大錢一樣，是「離民之器」。其中的「聲味生

氣」和「氣在口為言，在目為明」以及「味不入精，不精則氣佚，氣佚則不和」表明，所謂「氣」針對聽樂者而言，指靈動而有活力的生命精神。景王不聽單穆公的勸告，又詢問伶州鳩。這位專司王庭音樂的官員回答得更專業一些：

夫政象樂，樂從和，和從平。聲以和樂，律以平聲。金石以動之，絲竹以行之，詩以道之，歌以詠之，匏以宣之，瓦以贊之，革木以節之。物得其常曰樂極，極之所集曰聲，聲應相保曰和，細大不逾曰平。如是，而鑄之金，磨之石，系之絲木，越之匏竹，節之鼓而行之，以遂八風。於是乎氣無滯陰，亦無散陽，陰陽序次，風雨時至，嘉生繁祉，人民和利，物備而樂成，上下不罷，故曰樂正。……

後來伶州鳩又一次從樂律的角度告誡景王不應鑄這樣的大鐘，說：

律所以立均出度也。古之神瞽考中聲而量之以制，度律均鐘，百官軌儀，紀之以三，平之以六，成於十二，天之道也。夫六，中之色也，故名之曰黃鐘，所以宣養六氣、九德也。由是第之。二曰太簇，所以金奏贊陽出滯也。三曰姑洗，所以修節百物，考神納賓也。四曰蕤賓，所以安靖神人，獻酬交酢也。五曰夷則，所以詠歌九則，平民無貳也。六曰無射，所以宣佈哲人之令德，示民軌儀也。為之六間，以揚沉伏，而黜散越也。元間大呂，助宣物也。二間夾鐘，出四隙之細也。三間仲呂，宣中氣也。四間林鐘，和展百事，俾莫不任肅純恪也。五間南呂，贊陽秀也。六間應鐘，均器利用，俾應復也。

　　早期討論音樂本質和作用的言論所出現的「氣」是萬物通同的本根和自然之氣。宇宙萬物的演化運作有自然的節律，四季的迴旋迭代，天候中的陰、陽、風、雨、晦、明的交替變化，都有特定的範圍、依循著自然節律。古人認為，音樂能夠也應該表現大自然（尤其是四時天候）演化的節律及其「和」的本質。聲響、音調、音色都與一定的自然現象關聯，音樂之和可以「宣養六氣」、「宣中氣」（助長促生萬物的節候之氣），可以協和人與自然、人與人的關係。

　　單穆公和伶州鳩都有前人（西周）制定的禮樂制度作為自己立論的依據，以為景王鑄鐘首先就違反了先王定下的常規。周人在許多場合用對「天」的崇拜替代殷商時代人們對鬼神的崇拜，這種從「天人合一」觀念出發的對音樂的理解要求模擬宣助自然、溝通神人（包括上達天聽和接受上天啟示）、協和人心，仍然帶有一定的神祕色彩，框定了中國古代音樂（至少是宮廷雅樂）的風格和功用。

　　古人對「風」的一種解釋也透露出古代音樂與「氣」的一些連繫。歌謠樂曲可以稱為「風」，《詩經》有「國風」，採集民歌可謂「采風」。《山海經》〈大荒西經〉中說：「祝融生太子長琴，是處搖山，始作樂風。」《注》云：「風，曲也。」則是將「風」和「曲」等同的例子。《呂氏春秋》〈古樂〉說：「……正風乃行，其音若熙熙淒淒鏘鏘。帝顓頊好其音，乃令飛龍作樂效八之音。」、「風」是流動的大氣，能夠產生音響，可能給制樂者以啟發，甚至供其效仿。《呂氏春秋》〈音律〉篇又說：「大聖至理之世，天地之氣，合而生風，日至則月鐘（畢沅說《御覽》「月鐘」作「日行」，蓋依《說苑》之文而改《呂氏》）其風，以生十二律。」古人心目中「風」就是流動的「氣」，音樂是離不開「氣」的。

二、諸子的闡揚

《莊子》〈齊物論〉說：「大塊噫氣，其名曰風。」之所以稱「噫氣」，雖有鬱積而後舒放的意思，但「噫」字象聲，亦當與風的呼號有聲有關。隨後所謂「吹萬」雖未著「氣」則必定是以氣相吹。他陳述了天籟、地籟、人籟之論，而簫籟都是竹製樂器，得因氣動而成聲。似乎能夠說明音響與空氣的運動有關很早就被人們發現。由此看來，古人首先說「聲氣」，又較早以「氣」論樂，都是很自然的。

莊子對於包括禮樂在內的現實政治制度是鄙夷和否定的，雖然沒有專門討論音樂的文字，但他對天籟的推崇就是反對人為的造作、扭曲和與自然天性的隔膜。所謂「天」幾乎是自然的同義語，他追求的「和」是與自然萬物無差別的和諧。妻死「鼓盆而歌」的行為別說合乎禮儀，就是在常情常理上也是難於為人理解的。其言行不無對正統禮樂觀念反叛的成分。

大約在戰國晚期到漢初成書的《樂記》是我國最早的音樂理論專著。據現代學者研究，它與荀子的〈樂論〉一脈相承。其中說：

> 夫民有血氣心知之性，而無哀樂喜怒之常；應感起物而動，然後心術形焉。

> 是故先王本之情性，稽之度數，制之禮義。合生氣之和，道五常之行，使之陽而不散，陰而不密，剛氣不怒，柔氣不懾，四暢交於中而發於外，皆安其位而不相奪也。（〈樂言篇〉）

> 凡奸聲感人，而逆氣應之；逆氣成象，而淫樂興焉。正聲感人，而順氣應之；順氣成象，而和樂興焉。（〈樂象篇〉）

　　《禮記》〈樂記〉也把這兩篇收入其中。上面引文中用到了「血氣」、「生氣」以及陰陽剛柔之「氣」的概念，推詳其中「氣」的意義，都是指受教化者生理和心理方面的因素而言。所謂「逆氣」、「順氣」，也指的是某種社會風氣或左右自然物態運作的「氣」，並非制樂者或者音樂作品之「氣」。《呂氏春秋》的〈侈樂〉〈古樂〉〈音初〉諸篇所言之「氣」仿此。不過，〈樂記〉的個別地方也有例外，比如說：「德者，性之端也；樂者，德之華也；金石絲竹，樂之器也。詩，言其志也；歌，詠其聲也；舞，動其容也。三者本於心，然後樂氣從之。是故情深而文明，氣盛而化神，和順積中，而英華發外，惟樂不可以為偽。」詩、歌、舞都「本於心」，是為表現「德」和「性」服務的，既然「樂氣從之」，表明「樂氣」與創作主體心志有一致性，而「氣盛而化神」之「氣」更明顯是針對制樂者和作品而言。在儒家學者看來，「氣」所代指精神和情感應該是一種高於自我、高於世俗的道德精神和真誠無偽、「和順」社會的理想情感。

　　「象」是一種從總體上模糊把握獲得的體認、印象。「逆氣成象」和「順氣成象」描述了音樂對社會風尚的影響，體現出作為訴諸聽覺的「抽象」藝術，音樂在傳達和效果上的間接性和模糊性。

　　先秦音樂中的「氣」論已有一些共同點，最明顯的就是憑藉「氣」通同萬物的特點表述天人之和的追求，以及樂曲音響的心理效果和感應共鳴現象。《呂氏春秋》〈大樂〉說：「凡樂，天地之和，陰陽之調也。」《呂氏春秋》〈有始覽〉亦云：「類同相召，氣同則合，聲比則應。鼓宮則宮動，鼓角則角動。」《呂氏春秋》〈古樂〉記載：

　　昔古朱襄氏之治天下也，多風而陽氣畜積，萬物解散，果實不成。故士達（朱襄氏臣）作為五弦瑟，以來陰風，以定群生。

　　昔陶唐氏之始，陰多滯伏而湛積，水道壅塞，不行其原。民氣鬱閼而滯著，筋骨瑟縮而不達。故作為舞以宣導之。

　　樂舞不僅應該是天地萬物之和的體現，又具有使失衡及不和的事物重歸於協和的功能。陽亢則實之以陰，陰多則宣導之向陽。標舉上古聖王已經懂得把音樂舞蹈作為一種協調人與自然關係、鼓舞鬥志振奮精神的利器，當然是要求後來的君主效仿。《呂氏春秋》的〈侈樂〉篇則從反面指出，亂世之樂可以「駭心氣，動耳目，搖盪生」；〈音初〉篇也說：「流辟越惛濫之音出，則滔蕩之氣、邪慢之心感矣。感則百奸眾辟，從此產矣。」

　　《孔子家語》〈辯樂解〉載有孔子談論音樂的一段話：

　　夫先王之制音也，奏中聲以為節，流入於南，不歸於北。夫南者生育之鄉，北者殺伐之域。故君子之音，溫柔居中，以養生育之氣。憂愁之感，不加於心也；暴厲之動，不在於體也。夫然者，乃所謂治安之風也。小人之音則不然，亢麗微末，以象殺伐之氣。中和之感，不載於心；溫和之動，不存於體。夫然者，乃所以為亂亡之風。

　　隨即以舜「造南風之詩」、「殷紂好為北鄙之聲」導致帝業興廢殊途為例，告誡弟子不可習亡國之音。從中可以體會得出，所謂「氣」雖仍指社會風氣卻與物候民俗相通，它與地域氣候等自然因素構成的生存環境相關。人們在迥然不同的自然條件中生活，所形成的地域民風也分道揚鑣。南方溫暖濕潤較利於人類早期的生存發展，北方的生存環境則比較嚴峻險惡，於是氣有滋育、殺伐之別。這一段托為孔子的話以「氣」論樂，其中拒斥暴戾殺伐、崇尚導致溫柔敦厚的「中

和」，透露出主南不主北發展的勢態和溫厚守中的民族性格。

三、漢儒的整合

「獨尊儒術」的政策使漢代禮樂制度在儒學的框架中重建，漢代音樂理論上承周禮，雜糅春秋戰國的「陰陽五行」說，尤其在天人間的溝通和感應方面增加了神祕色彩。

西漢元帝時代的京房以董仲舒「天人合一」理念為指導，用陳舊的「三分損益」法機械地推算出六十律。《後漢書》〈律歷志〉關於六十律有如是記載：

……宓羲作《易》，紀陽氣之初以為律法，建日冬至之聲以黃鐘為宮，太簇為商，姑洗為角，林鐘為徵，南宮為羽，應鐘為變宮，蕤賓為變徵，此聲氣之元，五音之正也。故各終一日，其餘以次運行，當日者各自為宮，而商徵以類從焉。〈禮運〉篇曰：「五聲六律十二管還相為宮。」此之謂也。以六十律分期之日。黃鐘自冬至始，及冬至而復，陰陽寒燠風雨之占生焉。

當代學者認為，京房六十律雖然見載於官方的史籍，實際上對古代音樂的理論建設沒有什麼積極意義。京房治《易》學，《漢書》本傳說他「事梁人焦延壽，……其說長於災變，分六十卦，更直日用事；以風雨寒溫為候，各有占驗。房用之尤精。」看來他提出的六十律，與其說是一種樂律，不如說是為其占卜天候災異尋找的一種依據。[1]當然，京房也是藉助了通同於萬物的「氣」來構結其理論的。

劉向彙總雜錄前代文獻，其《說苑》〈修文〉不僅收入《禮記》〈樂

1　參見楊蔭瀏：《中國古代音樂史稿》，人民音樂出版社1981年版，第131、132頁。

記〉和《呂氏春秋》〈孔子家語〉〈辯樂解〉等典籍中的有關材料，而且很可能有自己的發揮，比如在論證禮樂功能時有一段議論從養正和、滅淫邪的角度強調音樂對受眾之氣的影響：

> 凡從外入者，莫深於聲音，變人最極。故聖人因而成之以德曰樂。樂者，德之風。《詩》曰：「威儀抑抑，德音秩秩。」謂禮樂也。故君子以禮正外，以樂正內。內須臾離樂，則邪氣生矣；外須臾離禮，則慢行起矣。故古者天子諸侯聽鐘聲，未嘗離於庭，卿大夫聽琴瑟，未嘗離於前，所以養正心而滅淫氣也。樂之動於內，使人易道而好良；樂之動於外，使人溫恭而文雅。雅頌之聲動人而正氣應之；和成容好之聲動人而和氣應之；粗厲猛賁之聲動人而怒氣應之；鄭衛之聲動人而淫氣應之。是以君子慎其所以動人也。

劉向認為音樂承擔的任務是陶冶改造人的內在心靈，這種道德上的塑造對人是須臾不可缺少的。他指出，人心和社會中同時存在著向善和向惡的因子，即所謂正氣、邪氣、和氣、怒氣、淫氣等，都可能在音樂的感召推動下有所張大，這就是君子慎重對待音樂的緣故。應該以正聲（雅頌之聲）與和聲（和成容好之聲）喚起受眾正氣與和氣的共鳴，促使其昌盛；避免和抵制會鼓動受眾怒氣和淫氣的粗厲猛賁之聲和鄭衛之聲。

簡言之，儒家學者認為，制樂者和演奏者須以天人、人際之和為理想，以自己心氣之和創造出作品樂氣之和，從而化感和啟發人心，使正氣昌、邪氣滅，達於社會（君臣、父子、夫婦）關係的和諧（溫柔敦厚）。儒家的樂論在封建時代就是官方的、正統的樂論，幾乎一開始就從天人之和、心物感應的觀念出發，以道德教化、協和人心為音

樂的使命，框定了古代正統音樂理論的基本架構。正因為有「天地萬物通一氣」的哲學依據，「氣」概念的運用適應了天人之和、心物感應（包括共鳴），以及同樂、化育人心等理論的需要。

第二節　漢以後的嬗變

一、從魏晉開始的修正

魏晉時代正統經學對學術的統制被打破，哲學思辨和藝術創造的自覺意識都出現飛躍。音樂理論上的進步也是明顯的。比如魏人劉劭的《人物誌》已經反映出重視士人氣質風采、肯定個性的時代風尚，其《九徵第一》說：「夫容之動作，發乎心氣，心氣之徵，則聲變是也。夫氣合成聲，聲應律呂，有和平之聲，有清暢之聲，有回衍之聲。（劉昞注云：心氣不同，故發聲亦異也。）夫聲暢於氣，則實存貌色……」人物外在的容止是從屬於內在精神的，音樂也同樣如此。制樂者「心氣」的多樣性決定了聲響和相應「律呂」、內涵和表現方式的多樣性。

阮籍、嵇康的樂論在這一時期最有代表性。

阮籍以「氣」論樂也承襲了不少傳統的理論主張，比如其《樂論》說：「歌謠者詠先王之德，俯仰者習先王之容，器具者象先王之式，度數者應先王之制，入於心，淪於氣，心氣和洽，則風俗齊一。」並沒有超出先秦《樂記》多少。而「……故江淮之南其民好殘，漳汝之間其民好奔，吳有雙劍之節，趙有扶劍之客，氣發於中，聲入於耳，手足飛揚，不覺其駭。……故八方殊風，九州異俗，乖離分背，莫能相通，音異氣別，曲節不齊」一段，與《孔子家語》〈辯樂解〉的議論相近，只是所指地域更具體而已。當然更有意義的是阮籍《樂論》有所

發展和更新的那一部分，他曾說：

昔者聖人之作樂也，將以順天地之性，體萬物之生也。故定天地八方之音，以迎陰陽八風之聲；均黃鐘中和之律，開群生萬物之情氣。故八音有本體，五聲有自然，其同物者以大小相君。有自然故不可亂，大小相君故可得而平也。……以大小相君，應黃鐘之氣，故必有常數。

儘管《樂記》有過「大樂與天地同和」的說法，但阮籍更明確指出樂有「本體」，作樂應當如聖人一樣「順天地之性，體萬物之生」之「自然」。他認為「有自然不可亂」，「黃鐘之氣」有「常數」，是強調自然的法度（客觀規律）。包括說音樂「同物」，與「群生萬物之情氣」相通……顯然比傳統樂論多了一些尚「自然」的傾向。這是魏晉學術風氣使然，阮籍所論雖常從引儒家經典話語開始，但最後卻滲入了老莊的主張：

昔先王制樂非以縱耳目之觀，曲房之燕也，必通天地之氣，靜萬物之神也；固上下之位，定性命之真也。

（舜）又曰：「……言正樂通平易簡，心澄氣清，以聞音律，出納五言也。」

……故孔子在齊聞《韶》，三月不知肉味，言至樂使人無慾，心平氣定，不以肉為滋味也。

「靜萬物之神」、「定性命之真」和「通平易簡，心澄氣清」已在向老莊靠攏，而「至樂使人無慾」更絕非孔子「三月不知肉味」之原

意和儒家的審美理想。

阮籍特別重視音樂愉悅身心的作用；透露出一種魏晉時代士人特有的卸脫精神負擔，享受生命樂趣的強烈願望，於論中凸顯音樂原生的、在「樂」（音勒）方面的內涵：「樂者，使人精神平和，衰氣不入，天地交泰，遠物來集，故謂之樂也。今則流涕感動，歔欷傷氣，寒暑不適，庶物不遂，雖出絲竹，宜謂之哀，奈何俯仰嘆息，以此稱樂乎！」其中「衰氣」來自外部世界，「傷氣」之所傷則是觀樂者內在之氣，由於「天地萬物通一氣」，內外可能相互交感，但音樂欣賞卻應該導向欣悅。

嵇康雖然與阮籍是同時代的人，但他討論的對象卻進一步從廟堂禮儀游宴音樂向個人暢神、娛情、抒懷的演奏轉移，就顯現出一種趨勢，暗示出一種理論發展中的重大轉折。

嵇康的《聲無哀樂論》中多次用到「氣」的概念。他曾經運用地域民情和四時氣候能夠各自形成相應呂律的傳統理論，批駁歷史上「師曠吹律，知南風不競，楚多死聲」的荒誕記載：「凡陰陽憤激，然後成風，氣之相感，觸地而發，何得發楚庭來入晉乎？且又律分四時之氣耳，時至而氣動，律應而灰移，皆自然相待，不假人為用也。上生下生，所以均五聲之和，敘剛柔之分也。然律有一定之聲，雖冬吹中呂，其音自滿而無損也。今晉人之氣吹無韻之律，楚風安得來入其中，與為盈縮耶？」其中的「氣」既是大自然陰陽磨蕩成風和四時天候之氣，也是一方風土民情剛柔分判、音聲協和之氣。

在對問辯難中，嵇康借秦客之口指出：「夫聲音，氣之激者也。」把聲音的產生直接與「氣」的激盪連繫起來是一個很有意義的論斷，作為傑出音樂演奏家，他在藝術實踐中對聲音的產生和傳播依靠空氣振動也許有所覺察。故其後主人又有「口之激氣為聲，何異於籥龠納

氣而鳴耶」的話。儘管「氣之激者」有可能與某種主體激越的精神意志相連繫（如果認為嵇康在此處指出無論制樂還是演奏樂曲其內涵和驅動力是激越的情志，似乎也說得過去），但所謂「氣」無疑指一種由外在形式呈現的有特色的精神風貌，這一點在該篇就能找到不少有說服力的證據。比如，此前秦客說：「夫觀氣采色，天下之通用也。心變於內而色應於外，較然可見。」後來主人的回答中也說：「觀氣采色，知其心耶？此為知心自由氣色，雖自不言，猶將知之。」顯然強調通過觀照訴諸感官的音樂意象（「氣色」）去瞭解創作主體有獨特個性的心靈，是欣賞的必由之路。雖與「心」有一致性，但「氣色」顯然是外在的。嵇康又說：

　　和心足於內，和氣見於外，故歌以敘志，舞以宣情，然後文之以采章，照之以風雅，播之以八音，感之以太和，導其神氣，養而就之；迎其情性，致而明之。使心與理相順，氣與聲相應，合乎會通以濟其美，故凱樂之情見於金石，含弘光大顯於音聲也。

　　「和氣」是「和心」的外現，「和心」是「和氣」的內在依據。嵇康強調了音樂和諧心志、宣洩情感、協調「心」、「理」、明性暢神的功能。見於外的「和氣」當指可感的聲氣之和而言。其後「感之以太和」的「太和」是與宇宙本源相通的自然之和氣。而「導其神氣，養而就之；迎其情性，致而明之。使心與理相順，氣與聲相應，合乎會通，以濟其美」論中的接受主體（被「感」和「導」、「養」者）顯然是個體的文人，而非可以移風易俗的群體和社會。這一點《琴賦》〈序〉說得更為明確：音樂「可以導養神氣，宣和情志，處窮獨而不悶」。

　　總的看來，先秦和漢魏音樂理論中的「氣」帶有哲學中「精氣」（元

氣）的意味，是物質與精神二而一的，已經被視為人生命和精神活動的基礎和動力，但是嚴格區分和深入探討制樂者（包括演奏者）的主體個性和樂曲（包括演奏）風格、品位的「氣」論還未出現，應該說還不是十分成熟的文學藝術的理論範疇，這一點與其同時代曹丕「文以氣為主」之論迥然有別。

二、唐宋以降的拓展

盛唐以後，中國歷史的進程雖有起伏，總的說來封建君主專制是日益強化，而政治則日益腐敗，國勢走向衰微。士人的心態和精神面貌自然也發生變化，即使他們仍然關注民瘼，憂慮國事，積極入世施展抱負兼濟天下的事業心會日益消減，對統治集團的離心傾向卻有所增加。不過，整個封建時代儒家思想對士人都有很強的統御力，因此正統樂論的保守性也很難被突破，在理論建設上步履蹣跚，建樹不多。與士人心態相適應，「氣」論中表述的追求依然離不開「和」的主旋律，只是多了些平淡、曠遠的超然。

唐代詩人多好樂舞，李杜皆然，而白居易尤甚。《白氏長慶集》中收錄有關樂舞的詩七十餘首。有一些詩言及氣。比如：

心積和平氣，本應正始音。……正聲感元氣，天地清沉沉。（《清夜琴興》）

遠方士，爾聽五弦信為美，吾聞正始之音不如是。正始之音其若何？朱弦疏越清廟歌：一彈一唱再三歎，曲淡節稀聲不多；融融曳曳召元氣，聽之不覺心和平。人情重今多賤古，古琴有弦人不撫。更從趙璧藝成來，二十五弦不如五。（《五弦彈》）

　　所謂「正聲」指雅樂，「元氣」通同於本根，自不必說；此處一再被推崇的與「心積和平氣」相應的「正始之音」所指為何？人們的看法不同。筆者認為就是以正始時代嵇康阮籍為代表的音樂演奏風格，清峻通脫、清越淡遠。而不是一般的器樂演奏的復古主張，更不指文學而言。

　　宋儒雖然繼續闡揚「和」的宗旨，但平淡的時代追求流露於字裡行間。周敦頤在《通書》中論樂道：

　　古者聖王制禮法，修教化，三綱正，九疇敘，百姓太和，萬物咸苦，乃作樂，以宣八風之氣，以平天下之情，故樂聲淡而且不傷，和而不淫。

　　樂者，本乎政也。政善民安，則天下之心和。故聖人作樂，以宣暢其和心，達於天地，天地之氣感而大和焉。天地和則萬物順，故神祇格，鳥獸馴。

　　樂者，淡而不傷，和而不淫。入其耳，感其心，莫不淡且和焉。淡則欲心平，和則躁心釋。

　　張載在《禮樂》中所說的「氣」仍然是天人相應相感的基礎：

　　聲音之道與天地同和，與政通。蠶吐絲而商弦絕，正與天地相應。方蠶吐絲，木之氣極盛之時，商金之氣衰。如言律中太簇，律中林鐘，於此盛則彼必衰，方春木當盛，卻金氣不衰，便是不和，不與天地之氣相應。

　　鄭衛之音自古以為邪淫之樂，何也？蓋鄭衛之地濱大河沙地，土不厚，其間人自然氣輕浮，其地土苦，不費耕耨，物亦能生，故其人

偷脫怠墮、弛慢頹靡。其人情如此，其聲音同之，故聞其樂，使人如此懶慢。其地平下，其間人自然意氣柔弱怠墮，其土足以生，古所謂息土老祖宗民不才者，此也。若四夷則皆踞高山谿谷，故其氣剛勁，此四夷常勝中國者，此也。

前一段說樂調的高低與四季節候物態的變化更迭相應；後者說地理環境通過影響生產生活造就人們的習俗個性，從而影響音樂的風格。

王安石有《禮樂論》，以為「神生於性，性生於誠，誠生於心，心生於氣，氣生於形」；「充形在於養氣，養氣在於寧心」；「志與氣相為表裡」。強調「禮者，天下之中經；樂者，天下之中和。禮樂者，先王所以養人之神、正人氣而歸正性也」。所謂「寧心」和「歸正性」都有尚簡易、歸誠樸的導向。

王灼《碧雞漫志》卷一論「中正之氣」頗有新意：

中正則雅，多哇則鄭，至論也。何謂中正？凡陰陽之氣，有中有正，故音樂有正聲，有中聲。二十四氣，歲一週天，而統以十二律。中正之聲，正聲得正氣，中聲得中氣，則可用；中正用則平氣應。故曰：中正以平之。若乃得正氣而用中律，律有短長，氣有盛衰，太過、不及之弊起矣。

「中正之聲」雖然都屬雅樂，兩者的樂律卻因分別得自中氣和正氣而有所不同，「氣」與「律」不相配則有太過或不及之弊。王灼認為蘇軾只知有中聲，而不知有正聲，是一種缺憾。

朱熹以儒學大師的身分，常在對先秦經典的詮釋中提出自己的看法。他本著「先有氣而後有形」的觀念解釋《尚書》〈舜典〉的「夔，

命汝典樂，教冑子」說：「蓋所以蕩滌邪穢，斟酌飽滿，動盪血脈，流通精神，養其中和之德，而救其氣質之偏者也。」在《答陳體仁》說：「……故愚竊以為詩出乎志者也，樂本乎詩者也。然則志者詩之本，而樂者其末也。末雖亡不害本之存。患學者不能平心和氣，從容諷詠，以求情性之中耳。」所謂「平和」是指對心理精神的自我調控。

明王室中的音樂家朱載堉在十二平均律的確立上貢獻很大。他在《律學新說》〈序〉中說：「是故有定形而後有容受之積，有真積而後發中和之音，有正音而後感天地之氣。」朱載堉對於樂律載體的規範化提出要求，是音樂理論有所進步的表徵。「中和之音」就是正音，能與天地之氣相感應既是同氣相求，也是合規律的緣故。

順便說一下，在古代同一個概念在不同論家、不同的論著（甚至在同一論著的不同章節）中其意義可能有所不同，音樂理論中「氣」的概念系列也是這樣。比如，大凡「生氣」都指一種鮮活的生命力，不過這並不妨礙論者從不同的側面進行發揮。《樂記》〈樂言〉中「合生氣之和」的「生氣」是指受教化者的生機，而清人張岱在《與何紫翔》中說：「彈琴者，初學入手患不能熟；及一至熟，患不能生。……蓋此練熟還生之法，自彈琴撥阮，蹴鞠吹簫，唱曲演戲，描畫寫字，作文做詩，凡諸百項，皆借此一口生氣。得此生氣者，自致清虛；失此生氣者，終成渣穢。」這裡的「生氣」就指藝術領域中一種別開生面的創造性，是在純熟掌握技巧規範和作品旋律以後造藝上的又一次飛躍，是對純熟的超越，是即興或者重新演奏時嶄露的鮮活與生新。

第三節　徐上瀛《溪山琴況》中的「氣」

在中國古代，除了廟堂祭祀、禮儀和宮廷、貴族宴樂而外，文人

操琴鼓瑟也是一種涵養情性、抒發襟抱的雅事。儒家的經典樂論都是圍繞前者，強調音樂的社會教化功能；到了封建社會後期，總結文人雅士彈奏器樂心得技法的著述在樂論中據有了一席之地，這是士人政治熱情日趨淡化，對個性和自然情感的價值有更多發現和肯定的結果。

徐上瀛別署青山，太倉人，明末欲參加抗清，未果，後隱居吳門。他發展了虞山派「清、微、淡、遠」的風格而後自成一家。其《溪山琴況》是古代音樂理論上的名著。他將音樂中的意態、況味、意境、風格、情趣分為和、靜、清、遠、古、澹、恬、逸、雅、麗、亮、采、潔、潤、圓、堅、宏、細、溜、健、輕、重、遲、速二十四類，常以「氣」入論。

他論「和」道：「……要之神閒氣靜，藹然醉心；太和鼓暢，心手自知，未可一二而為言也。太音希聲，古道難復，不以性情中和相遇，而以為是技也，斯久而愈失其傳矣。」所謂「神閒氣靜」是精神心境的超然從容和寧靜安詳，「太和」之氣鼓蕩暢達，則得心應手、相適而兩忘。古代「大音希聲」的至境是操琴者「性情中和相遇」的產物，絕非單純依靠技巧所能企求。

大概是民族性格所致：徐上瀛儘管推崇不墮凡庸的孤高志趣，畢竟沒有放棄溫潤中和的審美理想。後來他論「潤」云：「凡弦上取音，惟貴中和。而中和之妙用，全於溫潤呈之。……蓋潤者，純也，澤也，所以發純粹光澤之氣也。……故其弦若滋，溫兮如玉，冷冷然滿弦皆生氣氤氳，無毗陽毗陰偏至之失，而後知潤之為妙所以達其中和也。」

審美情趣中與寧靜、悠遠協調的是恬澹和超逸。《溪山琴況》論「恬」說：

諸聲澹則無味，琴聲澹則益有味。味者何？恬是已。味從氣出，故恬也。故恬不易生，澹不易到，惟操至妙來則可澹，澹至妙來則生恬，恬至妙來則愈澹而不厭。故於興到而不自縱，氣到而不自豪，情到而不自擾，意到而不自濃。……

「味從氣出，故恬也」表明「恬」是音樂意象中一種由主體精神品格、情趣生出的氣味和品格，是不容易達到的高層次審美境界，必須經過「操（彈奏）至妙來則可澹，澹至妙來則生恬，恬至妙來則愈澹而不厭」的幾次飛躍才能臻於理想。即使合乎審美創造需要的「興」、「氣」、「情」、「意」已經獲得，還要求演奏者有一種自我控制、不動心志聲色的能力。

徐氏論「逸」特別強調主體的品格決定音樂的品格，從樂曲的品格也能透視樂人的品格：「第其人必具超逸之品，故自發超逸之音。……故當先養其琴度，而次養其手指，則形神並潔，逸氣漸來，……所為得之心而應之手，聽其音而得其人。」故此處的「逸氣」既是從其人品性中來，也顯現於其人演奏的樂曲之中。論「雅」時也曾云：「氣質浮躁則俗」。

他在論「靜」時如是說：「……蓋靜繇中出，聲自心生，苟心有雜擾，手有物撓，以之撫琴，安能得靜？惟涵養之士，淡泊寧靜，心無塵翳，指有餘閒，與論希聲之理，悠然可得矣。所謂希者，至靜之極，通乎杳渺，出有入無，而游神於羲皇之上者也。約其指下功夫，一在調氣，一在練指。調氣則神自靜，練指則音自靜。如爇妙香者，含其煙而吐霧；滌芥茗者，蕩其濁而瀉清。取靜音者亦然。雪其躁氣，釋其競心；指下掃盡炎囂，弦上恰存貞潔。故雖急而不亂，多而不繁，淵深在中，清光發外。」

　　音樂的意象訴諸聽覺，在時間的延續中展開；樂曲藉助器樂進行演奏，於是構成特殊的心物（此處的「物」不是描寫對象，而是琴、弦之類器樂媒介）關係和心手（或言「心指」，「指」代表演奏的指法技巧、功力）關係。與造詣高深的嵇康一樣，徐上瀛也有撫琴中的實踐體會，不過在理論上他對心物、心指的關係體察更入微：前面的「心手自知」已透露消息，此處的「苟心有雜擾，手有物撓，以之撫琴，安能得靜？惟涵養之士，淡泊寧靜，心無塵翳，指有餘閒」更強調了兩者的協調。徐上瀛以為在「指下功夫」中「調氣」是一個重要方面，「氣」關係到「神」，調氣的目的在於使主體的精神品格和心境超塵脫俗，返於真樸、歸於寧靜。「淡泊寧靜，心無塵翳」、「通乎杳渺，出有入無，而游神於羲皇之上」和「雪其躁氣，釋其競心」、「掃盡炎囂」描述的都是擺脫世俗罣礙的虛靜境界，話語中老莊的幽靈明滅可見。

　　「清」與雅潔貞靜同調，所以對環境和接觸的事物有很高的要求：「……故清者，大雅之原本，而為聲音之主宰。地不僻，則不清。琴不實，則不清。弦不潔，則不清。心不靜，則不清。氣不肅，則不清。……（兩手）不染纖毫濁氣……故欲得其清調者，必以貞靜宏遠為度，然後按以氣候，從容宛轉。候宜逗留，則將少息以俟之；候宜緊促，則用疾急以迎之。」大凡不利於「清」的因素，無論來自物還是心，必屬塵濁浮躁。這裡的「氣候」和「候」又指什麼呢？徐上瀛在論「遠」的時候說：

　　遠與遲似，而實與遲異。遲以氣用，遠以神行。故氣有候，而神無候。會遠於候之中，則氣為之使。達遠於候之外，則神為之君。至於神遊氣化，而意之所之，玄之又玄。時為岑寂也，若游峨嵋之雪；時為流逝也，若在洞庭之波。候緩候速，莫不有遠之微致。蓋音至於

遠，境入希夷，非知音未易知，而中獨有悠悠不已之志。吾故曰：「求
之弦中如不足，得之弦外則有餘也。」

「神」無候而「氣」有候，可見是徵候之候，指訴諸感官的可感
性。徐上瀛將「遠」、「遲」視為兩種相似而實有差異的境界，分別與
「神」、「氣」連繫起來。「神」顯然比「氣」更虛、更本質、更抽象。
「遲以氣用」的層次較「遠以神行」為低。「氣」為「神」所使，「神」
為「氣」之君，達於「神遊氣化」才能獲得創造希微悠遠音樂意象的
靈性和充分自由，故云：「音至於遠，境入希夷」。

後面有關「遲」的論述可與此相印證：「古人以琴能涵養情性，為
其有太和之氣也，故名其聲曰『希聲』。未按弦時，當先肅其氣，澄其
心，緩其度，遠其神，從萬籟俱寂中，泠然音生；疏如寥廓，窅若太
古，優游弦上，節其氣候，候至而下，以葉厥律者，此希聲之始作
也。……若不知『氣候』兩字，指一入弦，惟知忙忙連下，迫欲放慢，
則竟索然無味矣。深於氣候，則遲速俱得，不遲不速亦得，豈獨一遲
速盡其妙耶！」樂曲演奏中須對速度進行把握，「遲」是作一種舒緩的
處理。徐氏指出，古人認為琴有通於宇宙萬物渾融協和的「太和之
氣」，所以能生出「希聲」的大音，也因此才能夠涵養人的情性。隨後
所謂「當先肅其氣」之「氣」當是指演奏者的氣，「肅」是莊敬整肅的
意思，是心性情致向「太和之氣」靠攏的一種努力。操琴者若「深於
氣候」，即深諳音樂意象展開的遲速不同會造成不同藝術的效果。可見
不只是「神」、「氣」有虛實主從之別，「太和之氣」、樂人的心性之
「氣」和所謂「氣候」也是各有所指的。

古琴演奏以手指彈撥、柔按，很講究指法。《溪山琴況》多處論及
指上功夫，也經常涉及「氣」。比如論「采」說：「蓋指下之有神氣，

如古玩之有寶色。」指下生出的「神氣」恐怕是一種由指法造詣高深帶來的靈妙之氣。指法靈妙也是求「健」所必須的：「琴尚沖和大雅。操慢音者，得其似而未真。愚故提一『健』字，為導滯之砭。……要知健處，即指之靈處，而沖和之調，無疏慵之病矣。滯氣之在弦，不有不期去而自去者哉」。指法須練才得至於精熟，應以求「健」有意識地革除「慢音」和「滯氣」。

彈撥柔按的力度不同，於是又有輕重高下之別。徐氏論「重」說：「諸音之輕者，業屬於情；而諸音之重者，乃繇乎氣。情至而輕，氣至而重，性固然也。第指有重輕，則聲有高下。而幽微之後，理宜發揚。倘指勢太猛，則露殺伐之響；氣盈胸臆，則出剛暴之聲。惟練指養氣之士，則撫下當求重抵輕出之法，弦上自有高朗純粹之音，宣揚和暢，疏越神情，而後知用重之妙，非浮躁乖戾者之所比也。」他的「情輕氣重」之論表明，樂曲呈現的「氣」對觀照者有較大衝擊力度，相比之下「情」則較輕柔溫婉。「氣」與主體的個性相關，也是「指勢太猛」使然。他主張操琴者「練指養氣」克服「浮躁乖戾」，運用「重抵輕出之法」奏出「高朗純粹之音」，從而懂得「用重之妙」。

有實踐基礎的理論是相當貼切細緻的。比如他在討論「速」的時候，也分大小的不同，「大速貴急，務令急而不亂，依然安閒之氣象，而能瀉出崩崖飛瀑之聲」。所謂「安閒氣象」既是操琴者的態度，也是樂曲展開的從容不迫。

小　結

在古代藝術領域，音樂理論最先出現「氣」的概念。在《左傳》和《國語》中涉及音樂產生和作用的一些論述已經用到了「氣」。莊子

不僅曾說過「大塊噫氣，其名曰風」（之所以稱「噫氣」，當與風呼號有聲有關）；而且還有天籟、地籟、人籟之論。嵇康也說：「夫聲音，氣之激者也。」說明以「氣」論音樂大概與古人發現聲響的產生與傳播與空氣的振動相關。

音樂的意象訴諸聽覺，在時間的延續中展開；樂曲藉助器樂進行演奏，於是構成特殊的心物（此處的「物」不是描寫對象，而是琴、弦之類器樂媒介）關係和心手（或言「心指」，「指」代表演奏的指法技巧、功力）關係；古代樂論多以「和」為最高境界，要求體現與達致的不僅是天人、君臣、社群之間的和諧，也包括心物之間以及樂曲內在的和諧；「氣」概念或者作為通萬物為一的本根，或者作為聲音產生、感應的物體和傳播的媒介，是古代音樂理論組合中不可替代的環節。

音樂意像在傳達和效果上都有突出的模糊性，早在先秦時期，《樂記》〈樂象〉即有正氣、逆氣各有「成象」之說，乃至有觀樂可知國家盛衰興亡的記載；加之認為樂律與四時天候相對應……使音樂中的「氣」論帶有一些神祕色彩。儒家（也是官方）正統樂論從來就強調音樂化育人心的功能，要求雅樂承擔政治教化的任務，使古代音樂實踐和包括「氣」論在內的理論批評的發展受到極大的制約。

自阮籍、嵇康起發生轉折，士人以個人暢神娛情、陶溉身心為目的音樂實踐和理論有了較大的發展。私家音樂著述中的「氣」概念在保持其與傳統審美理想特殊連繫的同時，更多地出現在追求自然沖淡、靜穆超邁的志趣和境界的主張中，徐上瀛的《溪山琴況》是後期私家樂論的代表作，也能看出這樣的特點。

第六章

書法論中的「氣」

第一節　書法與「氣」的不解之緣

　　文字作為語言的記錄符號通常是不具備作為審美對象和藝術造型的條件的。文字的書寫一般也很難成為一種能夠與繪畫、音樂、雕塑之類造型藝術據有同等地位的藝術門類。世界上有些民族的文字書寫有時也講究藝術性，甚至也出現了專攻於此的一些藝匠；西方國家近現代也不乏在簽名時以特殊的「花體」和有某種創意的草書顯示個性者。然而，無論如何它們都無法與中國傳統文化和藝術中書法的崇高地位相比。

　　東漢趙壹在《非草書》中已經說出了「正氣可以銷邪」以及「凡人各殊氣血、異筋力，心有疏密，手有巧拙」的意見。可見幾乎從書法成為一門藝術之時起，人們就以「氣」論之了。誠然，趙壹所謂

「氣」只針對一般人而言，是與道義相協調的精神意志或者生理上的
「氣」。

南朝的書法理論有了長足進步，其中「氣」範疇及其概念系列的
運用開始涉及書藝的精神力度和創作風格等諸多方面，「風氣」、「意
氣」、「生氣」和「氣骨」等多種概念的出現已經相當頻繁了。比如，
王僧虔《書賦》論筆勢有「風搖挺氣」、「氣陵厲其若芒」之語；袁昂
《古今書評》稱「王右軍書如謝家子弟，縱復不端正者，亦爽爽有一種
風氣」；「殷鈞書如高麗使人，抗浪甚有意氣滋韻，終乏精味。」、「蔡
邕書氣骨洞達，爽爽有神」；「鍾繇書意氣密麗，若飛鴻戲海，舞鶴游
天」。梁武帝蕭衍《古今書人優劣評》中除有與袁昂雷同者外，亦云：
「郄愔書得意甚熟，而取妙特難，疏散風氣，一無雅素。」其《草書狀》
云：「……但體有疏密，意有倜儻。或有飛走流注之勢，驚疏峭絕之
氣，滔滔閒雅之慾，卓犖調宕之志。……」在《答陶弘景論書》中指
出運筆「穠纖有方，肥瘦相和，骨力相稱」，才「常有生氣」，廓定了
古代書法領域氣論的基本方式和走向。

自隋唐起，書法理論家從不同角度充分闡揚自己的美學追求，
「氣」範疇參與組合的理論批評經常是不可或缺的重要部分。

中國書法是書寫漢字的藝術，不用說是國粹，而且無可置疑地是
文人的專利。書法在古代藝術門類中占有特殊的地位，其重要性甚至
比繪畫、音樂有過之而無不及。它的獨特性是任何考察民族文化個性
的學者都不應忽略的。書法創造什麼樣的藝術形象呢？只是為了表現
漢字結構和筆墨造型的美嗎？為什麼古人常以「氣」的系列概念評論
書法呢？這是我們必須回答的問題。

一、符號造型的抽象性

書法書寫的對像是漢字和由漢字組合的詩文。書法作品中的文字

所組合的語義、所記錄的語音在藝術創造中的作用已經弱化，至多只是某種次要和輔助的因素，決定性的構成因素轉變為訴諸視覺的文字造型（包括字體形態、筆畫線條的走勢、墨色的濃淡枯潤以及佈局、章法、行氣等等）。書法的造型雖然可能接受萬物生命運動的豐富啟示，但並不把具體的客觀事物作為描摹對象，書法家只是服從漢字結構造型的規範，藉助筆墨的功能，以文字符號的書寫來展示自我（由書法功力集中體現的文化素養和藝術個性），抒發情懷志趣和對萬物生命運動的感悟，以及即時的心境和情緒的波動。大約在漢魏六朝時期成熟的書法藝術可以說是人類審美創造領域一次成功的嘗試，超前地將抽象符號本身作為情緒化、靈動化的造型，表現主體審美創造的個性和精神世界，很早就成長為一種影響廣泛的訴諸視覺的抽象藝術。

漢字儘管與「象形」有淵源，然而經過上千年的改造，至少在商周時代已基本是「不像形的象形字」了，是先民創造的一類相當抽象的線條符號。書法造型既無實物可供描繪參照，表現的又是渾成的個性和精神世界，用古代的虛實之理來說，書法藝術中與生俱來的「虛」所據有的主導地位十分凸顯，這正與「氣」範疇的特點相默契，其理論批評自然而然對於「氣」的概念系列特別青睞。

屬於象形文字系統的漢字筆畫變化複雜，而字形以方正為主，故稱方塊字。漢字有幾千年的演進歷程，受書寫工具不斷改進以及應用範圍和提高速度要求的影響，出現了篆、隸、草、行、楷等多種書體，提供了多樣的表現形式。

中國書法的工具（筆、墨、竹簡、帛、紙張等）無疑是很有民族特色的，至少在周秦時期人們就用上了毛筆。當初先民選用一束毫毛為筆頭顯然是以蓄積墨為目的，但毛筆的柔性筆觸和墨的濃淡枯潤使筆畫線條有了豐富的變化，於是成為一種可以構造意象、表達心聲的

藝術媒介。

二、折射主體精神的渾融性

印刷術雖是中國古代發明的，但書法作品是筆寫出來的。書寫者的個性、學養功力、範式不同，運筆作書的過程中有相對自由的對速度、節奏、用力的把握……書藝只存在基本的書寫規範，而不要求（甚至反對）整齊劃一。比如《蘭亭序》摹本有二十個「之」字，字字不同，各有靈秀，顯示出書寫者「從心所欲而不踰矩」的功底，更顯示出非凡的靈動性和創造性。

以筆墨線條組合而成的書法造型不是對客觀物態的描摹，它只服從和藉助於漢字的書寫規範。供書寫者臨摹的若干範式也都是個性化的，分別由一些各具特色的古代書法家所創造，尤其是行書和草書，有更大的靈動性和隨機性，更利於展示主體的個性以及命筆之際的情緒、心境和興會感悟。書法線條構結的造型的身分不再是語言的記錄符號，有時候所書寫文字組合的語義內容也無關緊要。書法意象具有渾融而變化豐富的純美，綜合地呈現出書者的氣質個性、藝術才能、功力學養、情懷意趣等方面的精神風貌，以及即時的興致、心緒；它游離於一切明確的道理、信條和具體的事物，是用筆墨線條進行模糊抽象的個性、情感和藝術趣味。

書法作品最終呈現的雖然是靜止的空間造型，但單字各有筆畫順序，詩文則有語序，書寫的筆勢走向包含著在時間上的展開過程。理論批評上對於書寫向來有一氣貫之的要求，古人以為事關氣脈通連和氣韻神采。書法和樂舞相似，有無聲的韻律和訴諸視覺的節奏，最後呈現的意象可視為是定格的舞姿。書法藝術所創造的意象完全是人為的，也即不描摹自然物。作為一種抒寫心靈和情性、表現主體素養和精神品格的抽象藝術，其理論批評倚重以虛為主，與精神相通的「氣」

範疇是順理成章的。

三、通同於「道」的哲理性

首先直接論到書法作品本身之「氣」的是傳為王羲之所記的《白雲先生書訣》：

> 天台紫真謂予曰：「子雖至矣，而未善也。書之氣，必達於道，同混元之理。七寶齊貴，萬古能名。陽氣明則華壁立，陰氣太則風神生。把筆抵鋒，筆乎本性。力員則潤，勢疾則澀；緊則勁，險則峻；內貴盈，外貴虛；起不孤，伏不寡；回仰非近，背接非遠；望之惟逸，發之惟靜。敬茲法也，書妙盡矣。」（見《書苑菁華》）

把書法中的「氣」與永恆的至高無上的「道」和「混元之理」連繫起來，表述了要求書法意象指向精神本體，向彼岸世界拓展藝術境界的主張。創作主體的「氣」與通於道的自然之氣相通相感，融匯成書法意象表達的審美內容，從而提升了這一抽象藝術門類的創造價值。

古代書法領域中不僅有「達於道」和「通於道」的論斷，而且在藝術追求中表現出強烈的生命意識；其造型論非常強調時空關係、體用的區別，不斷申述動靜相間、陰陽互補、虛實相生、自然生發、神主形從以及表裡內外、生熟巧拙、開合收放的辯證規律和與哲學通同的造藝原則。因而書法藝術被認為是哲學意味很濃的藝術門類。事實證明，貫穿整個中國哲學史的「氣」範疇在這一領域確實大有作為。這些在造型理論中還要介紹，此處從略。

綜上以觀，美學中的「氣」範疇和藝術中的書法都有鮮明的民族特色。書法藝術創造的「抽象」性和精神指向及其濃厚的哲學意味，決定了它在理論批評上與淵源於哲學、以虛為主的「氣」範疇結下了

不解之緣。由於「氣」範疇具有特殊的渾融氣質，以及創作主體之「氣」與作品、藝術造型顯現的「氣」有一致性，以下雖然依其指域之側重分成主體論、造型論、章法論和筆墨論四類分別討論「氣」的概念系列，其實它們的意義大都有所兼及，很難截然劃類的。

第二節　主體之「氣」論對功利塵俗有所超越

書法與音樂一樣，都不是對自然物態進行再現和模擬的藝術。書法作品甚至在無確指的內容這一點上與無標題的樂曲類似，可以看作是抽象的藝術。抽象藝術作品嶄露的是創作者對事物本質和生命運動的理解及其靈慧、個性和情感的特徵，其主體性特別鮮明。清代劉熙載的《藝概》〈書概〉說：「故書也者，心學也。」、「寫字者，寫志也。」因此，書法論中屬於主體方面的帶「氣」的概念出現頻繁，而且組合形式多樣。

一、從「散懷任情」說起

蔡邕《筆論》說：「書者，散也。欲書先散懷抱，任情恣性，然後書之。」既以「散懷任情」為目的，主體的精神意趣自然是表現的中心。「氣」範疇及其概念系列在書法主體論中的運用與其他藝術有許多相通和相近之處是毋須贅言的。我們關注的焦點自然是在書法主體論中「氣」的特殊性上。

古人早就指出「書為心畫」、「字如其人」。表明書法風格是作書者心聲的抒寫，人格的外化。在文學、繪畫等藝術門類的主體論中，「氣」範疇及其概念系列已經被廣泛運用了，主體性更為鮮明的書法藝術自然也不例外。清代周星蓮《臨池管見》的一段話很有代表性：

　　古人謂喜氣畫蘭，怒氣畫竹，各有所宜。余謂筆墨之間，本足覘人氣象，書法亦然。王右軍、虞世南字體馨逸，舉止安和，藹藹然得春夏之氣，即所謂喜氣也。徐季海善用渴筆，世狀其貌，如怒猊抉石、渴驥奔泉，即所謂怒氣也。褚登善、顏常山、柳諫議文章妙古今，忠義貫日月，其書嚴正之氣溢於諸墨。歐陽父子險勁秀拔、鷹隼摩空，英俊之氣咄咄逼人。李太白書新鮮秀活，呼吸清淑，擺脫塵凡，飄飄乎有仙氣。坡老筆挾風濤，天真爛漫；米痴龍跳天門，虎臥鳳闕；二公橫絕一時，是一種豪傑之氣。黃山谷清癯雅脫，古澹絕倫，超卓之中，寄託深遠，是名貴氣象。凡此皆字如其人，自然流露者。惟右軍書，醇粹之中，清雄之氣，俯視一切，所以為千古字學之聖。魯公渾厚天成，精深博大，所以為有唐一代之冠。

　　以「氣」縱論歷代名家之個性，可謂精要之至。

　　早在唐代，見解精深、著述甚豐的書法理論家批評張懷瓘即善以「氣」討論書家個性。比如他在《書斷》說王獻之「惟行草之間，逸氣過（其父）也」。在《書估》中又說：「如小王書，所貴合作者，若稿行之間有興合者，則逸氣蓋世，千古獨立。」觀賞王獻之的《鴨頭丸帖》可知，此帖只有兩行十五字：「鴨頭丸故不佳明當必／集當與君相見」，字與字間筆畫雖有連有斷，但全帖氣脈貫通。當代書論家的評說相當確切：以牽絲聯貫的字，第一行有「不佳」、「明當必」，第二行「集當」、「君相見」；其不連者或以勾挑呼應，如「鴨頭」、「故不」、「當與」等。

　　張氏敬慕嵇康為人，於是他在《書議》〈草書〉中有這樣的記錄：「常（嘗）有其（嵇康）草寫《絕交書》一紙，非常寶惜。有人與吾兩紙王右軍書，不易。近與李造處見全本，了然知公平生志氣，若與面

焉。」

　　古人都以為書法是作書者精神面貌和個性的展示。大詩人李白《答王十二寒夜獨酌有感》詩云:「君不見李北海,英風豪氣今安在?」李邕(北海)是唐代個性崢嶸的著名書法家,董其昌說:「右軍如龍,北海如象。」(《跋李北海縉云三帖》)李邕的作品筆勢雄強、氣宇軒昂,與其拓落不羈的性格相彷彿。其《云麾將軍李思訓碑》有氣脈貫注、筆斷意連,結字奇宕流動,行氣自然之評。李邕有重個性、重獨創的自覺,「似我者俗,像我者死」是其名言。

　　有唐一代,草書以張旭成就最高,他可謂書界奇人。《新唐書》〈文藝傳〉說:

　　文宗時,詔以李白歌詩、裴旻劍舞、張旭草書為三絕。……嗜酒,每大醉呼叫狂走,乃下筆;或以頭濡墨而書。既醒自以為神,不可復得。旭自言:「始見公主與擔夫爭道,又聞鼓吹而得筆法意,觀倡公孫舞劍器得其神。」後人論書,歐、虞、褚、陸,皆有異論,至旭無非短者。傳其法惟崔邈、顏真卿。

　　其實不止張旭有「大醉呼叫狂走」以後下筆作書之奇行,任華《懷素上人草書歌》云:「十杯五杯不解意,百杯以後始顛狂。一顛一狂多意氣,大叫數聲起攘臂。」大醉呼叫的癲狂是任性任情之極致,個性坦露張揚之極致,草書運筆恣肆迅疾,正宜於揮灑超邁不羈乃至狂放的豪情意氣。給予張旭啟發的似乎是與書法無關的現象(「公主與擔夫爭道」、「鼓吹」、「公孫舞劍器」),「鼓吹」甚至屬於音響的意象,看來能夠給書法家以啟示的不限於被視為楷範的名家遺墨,也不只是外部世界的視覺形象,他們的創作靈感得之於最普泛的生命現象,有運

動，有傳神達意的通感。於是也就透露出書法藝術的底蘊：書法家付諸筆墨線條去表現的，主要是他們自己的個性和對宇宙萬物的生命精神的獨特理解。

古人認為，作書者心須有對萬物生命運動的妙悟和得心應手的功力。虞世南在《筆髓論》〈釋真〉中讚賞過「氣如奔馬，亦如朵鉤」的筆勢，仍然以為「輕重出乎心，而妙用應於手」。無論是心靈的妙悟，還是手上的聰慧和功力，決定一切的仍然是主體方面的因素。

元陳繹曾《翰林要訣》〈第十一變法〉論到書法「情」、「氣」之變時極為具體，對氣多有所及：

情之喜怒哀樂各有分數：喜即氣和而字舒；怒則氣粗而字險；哀即氣鬱而字斂；樂則氣平而字麗。情有重輕，則字之斂、舒、險、麗亦有淺、深，變化無窮。

氣之清和、肅壯、奇麗、古澹互有出入者，是窗明几淨，氣自然清；筆墨不滯，氣自然和；山水仙隱，氣自然肅；珍怪豪傑，氣自然奇；佳麗園地，氣自然麗；造化上古，氣自然古；幽貞閒適，氣自然澹。八種交相為用，變化又無窮矣。

對「情」的詮釋說明書法藝術表現情緒化的特點，後面直接說「氣」，是以「氣」的通同一切特點去闡釋心物交融自然協和的所以然。

二、推崇雅逸醞藉和雄強奇崛的「士氣」

（一）、尚「士氣」、重「氣格」

由於創作主體是掌握知識的文化人，書法是雅事，自然有尚雅逸

醞藉的取向。雄強是生命力和意志旺盛的表現，合乎傳統的審美追求；奇崛則是孤傲不凡的品格，在不合濁流與權勢和世俗抗爭的時候尤其受到士林推重。

《藝概》〈書概〉對主體之「氣」區分十分細緻：「凡論書氣，以士氣為上。若婦氣、兵氣、村氣、市氣、匠氣、腐氣、傖氣、俳氣、江湖氣、門客氣、酒肉氣、蔬筍氣，皆士之棄也。」、「士氣」就是文士之氣，要求作書者有必要的傳統文化和道德修養，有儒雅的氣質、風采、趣味，甚至不同凡響的見識、器度。足見所謂「書氣」實指與作書者氣質、習染、情趣相關的精神風貌及相應的作品氣味。所謂「書要兼備陰陽二氣：大凡沉著屈郁，陰也；奇拔豪達，陽也」也透露出因內符外的特點。他品評疑為貞白先生（梁陶弘景）所書的《瘞鶴銘》云：「氣體宏逸，令人味之不盡。」雖就作品的氣貌格局而言，體現的仍然是主體的精神氣度。

「書格」一如人格，故很多論者講究書法的「氣格」。「氣格」從意氣、個性和品格著眼，雖然既可指藝匠，也可指作品，畢竟創作主體的因素是其依據和核心。

與張懷瓘同時代的竇臮、竇蒙在《述書賦》中也說：「（叔夜）精光照人，氣格凌雲」，「道群（江灌）閒慢，氣格自充」；「翩翩正祖（駱簡），……安知逸氣未詳」。而蘇軾《評書》則曰：「國初李建中號為能書，然格韻卑濁，猶有唐末以來衰陋之氣。」可見書之「格」在無形中亦受時代精神風尚的熏染。《宣和書譜》中有云：「杜牧作行草，氣格雄健，與其文章相表裡。」看來為一個藝術家所獨具的創作個性在從事不同藝術門類的活動時都會有所表現。明人謝肇淛《五雜俎》批評詹孟舉等人的書法「遞相模仿，而氣格低下」。言「格」則必然求高，貶斥模仿則以個性鮮明卓犖者為上！謝氏在《評書》中再次強調：「國初

能手，多沾俗筆⋯⋯遞相模仿，而氣格愈下。自祝希哲、王履吉二君出，始存晉唐法度。」

　　書法之「氣格」以飄逸雄健者為上。值得注意的是，雖有高尚、卑下的差別，主要方面卻不是針對道德情操說的，而是指藝術的品位和風格──與主體精神底蘊相關的格調、氣概、表現力度和藝術的創造性。

　　讚賞「士氣」和縱逸的「氣格」說明書法是文人雅士的專利。

　　（二）、脫塵去俗

　　與其詩歌創作的主張一致，黃庭堅認為書者應以去俗為務，論古人書時云：「⋯⋯由晉以來，難得脫然，都無風塵氣，似二王者，惟顏魯公、楊少師彷彿大令爾。」（按，晉之時代風貌是高層次藝術的沃土！）論近世書則曰：「徐鼎臣筆實而字畫勁，亦似其文章。至於篆，則氣質高古，與陽冰並驅爭先也。」又論書曰：「王氏書法以為『如錐畫沙，如泥印泥』。蓋有鋒藏筆中，意在筆前耳。承學之人更用《蘭亭》、『永』字以開字中眼目，能使學家多拘忌，成一種俗氣。要之，右軍二言群言之長也。」在一些題跋中一再倡導摒除俗氣：

　　古人學書不盡臨摹，張古人書於壁間，觀之入神，則下筆隨人意，學字既成，且養心中無俗氣，然後可以作示人為楷式。（《跋與張載熙書卷尾》）

　　錢穆父、蘇子瞻皆病予草書多俗筆，蓋予少時學周膳部書，初不自窾，以故，久不能作草。數年來猶覺湔袚塵埃氣未盡，故不欲為人書。（《跋與徐德修草書後》）

他曾這樣追述自己書藝提高的過程：「予學草書三十餘年。初以周越為師，故二十年抖擻俗氣不脫。晚得蘇才翁子美書觀之，乃得古人筆意。其後得張長史、僧懷素高閒墨跡，乃窺筆法之妙。」《藝概》〈書概〉引其語曰：「蓋俗氣未盡者，皆不足言韻也。」強調提升主體素質是提升藝術創造層次的基石。

書法意象具有內涵豐富的純美，綜合地呈現出創作主體的精神風貌，它游離於一切可以確切規定的道理、信念和具體的事物，是用變化層出的筆墨線條進行模糊抽象的個性、情感和藝術趣味。

即使從王右軍的字看到了瀟灑俊逸，從張旭的字看到了豪邁恣肆，從顏魯公的字看到了浩然正氣，從蘇東坡的字看到了曠達自然，從黃山谷的實踐和批評中看到了超越平庸和塵俗的執著追求……感受到的都只是一種朦朧的渾淪的品格和個性。這種感受不一定與文字語義的內容相關，也很難用其他話語確指，其藝術品位和價值游離於道義，超越於是非判斷和功利。

（三）、尚孤高奇崛

在封建時代，傳統教育為士人規定了修齊治平的人生道路。然而，即使有濟世報國的才能和熱忱，他們也未必有施展抱負的時勢和機遇。命運多舛、懷才不遇（乃至不被時人理解、不見容於世俗）的遠比青雲得志者多。長期君主專制必然導致政治腐敗，尤其過了漢唐的盛期以後，士人的離心傾向和批判意識不斷強化。凡此種種，都促使士人形成一類異中有同的孤高奇崛品格。

在繪畫史上，明末清初道濟、八大山人、龔賢等人的作品中不難看出其遺民情結。對於書法而言則無論王侯將相、達官顯貴，抑或逐臣遺民、窮儒寒士，無論壯懷激烈還是淡泊肅穆，都可筆走龍蛇，即使是縱情揮灑，亦能斂性於紙筆。縱然滿腹牢騷、憤世嫉俗，書法創

作無須以詩文題詠時事、借古諷今，也無須忘情紙上山水，更無須逃於禪，遁於草野，露於形跡。

鄭燮是「揚州八怪」的代表人物。張維屏在《松軒隨筆》中評述道：「板橋有三絕：曰畫，曰詩，曰書。三絕中有三真：曰真氣，曰真意，曰真趣。」鄭板橋在一幅繪畫作品上題云：「鄭所南、陳古白兩先生善畫蘭竹，燮未嘗學之。徐文長、高且園兩先生不畫蘭竹，而燮時時學之弗輟。蓋師其意不在跡象間也。文長、且園才橫而筆豪，而燮亦有倔強不馴之氣，所以不謀而合。彼陳、鄭二公，仙肌仙骨，藐姑冰雪，燮何是以學之哉！」鄭所南、陳古白忘懷世事，不食人間煙火，與徐渭的水墨花鳥畫、高其佩的人物畫和鄭板橋書畫中不苟於世俗的倔強和抗爭精神自然不同。雖然此處板橋說的是蘭竹繪畫，其實也與書法的精神相通，都是意在展示個性而不以再現客觀物態為目的。他很珍視自己這種「倔強不馴之氣」，「燮亦有」此，說來不無自得，應當說這就是他力求在繪畫和書法作品中表現出來的「真氣」。

（四）、時代和地域因素

時代精神和風尚的變化、審美趣味的轉移以及社會制度對文人的功利導向都能夠形成或改變人們的書法風格，所以主體之「氣」的時代特徵和地域特徵有時也甚為突出。

南宋姜夔《續書譜》論「真書」時說：「今觀二家（鐘、王）之書，皆瀟灑縱橫，何拘平正。良由唐人以書判取士，而士大夫字書類有科舉習氣。……故唐人下筆，應規入矩，無復魏晉飄逸之氣。……晉人挑剔或帶斜拂，或橫引向外，至顏、柳始正鋒為之，正鋒則無飄逸之氣。」明人莫云卿《評書》也說：「唐之中葉，以書判取士。一時學士大夫競趨端楷，類有科舉氣。……虞（世南）書氣秀色潤，意和筆調，外柔內剛，修媚自喜。」而「王貢士盤旋虞監，而結體甚疏，雖爛然天

真，而精氣不足」。宋趙孟堅《論書》則指出地域的因素：「晉宋而下，分而南北……北方多樸，有隸體，無晉逸雅，謂之氈裘氣。」《藝概》〈書概〉說：「秦碑力勁，漢碑氣厚，一代之書，無有不肖乎一代之人與文者。」可知氣厚是漢代士人文章和書藝的時代特徵。梁巘說：「唐人勁健，書如烈士拔劍，雄視一世。及觀時人作軟弱圓熟態，直是少婦豔裝，嫵媚有餘，氣概不足。」（《名人法書論》）書法的時代精神不是一家或者幾幅作品中偶見的東西，而是那個時代書作中體現的國勢盛衰和民族精神的共性。而一個時代的成就和影響如何，又取決於這個時代的革新創造。秦漢是漢字改革大成功和定型的時代，歷時四百多年的漢代書家輩出，多有創格，所以康有為說：「吾謂書莫盛於漢，非獨其氣體之高，亦其變制最多，皋牢百代：杜度作草，蔡邕作飛白，劉德升作行書，皆漢人也。」（《廣藝舟雙楫》）

三、強固根柢、提升品格的「養氣」

《書概》說：「筆性墨情，皆以人之性情為本。是則理性情者，書之首務也。」所謂「理性情」指修身養性、調整心理狀態而言，在古代又都可以歸於養氣的範圍。書道以為，養氣既是提高書藝所必須，反過來，書法的練習和創作也是一種養氣（修身養性和在創作時調整精神狀態）的重要手段。

（一）、關於「氣息」的傳承

講究功力，推崇高古就是推崇民族文化原生的厚重底氣。功力中能見出書者對傳統的理解，是其學養和意志品質的顯現，取法和師承的不同也能見出藝術趣味的取捨……「若逸氣縱橫，由羲謝於獻；若簪裾禮樂，則獻不繼羲。」（張懷瓘《書斷》）表明王羲之風範體式的雅懿和王獻之率意揮灑的恣肆各有勝境，所謂「簪裾禮樂」遵循傳統規範，溫雅有度，儀態端方。藝術創造會折射出時代精神，一個時代

的人氣世風對於書法的格調和藝術感染力有明顯的影響。葉昌熾曾說：「唐碑至會昌（武宗年號）以後，風格漸卑，氣韻漸薄。」（《語石唐十四則之十四》）如果氣與體對舉，則氣主內而體主外。南唐李後主《評書》曰：「善法書者各得右軍一體，……李邕得其氣而失於體。」是謂李邕書做到了與王羲之書神氣相近，但體勢上差距甚遠。

康有為在《廣藝舟雙楫》中強調「夫藝業惟氣息最難」。認為鄧石如書法「臨南北碑最多，故氣息規模，自然高古」。直接用「氣息」，既從呼吸的方面包含了生命的內蘊，又兼容了胎息於母體、接受傳承孳育的意義。談到自己學習書法的經驗和體會時，他說：「熟極於漢隸及晉、魏之碑者，體裁胎息必古」、「用墨浸淫於南北朝而知氣韻胎格」。他常以「氣」、「體氣」、「氣韻」讚揚古代名蹟，比如稱許《云峰山石刻》「體高氣逸，密緻而理通。如仙人嘯樹，海客泛槎，令人想像無盡」；說「齊碑中《靈塔銘》《百人造像》皆於瘦硬中有清腴氣」……

因為重傳承，所以講究創作的所宗所源，保持古代書法藝術的原創風格和精神內蘊，乃至弘揚先賢豪俠的英武氣概。除康有為的「胎息」之說以外，古人這方面的書論俯拾皆是。

宋蔡襄說：「近世篆書，好為奇特，都無古意，唐李監通於斯，氣力渾厚，可謂篆中之雄也。」重視「古意」就是要求在篆書中傳承周秦時代應用的這種古樸渾厚字體的原創力。與他同時代的鄧肅曾說：「觀蔡襄之書，如讀歐陽修之文，端嚴而不刻，溫厚而不犯，太平之氣，郁然見於豪楮間。」（見《栟櫚集》卷二十〈跋蔡忠惠書〉）蔡襄的作品家法嚴謹、儒雅端莊，是其個性溫潤平和和文化底蘊深厚的嶄露。

（二）、關於碑帖臨摹

掌握書寫方法要有功力，要「心手兩暢」（孫過庭語）達到「從心

所欲而不踰矩」的境界更非易事，因此臨摹古代碑帖是書法入門的必由之路；造詣高深的大家也以臨帖讀帖為日常功課，碰到名家法帖更會玩味再三反覆揣摩。不僅如此，若從讀書和閱歷見識上強化自己學識修養和思想情趣，也就有了為人稱賞的書卷氣。所以書法藝術特別重視也最能反映書家的文化底蘊。書法藝術所展示的美不僅與先天才分相關，還與後天的努力和師承相關，其內蘊和層次是相當豐富的。

臨摹前人法帖是一種繼承。但臨摹不是一般的摹仿，其目的也遠遠超過對筆法的學習借鑑。蘇東坡《西樓帖》中收存著他臨王羲之草書，蘇氏自題跋其上云：「點畫未必相似，然頗有逸力風氣。」顯然，蘇軾臨前人名帖是不取形似的，非但不以此為憾，反有自得之色。於是朱熹說：「東坡筆力雄健，不能居於人後，故其臨帖，物色牡牝，不復可以形較量，而其英氣逸韻，高視古人，未知孰為先後也。」（《朱文公集》）書法作品是承傳文化信息的載體，古人重視傳承和學養功力，臨帖和讀帖是基本功和提高書藝術不可或缺的。然而，蘇軾和朱熹所言表明，書法的藝術造型不僅不模擬客觀世界的物象，甚至也不對前代大師典範作品亦步亦趨，崇尚的是造藝者對事物本質的獨特理解和藝術精神的發揚。為明此理，朱熹用了《列子》中懷相馬絕技的九方皋能識千里馬而不辨其牡牝黑黃的寓言。蘇軾之子蘇過說：「吾先君子豈以書自名哉？特以其至大至剛之氣發於胸中，而應之以手，故不見其有刻畫妖媚之態，而端乎章甫，若有不可犯之色。」（見葛立方《韻語陽秋》）也如同元代倪瓚所說：「公之書縱橫斜直，雖率意而成，無不如意。……蓋其才德文溢而為之。故縕郁勃之氣映日奕奕耳。」（《清閣全集》卷八）清人梁同書指出：「若一味臨摹，如俗工寫真，耳目口鼻尺寸不失，生氣盡，而神氣去矣。」《頻羅庵論書》〈與溫一齋論書〉。

（三）、書卷氣和「老氣」、「火氣」

提高書藝不僅要求有筆墨駕馭上的投入，也是功夫在其外的。黃庭堅評價他的老師說：「余謂東坡書，學問文章之氣，鬱鬱芊芊發於筆墨之間，此所以他人終莫能及耳。」（《跋東坡書遠景樓賦後》）元代袁裒曾引述曰：「黃太史有言：下筆須使有數萬卷書，氣象始無俗態。不然，一楷書吏耳，初何足云」（《評書》）；趙孟《論宋十一家書》亦有「歐陽公書，居然見文章之氣。……蘇子美書如古之任俠，氣直無前」。清人蔣衡在《拙存堂題跋》〈爭座位〉中說：「顏魯公忠義大節，唐代冠冕，故書如端人正士。此《論坐書》嚴毅之氣凜然在行墨間。當是時豈復存作書之見於胸中？而規矩悉合，蓋學習精熟故也。余論書以立品，讀書為始，本此。」李瑞清《玉梅花盦》〈書斷〉指出：「學書尤貴多讀書，讀書多則下筆自雅。故自古來學問家不善書而其書有書卷氣。故書以氣味為第一，不然但成手技，不足貴矣。」讀書是學養的蓄積，更是對精神遺產的繼承，關係視野的拓展和品格的提升。書卷氣能夠大幅度提升作品檔次，是高品位主體素養的自然流露，所以從來就備受推崇。

姜夔《續書譜》有「書以疏欲風神，密欲老氣」的提法。老氣指規範嚴謹「從心所欲不踰矩」的意態。清吳德旋說：「書家貴下筆老重，所以救輕靡之病也。」（《初月樓論書隨筆》）。老氣不是精神老化活力衰竭的表現，而是成熟的渾融蒼茫，故書之境以老為上。梁巘說：「古人書，大抵晚歲歸於平淡，而含渾收斂，多若不經意不用力者，不復少年習氣矣。」（《承晉齋積聞錄》〈名我法書論〉）孫過庭《書譜》曾說：「右軍末年多妙，當緣思慮通審，志氣和平，不激不厲，而風規自遠」，讚賞晚年王羲之的書藝臻於爐火純青之至境，全無火氣。通常說作品有火氣是批評過分張揚而有失閑雅蘊藉，但何紹基從另一角度

立論：「世人作書，動輒云去火氣。吾謂其本無火氣，何必言去？能習此種帖，得握拳透掌之勢，庶乎有真火氣出。久之如烘爐冶物，氣焰照空，乃云去乎？……夫書道貴有氣有血，否則氣餘於血，尚不至不成丈夫耳。」（《洲草堂文集》）何氏的火氣指呈露於書法創作中的旺盛的主體精神意志，是從對名帖的學習、揣摩、提煉中得來的，合乎表現主體個性、表現雄強精神活力的書法理念。

第三節　「氣」在造型論中

書法藝術的主體性雖強，而且作品的「氣」與主體之「氣」有一致性，但書法家畢竟是通過藝術造型來抒寫情懷的，要求由書寫形式本身（而不是有參照物的描繪對象）直接地展示出美感、力度、情感、意志和趣味等精神性內蘊，所以書法理論中討論得更多的是作品中的「氣」。

一、文字意象的「神氣」

（一）、「神」與「氣」的對舉和組結

張懷瓘在《書議》中定出品評書法的標準：「風神骨氣者居上，妍美功用者居下。」雖然「神」與「氣」在四個方面各居其一，有不同的要求，但兩者仍有內在連繫。這個標準的提出對後世很有影響。蘇軾就說：「書必有神、氣、骨、肉、血五者，缺一不為成書也。」（見《東坡題跋》）以榜書擅名一時的米芾曾作過這樣的經驗談：「世人多寫大字時用力捉筆，字愈無筋骨神氣。……要須如小字鋒勢備全，都無刻意做作乃佳。」清代的朱和羹《臨池心解》也以為：「作字以精、氣、神為主。落筆處要有力量，橫勒處要波折，轉捩處要圓勁，直下處要提頓，挑趯處要挺拔，承接處要沉著，映帶處要含蓄，結局處要回

顧。操之縱之，六轡在手，解衣磅礴，色舞眉飛。」王澍在《論書剩語》亦云：「作字如人然，筋、骨、血、肉、精、神、氣、脈八者備而後可以為人。」當然，也不乏「神氣」作為一個概念參與構結的話語。

「神氣」有主體之神氣，筆勢的神氣，亦有文字造型和作品整體意象之神氣，三者有內在連繫和顯現的一致性。就造藝而言，主體的「神氣」必定是由藝術形象表現出來的。

歐陽詢在《八法》中提出「氣宇融和，精神灑落」的要求。後來《永字八法詳說》〈努勢第三〉明言：「直則眾勢失力，滯則神氣怯散」，「心正氣和，則契於玄妙」，「神氣沖和為妙」，都清楚表明，這是創作成敗的關鍵，「心合於氣，氣合於心」的主體心境和精神狀態是高層次書藝創造的決定性因素，對於技法、功力起主導作用。故云「令比重明輕：用指腕不如用鋒芒，用鋒芒不如沖和之氣」。若「沖和之氣」具備，「自然手腕輕虛，則鋒含沉靜」。「神」為心之用和「心必靜而已」透露出「虛靜」說以靜馭動的底蘊。

在自然界中沒有直接描摹對象的書法抒寫的是作書者一己的心靈——精神品位、意趣情懷、氣質個性和學識素養……因此一些論者以「神氣」論書法突出的是主體精神志趣的主導作用。唐太宗酷愛書法，尤其膜拜二王，如果說其《王羲之傳論》的「子云近世擅名江表，然僅得成書，無丈夫之氣」還只是批評「行行若縈春蚓，字字如綰秋蛇」的柔靡，其「心神志氣」之論則對創作主體與書法造型的關係有了更細緻的探討：

夫欲書之時，當收視反聽，絕慮凝神，心正氣和，則契於玄妙。心神不正，字則欹斜；志氣不和，書必顛覆。（《筆法訣》）

夫字以神為精魄，神若不和，則字無態度也；以心為筋骨，心若不堅，則字無勁健也；以副毛為皮膚，副若不員，則字無溫潤也；所資心副相參用。神氣沖和為妙，令比重明輕：用指腕不如用鋒芒，用鋒芒不如沖和之氣。自然手腕輕虛，則鋒含沉靜。夫心合於氣，氣合於心。神，心之用也；心必靜而已矣。（《唐太宗指意》）

「這神為精魄」雖是針對書法意象而言，但與指書寫者的思維和心境相關。「心正氣和，則契於玄妙」，「神氣沖和為妙」清楚表明，書者的思想境界和揮毫之際的精神狀態是創作成敗的關鍵，「心合於氣，氣合於心」的主體心境是能夠成功地進行高層次書藝創造的決定性因素，對於技法、功力起主導作用。故云「令比重明輕：用指腕不如用鋒芒，用鋒芒不如沖和之氣」。若「沖和之氣」具備「自然手腕輕虛，則鋒含沉靜」。「神」為心之用和「心必靜而已」透露出「虛靜」說的的底蘊。張懷瓘《文字論》亦云：「不由靈台，必乏神氣。」可謂簡要地概括了思維、情感的運作與書法藝術創造的關係：書家能夠抒寫出心宰的靈妙，作品意象才有相應的神氣。

孫過庭《書譜》論書「有乖有合」云：「合則流媚，乖則凋疏。略言其由：神怡務閒，一合也；感惠徇知，二合也；時和氣潤，三合也；紙墨相發，四合也；偶然欲書，五合也。心遽體留，一乖也；意違勢屈，二乖也；風燥日炎，三乖也；紙筆不稱，四乖也；情怠手闌，五乖也。」以為只有「五合交臻，神融筆暢」才能創作出好的作品，這裡的氣就是指氣候而言，後來劉熙載《藝概》〈書概〉也說過「右軍書『不言而四時之氣亦備』」，謂王羲之書法儀態萬方，通於自然變化的四時氣候。透露出書法藝術匯天地之靈秀，通萬物之變化的玄機。

張懷瓘《三品書斷》云：「右軍開鑿通津，神模天巧，故能增損古

法，裁成今體。進退憲章，耀文合質，推方履度，動必中庸，英氣絕倫，妙節孤峙。」儘管如此，卻對其草書評價不高。他在《書議》〈草書〉中只列王羲之為第八，解釋說：「逸少則格律非高，功夫又少，雖員豐妍美，乃乏神氣。無戈戟铦銳可畏，無物象生動可奇，是以劣於諸子。」其後又說：「逸少有女郎材，無丈夫氣，不足貴也。」看來「神氣」是主體精神意氣強雄豪的顯現，對造型的體勢、力度和作書者剛性氣質有相應的要求，而王羲之的飄逸俊秀最宜於行書的藝術創造。唐竇臮在《述書賦》中也透露出「神氣」對剛性美的側重，他說：「（王）僧虔則密緻豐富，得能失剛，鼓怒駿爽，阻員任強，然而神高氣全，耿介鋒芒。」唐人以「神氣」論書法者還有：「苟可以寓其巧智，使機應於心，不挫於氣，則神完而守固。」（韓愈《送高閒上人序》）「有攻無性，神彩不生；有性無攻，神彩不變。兼此二事，然後得齊古人之景氣。」（《唐人敘筆法》引《禁經》）

（二）、宋人的闡揚

宋代書論從許多側面對「神氣」有所發揮，比如：

熟則神氣完實而有餘，於靜坐之中自是一樂事。（歐陽修《試筆》〈作字要熟〉）

書必有神氣骨肉血，五者闕一不為成書也。（蘇軾《東坡集》）

學書之要，惟取神氣為佳，若模象體勢，雖形似而無精神，乃不知書者所為耳。（蔡襄《評書》）

柳公權如深山道士，修養已成，神氣清健，無一點塵俗。……錢

易如美丈夫，肌體充悅，神氣清秀。（米芾《續書評》）

世人多寫大字時用力捉筆，字愈無筋骨神氣。……要須如小字鋒勢備全，都無刻意做作，乃佳。（米芾《論書》）

李西台出群拔萃，肥而不剩肉，如世間美女，豐肌而神氣清秀者也。（黃庭堅《論近世書》）

大抵下筆之際，盡仿古人，則少神氣；專務遒勁，則俗病不除。

遲以取妍，速以取勁。先必能速，然後為遲。若不能速而專事遲，則無神氣。若專務速，又多失勢。（以上見姜夔《續書譜》的〈總論〉和〈遲速〉）

有從超然形質體勢的精神上強調「神氣」的，如蔡襄；有從書法造型的姿質清秀與否論「神氣」的，如米、黃二人；也有從佈局、運筆的速率和力度的具體操作提出要求的如米芾和姜夔；但都要求表現超乎形質之上的精神內涵和卓異個性，所以不能一味模仿（即使是仿古人名家），宜揮灑而不宜拘緊。

為何書法重「神氣」？這個問題是很有啟發性的。

方塊字本來是一種人為的無生命的線條符號，它的職能原是表意、表音，構結成詞語才能傳達出相對完整的意蘊。然而在書法藝術中文字語義的地位已經降低甚至接近消亡，文字本身靈動（包含間架的安排、筆勢的走向和力度、墨的濃淡枯潤等因素）的造型在客觀世界沒有模擬對象和參照物，是完全主觀的創造。書法抒寫的是一種模

糊的情緒意趣，展示的是古代文士的精神視野，體現的是作書者的品格、審美追求和學養、功力。何況國人普遍有一種意識：萬事萬物之中都存在著生命的內蘊。於是，賦予書法造型以生命活力和有個性的靈慧就必然成為這一門類藝術追求的目標和判別其價值高低的準繩。書法意象與創作主體的精神境界和情趣有最直接的連繫。文人學士在審美創造方面總是以超然像外為上的，又特別關注書法意象的精神性因素。可否反過來如是說，書法這樣一種民族特色格外鮮明的藝術門類，要是不重神氣才是咄咄怪事？

二、「意氣有餘」說和其他有關造型的「氣」論

書法常常比其他藝術反映出更多的哲學思考，指導造藝的法則也常常與古人發現的哲理有直接連繫，因此是一種有濃厚哲學意味的藝術。不僅與「道」相通，追求「中和」之美，還特別講求內外、陰陽、虛實之理，還涉及時間與空間、偶然與必然的關係，等等。

（一）、「意氣有餘」的虛實之理

顏真卿《述張長史筆法十二意》記錄了唐代兩位大師的對話，顏真卿求教於前輩張旭，張旭也可謂傳之其人，講授心得，啟迪有方。有云：「……又曰：『損謂有餘，子知之乎？』曰：『嘗蒙所授。豈不謂趣長筆短，嘗使意氣有餘，畫若不足之謂乎？』長史曰：『然。』」紙上的「畫」（即筆墨線條）是凝固的，但它們傳達的「意氣」應當突破「畫」的凝固，以更豐富、更寬泛、更深入的指向，投射意趣於觀照者。作書者對筆畫的「損」是為了「有餘」，「筆短」實欲得「趣長」；「畫若不足」只是手段，「意氣有餘」才是目的。以虛實之理說，「筆」與「畫」是實，而「趣」與「意氣」是虛，實必須表現和營構出虛的境界，實現對於筆畫的超越。

（二）、「陰陽剛柔」、「中和」以及「神形」之「氣」

　　《書概》說：「書要兼備陰陽二氣。大凡沉著屈郁，陰也；奇拔豪達，陽也。」又指出，「高韻深情，堅質浩氣，缺一不可為書」。表明了書法領域「中和」之美的追求。雖標舉生氣勃郁，但一味壯盛張揚並不可取；受處弱守雌、以靜馭動思維模式的影響，傳統審美情趣中並不乏對陰柔靜穆、深邃含蓄之美的讚賞，尤其在文士中，尤其在漢唐盛世以後。一味張揚而浮躁的火氣是受貶斥的（何紹基所肯定的「火氣」與此不同另當別論），豐富多樣乃至相反相成的因素複合的審美對象才有可能具有層次更高、更為理想的美學內涵。「兼備陰陽二氣」的筆法筆意才能適應高品位書藝造型的需要。劉熙載又說：「書要力實而氣空。然求空必於其實，未有不透紙而能離紙者也。」這「氣空」有「力實」為後盾、作基礎，雖是從實向虛的提升，這虛卻是由實所生之虛。

　　其實「氣」論中早已運用對立統一的辯證觀點闡述藝術造型的美學特徵了，張懷瓘說：「夫物負陰而抱陽，書亦外柔而內剛。」說到書法意象時則有「氣以和之」之論，並屢次用到「和氣」的概念：「臣聞形見曰象。書者，法象也。心不能妙探於物，墨不能曲盡於心。慮以圖之，勢以生之，氣以和之，神以肅之，合而裁成，隨變所適。」（《六體書論》）又謂：「夫良工理材，斧斤無跡。才子敘事，潛刃其間。書能入流，含於和氣；宛與理會，曲若天成；刻角耀鋒，無利餘害。」（《評書藥石論》）「和」是自然天成爐火純青的境界，也是一種總體上的協調：既要求意象（每個字以及整幅作品）內在之和，又因一氣相通而潛藏著更高境界的追求——人與天地萬物之和。

　　勁健從來都有是康強生命力的顯現，所以包世臣《藝舟雙楫》說：「字有骨肉筋血，以氣充之，精神乃出。」又說：「《書評》謂太傅茂密，右軍雄強。雄則生氣勃發，故能茂；強則神理完足，故能密。是

謂茂密之妙已概雄強也。」都可以體味得出其中包含的神形、體用等哲學和美學的原則。

三、章法論中的「氣」

袁昂說王羲之書「如謝家子弟，縱復不端正者，亦爽爽有一種風氣」；說殷鈞書「如高麗使人，抗浪甚有意氣滋韻」。梁武帝說：「體有疏密，意有偶儻，或有飛走流注之勢，驚疏峭絕之氣……」這些評述的依據，顯然都來自對書法作品的整體感受。

一幅度書法創作大多由若干字的書寫而成，作品的章法本身也是一種整體性的藝術造型，或者說是書法造型的重要手段之一。所謂章法是就作品的整體意象而言的，既有佈局上的要求，又講究氣脈流註：字與字之間依勢顧盼，行與行之間相互映帶，首尾或者前後呼應，形成全篇生氣流轉、精神挽結的有機連繫，給觀賞者以意氣貫注、渾然一體、神完氣足的感受。

（一）、氣脈連通的整體性

張懷瓘曾用到過「氣候」，候者望也，有照應方面的意思。《書斷》云：「伯英章草學崔、杜之法，因而變之以為今草，轉精其妙，字之體勢，一筆而成。偶有不連，而血脈不斷，及其連者，氣候通其隔行。」字有一筆而成的體勢和血脈不斷筆畫自然是氣貫其中的。這「氣候」由於「通其隔行」，似與作品的章法有關。

有些書法理論家把書法意象的氣分「內氣」和「外氣」。清蔡和《學書要論》說：「一字八面流通為內氣，一篇章法為外氣。內氣言筆畫疏密、輕重、肥瘦，若平板散渙，何氣之有？外氣言一篇虛實、疏密、管束、接上、遞下、錯綜、映帶，第一字不可移至第二字，第二行不可移至第一行。」此處的「內氣」是就每個字而言，根據字的間架結構對筆畫進行辯證的藝術處理，使字的整體在互補和協調中呈露的

勃勃生機；「外氣」則就全篇章法而言，是字與字之間有機連繫形成的整體性生命內涵。「平板散渙」則元氣，「筆畫疏密、輕重、肥瘦」的交換更替和組合顯然是一種節奏和韻律，如果說書法造型是無聲的樂舞的定格，那麼一幅作品章法呈現的是集體舞蹈造型的定格。

書家普遍注重章法行氣，以書寫中筆畫間的有機連繫和勁健之力展現造型的生命性內涵，不過一般說得比較簡略罷了。比如姚孟起《字學憶參》說：「欲知後筆起，意在前筆止，明此則筆筆呼應，字字聯貫，前後左右，一氣相生。」所謂「一氣」實際上是以血肉之軀內在流轉貫通的氣脈為喻強調了充滿生機的整體性和有序性。朱和羹在《臨池心解》也說過：「作書貴一氣貫注。凡作一字，上下有承接，左右有呼應，打疊一片，方為盡善盡美。即此推之，數字、數行、數十行，總在精神團結，神不外散。」而姚氏所謂「氣象」，也是一種包容萬端器度恢宏的整體性把握，他將這種恢宏氣象與如穿針孔的「細心運意」對舉，作為互補和相輔相成的兩個方面是很有見地的。

書法造型是凝固的，然而書法家追求靜中寓動，以運筆力度的輕重節律、筆勢的轉折收縱、筆鋒的含藏流利讓觀照者感知宇宙萬物靈動的「精魄」、「生氣」、「氣候」：表明書法藝術力求表現有個性的生命性內涵。因此，張懷瓘在《文字論》論執筆法的時候說：「筆在指端則掌虛，運動適意，騰躍頓挫，生氣在焉。」在《書議》中又強調：「夫草木各務生氣，不自埋沒，況禽獸乎？況人倫乎？猛獸鷙鳥，神采各異，書道法此。」其《六體書論》又曰：「行書者，不真不草：晨雞跟蹌而將飛，暮鴉聯翩而欲下；貴其承躡不絕，氣候通流。」在《評書藥石論》中則云：「其有方闊齊平，支體肥腯，佈置逼仄，有所不容，棱角且形，況復無像，神貌昏懵，氣候蔑然，以濃淡為華者，書之困也。」

（二）、氣足神完的理想境界

清蔣正和《書法正宗》說：「行草縱橫奇宕，變化錯綜，要緊處全在收束。收束得好，只在末筆。明於結體，則點畫妥貼；精於收束，則氣足神完。」既然一直說到「收束」，所謂「氣足神完」是針對整幅作品是不言而喻的。包世臣《藝舟雙楫》云：「反覆察其（孫過庭《書譜》）結法，空曠而完密，氣力實有過人。」在一段對問中又提出「氣滿」之說：

問：先生常言左右牝牡相得，而近又改言氣滿，究竟其法是一是二？

作者一法，觀者兩法。左右牝牡，固是精神中事，然尚有形勢可言。氣滿，則離形勢而專說精神，故有左右牝牡皆相得而氣尚不滿者，氣滿則左右牝牡自無不相得者矣。言左右，必有中，中如川之泓，左右之水皆攝於泓，若氣滿則是來源極旺，滿河走溜，不分中邊，一目所及，更無少欠闕處。然非先從左右牝牡用功力，豈能幸致氣滿哉！氣滿如大力人精通拳勢，無心防備，而四面有犯者無不應之裕如也。

所謂「左右牝牡」是體勢和佈局中的陰陽協調互補，與具體操作連繫密切，也能營構一種韻律和節奏，而「離形勢」專指精神的「氣滿」顯然在更高的神完氣足層面，是創作主體生力勃發流轉、靈機運作的境界。

古代書論中運用「氣象」、「氣勢」、「氣決」、「氣力」之類概念大都針對整個作品而言，表述著對生命運動和力的藝術追求。

姚孟起《字學憶參》說：「作隸須有萬壑千岩奔赴腕下氣象。」、

「『振衣千仞崗，濯足萬里流。』作書須有此氣象。而細心運意，又如穿針者，束線納孔，毫釐有差，便不中竅。」以為「腕下」須有睥睨萬方、包舉洪纖的意氣才能承擔書法藝術表現的使命。

張懷瓘《文字論》指出：「氣勢生於流變，精魄出於鋒芒。」氣勢也關係章法，戈守智《漢溪書法通解》說：「凡作字者，首寫一字，其氣勢便能管束到底，則引一字便是通篇之領袖矣。」以傳世的王羲之的幾幅行書帖為例，這位書聖幾乎把每個帖中的第一字都寫得稍大，而且筆畫略粗。比如《頻有哀禍帖》的首字「頻」，《孔侍中帖》的第一個字「九」，起勢突兀，確有高屋建瓴、統御全局的「領袖」作用。尤其是前者，留白雖多卻意氣關聯，頗有以虛當實的意味。評論家們說王羲之書的貫氣主要靠形接、線貫、勢連，得於反覆玩味以後，是為知言。

古代書法理論批評推崇書法意象展開勢態的凌厲豪邁和雄奇飛動。比如以尚勢和善榜書（書寫匾額之類特大型字）知名的米芾曾經說：「余嘗書『天慶之觀』，『天』『之』皆四筆，『觀』字多畫。在下各隨其相稱寫之，掛起氣勢自帶過，皆如大小一般，真有飛動之勢也。」掛起直立觀賞，之所以有「氣勢自帶過，皆如大小一般」的效果，是因為米氏「各隨其相稱寫之」，而不把每個字寫得同樣大。於是有了「飛動之勢」。

作氣不可取，出於自然則與藝術法則相契合。「氣」出現在章法論中也常涉及「有法」和「無法」的辯證關係，宋董逌《論書》云：「書法要得自然。其於規矩權衡，各有成法，不可遁也。至於駿發陵厲，自取氣決，則縱釋法度，隨機制宜，不守一定。若一切束於法者，非書也。」明人方孝孺《評書》亦曰：「宋仲珩草書，如天驥行中原，一日千里，超澗度險，不動氣力。雖若不可蹤跡，而馳驟必合程度。」

四、筆墨論中的「氣」

包世臣《藝舟雙楫》的「滿氣」說還涉及章法與筆法：

爛漫、凋疏，見於章法而源於筆法。花到十分名爛漫者，菁華內竭，而顏色外褪也；草木秋深，葉凋而枝疏者，以生意內凝，而生氣外敝也。書之爛漫，由於力弱，筆不能攝墨，指不能伏筆，任意出之，故爛漫之弊至幅後尤甚。凋疏由於氣怯，筆力盡於畫中，結法止於字內，矜心持之，故凋疏之態在幅首尤甚。汰之、避之，惟在練筆。筆中實則積成字、累成行、綴成幅，而氣皆滿，氣滿則二弊去矣。寶晉齋《辭中令書》，畫瘦行寬，而不凋疏者，氣滿也。戲鴻堂摘句《蘭亭詩》《張好好詩》，結法率意，格致散亂，而不爛漫者，氣滿也。氣滿由於中實，中實由於指勁，此詣難至，然不可不知也。

所謂「滿氣」就是整個作品底氣充盈流轉、生機勃發。就主體而言，精神境界、學養功力、生理和心理都處於合乎書法創作的理想狀態，對筆墨的把握得心應手，才能創作出「氣滿」之作。故云「氣滿由於中實，中實由於指勁」。書法藉助特殊的筆墨（即毛筆和黑墨）線條造型，筆法和墨法中也有氣的講究。

（一）、「骨氣」論

如果說書法造型的主觀性使人們重視「神氣」，那麼以毛筆蘸墨書寫的創作方式使「骨氣」的概念頻頻出現於書法理論之中。

骨有堅挺的剛性，骨骼有嚴謹的架構，對身體起內在的支撐作用。漢字的間架結構決定著字的體型勢態，柔性筆觸更突出了以堅挺剛勁的運筆力度表現強健內在精神的必要性，所以書論重「骨氣」。畫論六法的「骨法用筆」已透露出對用毛筆線條造型的要求，書法亦然，

袁昂作過「蔡邕書氣骨洞達爽爽有神」之評，孫過庭則以「骨氣」論之：

> ……假令眾妙攸歸，務有骨氣。骨氣存矣，而遒潤加之，亦猶枝幹扶疏，凌霜雪而彌勁；花葉鮮茂，與云日而相暉。如其骨立偏多，遒麗蓋少，則若枯槎架險，巨石當路，雖妍媚去闕，而體質存焉。若遒麗居優，骨氣將劣，譬夫芳林落蕊，空照灼而無依；蘭沼漂萍，徒表翠而奚托？（《書譜》）

「氣」簡言之指流轉的精神活力，也可視為生命力和意志品格的呈現；「骨」代表著堅挺的起支撐作用的力。兩者結合凸顯的依然是勁健的生命活力。無論是「骨氣」還是「氣骨」，一般指媒介和藝術形象所呈露的類似人體骨骼的剛性內在結構及其不墮凡庸的精神氣概。

「骨氣」論深受南北朝文論和書法理論的影響，如唐人李嗣真《書後品》認為《西嶽碑》「但覺妍冶，殊無骨氣」，列其為中上；蔡希綜以為「每字皆須骨氣雄強，爽爽然有飛動之態……」（《法書論》）。徐浩的《論書》就直接用劉勰《文心雕龍》〈風骨〉篇的話語：

> 夫鷹隼乏采，而翰飛戾天，骨勁而氣猛也。翬翟備色而翱翔百步，肉豐而力沉也。若藻耀而高翔，書之鳳凰矣。歐虞為鷹隼，褚薛為翬翟焉。

米芾對徐浩頗有微詞，曾說：「開元以來，緣明皇字體肥俗，始有徐浩以合時君所好，經生字亦自此肥，開元以前古氣無復有矣。」（《評書》）但徐氏此論在推崇「藻耀而高翔」之時，仍一本傳統批評了「肉

豐力沉」的煩冗，首肯了「骨勁而氣猛」的剛健之美。

　　明人項穆在《書法雅言》中將書法之「形質」分為三類：「人之於書，得心應手，千形萬狀，不過曰中和，曰肥、曰瘦而已。……專尚清勁，偏乎瘦矣，瘦則骨氣易勁，而形態多瘠」；「獨工豐豔，偏乎肥矣，肥則體態常妍，而骨氣每弱」；「修短合度，輕重協衡，陰陽得宜，剛柔互濟，猶世之論相者，不肥不瘦，不長不短，為端美也，此中行之書也」。這段話也很有些劉勰《文心雕龍》論證「風骨」與「藻采」辯證關係的味道，被稱之為「端美」的「中行（即中和）之書」骨氣和柔豔相濟相成相得益彰，自然是理想境界。此前張懷瓘已有「風神骨氣者居上，妍美功用者居下」之語，蘇軾也以為「神、氣、骨、肉、血五者，缺一不為成書」，宗旨都是相近的；不過若有分較，則「骨氣」的剛健瘦勁無疑是高於豐豔肥腴的。這也與劉勰的美學主張一脈相承。

　　「骨氣」的概念屢見於書法品評。

　　韋續（《墨池編》作李嗣真）《九品書人論》說：「李斯書骨氣豐勻，方圓妙絕」；在評真行書時說：「釋玄骨氣無雙，迴出時輩」；評草書中有「史鱗書逸氣雄鎮，超然不群」。蘇軾《論唐六家書》說：「永禪師骨氣深穩，體兼眾妙，精能之至，反造疏淡。如觀陶彭澤詩，初若散緩不收，反覆不已，乃識其趣。」黃庭堅《題顏公帖》云：「觀魯公此帖，奇偉秀拔，奄有魏晉隋唐以來風流氣骨。」

　　米芾《續書評》以「氣」評書較為集中，其中兼用「氣骨」、「體氣」、「神氣」、「氣勢」，正是「氣」範疇所屬概念系列有所通同，又有所側重最好的例證：

　　　僧智永雖氣骨清健，大小相雜如十四五貴胄，褊性方循繩墨，忽

越規矩。褚遂良如熟馭戰馬，舉動從人，而別有一種驕色。虞世南如學休糧道士，神宇雖清，而體氣疲苶。歐陽詢如新瘥病人，顏色憔悴，舉動辛勤。柳公權如深山道士，修養已成，神清氣健，無一點塵俗。顏真卿如項羽掛甲、樊噲排突，硬弩欲張，鐵柱特立，昂然有不可犯之色。李邕如乍富小民，舉動屈強，禮節生疏。徐浩如蘊德之士，動容溫厚，舉止端正，敦尚名節，體氣純白。沈傳師如龍游天表，虎踞溪傍，神精自若，骨法清虛。周越若輕薄少年舞劍，氣勢雄健而鋒刃交加。錢易如美丈夫，肌體充悅，神氣清秀。蔡襄如少年女子，訪雲尋雨，體態嬌嬈，行步緩慢，多飾繁華。蘇舜欽如五陵少年，駿馬青山，醉眠芳草，狂歌院落。張友直如宮女插花，嬪嬙對鏡，端正自然，別有一種嬌態。

考察書法意象的「骨氣」是明清理論批評的一個基本出發點。項穆在《評書》中指出：「宋之名家，君謨為首，齊范唐賢。天水之朝，書流底柱。李、蘇、黃、米，邪正相半，總而言之，傍流品也。後之書法，子昂正源，鄧俞、伯機，亦可接武，妍媚多優，骨氣皆劣。……子昂之學，上擬陸、顏，骨氣乃弱，酷似其人。……文氏父子徵仲，學比子昂，資甚不逮，筆氣生尖，殊乏蘊致。」又云：「不活與滯，如土塑木雕不說不笑，板定固窒，無生氣矣。」莫云卿也以為趙孟「矩有餘，而骨氣未備」。董其昌推崇顏真卿書法依然是從「氣骨」的角度出發的：「余近來臨顏書，因悟所謂折釵股屋滿痕者，惟二王有之。魯公直入山陰之室，絕去歐褚輕媚習氣。東坡謂詩至於子美，書至於魯公，非虛語也。顏書惟《蔡明遠序》成為沉古，米海岳一生不能彷彿，蓋亦謂學唐諸公書稍乏氣骨耳。」（《容台集》）馮班《鈍吟書要》說：「趙（子昂）殊精工，直逼右軍，然骨

氣自不及宋人，不堪並觀也。坡書真有怒猊抉石、渴驥奔泉之態……」又說：「趙文敏為人少骨力，故字無雄渾之氣。」對趙孟的柔媚頗有微詞。王澍《虛舟題跋》〈唐顏真卿送裴將軍詩〉云：「米海岳論《論坐稿》，謂其字相聯屬，詭異飛動，得於意外，最為傑思。黃山谷云：『奇傑秀拔，奄有魏晉隋唐以來風流氣骨。回視歐、虞、褚、薛，皆為法度所掩，豈若魯公蕭然出於繩墨之外而卒與之合哉？』二公之推許《論坐》如此。……然非有一段忠義郁勃之氣發於筆墨之外，未由臻此。」劉熙載強調：「書之要，統於骨氣二字。骨氣而洞達者，中透為洞，邊透為達。洞達則字之疏密肥瘦皆善，否則皆病」。（《藝概》〈書概〉）康有為《廣藝舟雙楫》也說：「篆書大者，惟有少溫《般若台》，體近咫尺，骨氣遒正，精采沖融，允為楷則。」

概言之，由於以筆墨線條抒寫情懷、展示精神境界，便決定了理論批評對「骨氣」的重視。

（二）、以「氣」論筆墨的其他書評

歐陽詢的《傳授訣》中有：「每秉筆必在員正，氣力縱橫重輕。」這是較早說到用筆氣力的例子。宋元評論家在涉及筆墨運作時已較多地以氣入論。比如歐陽修《論南北朝書》說：「南朝諸帝筆法雖不同，大率意思不遠，眇然都不復有豪氣，但清婉若可佳耳。」、「南朝士人氣尚卑弱，字書工者率以纖勁清媚者為佳。」其《試筆》〈作字要熟〉論蘇子美、蔡君謨的書藝稱：「往年予嘗戲謂：君謨學書，如溯急流，用盡氣力，不離故處。」

「氣」從來都與風格相關，作為無客觀物態參照的情靈抒寫以「心手無礙」為上，筆法上的得失自然會影響觀照者的聯想和風格印象。姜夔《續書譜》論「方圓」時道：「然而方圓曲直不可顯露，一出自然，

如草書尤忌橫直分明。橫直多，則字有積薪束葦之狀，而無蕭散之氣，時參出之為妙矣。」

書法評論中的氣韻也與筆墨運用生動與否相關，但遠不像畫論那樣重要和出現頻繁，論證那樣深入詳盡。北宋李之儀說：「學書生於行筆，苟不知此，老死不免背馳。雖規模前人，點畫不離法度，要亦氣韻各有所在，略不繫其工拙也。」（《姑溪集》）元代袁裒《評書》亦云：「……蓋專工氣韻，則有旁風急雨之失；太守繩墨，則貽叉手並腳之機。」都強調遵循書寫規範（法度、繩墨）不宜過於刻板。大凡氣韻，都產生於不為法度所囿的流走生動的筆勢之中。姜夔《續書譜》論筆勢的方圓橫直時說：「方圓者，真草之體用。真貴方，草貴圓。方者參之以圓，圓者參之以方，斯為妙矣。然而方圓曲直，不可顯露，直須涵泳，一出於自然。如草書，尤忌橫直分明，橫直多則字有積薪之狀，而無蕭散之氣。時參出之，斯為妙矣。」明人項穆《書法雅言》更是直言筆氣：「張氏從申源出子敬，筆氣絕似北海」（《正奇》）；「文氏父子征仲學比子昂，資甚不逮，筆氣生尖，殊乏蘊藉」（《附評》）。所謂「筆氣」是指作書者運筆中顯現的駕馭功力和藝術個性。既是言「氣」，則是一種超然形質的動態展示。王世貞《弇州山人四部稿》〈與宋仲珩、方希直書〉說：「希直（方孝孺）不以書名，而剛方不折之氣流溢於筆墨問。」

書法理論愈往後愈細密精緻，清代論筆墨之氣就是如此：

笪重光《書筏》有「氣之舒展在撇捺」之語，是從意象藝術傳達的傾向性上說的，撇捺的筆畫較長，當以相應舒展的勢態表現富於生機的意氣。姚孟起說：「氣空筆實，方能無弊。」（《字學憶參》）是以虛實相濟為用之理來說明「筆」與「氣」的關係，「氣空」和「筆實」是互補和相互依存的。只有實的「筆」而無「氣」的輻射空間是僵化

死板無生氣的筆畫，空靈的「氣」雖然是高層次的造藝中不可缺少和起主導作用的因素，但必須以「筆」的質實為依託。

筆墨之氣首先是創作主體品性和精神意志的自然流露，與書寫者之品格志趣之氣相一致。蔣和《書法正宗》以為：「氣體在胸中，流露於字墨行間，或雄壯，或紆徐，不可阻遏；若僅在點畫上論氣勢，尚隔一層。」劉墉《論書絕句》詩云：「蘇、黃佳氣本天真，姑射豐姿不染塵；筆軟墨豐皆入妙，無窮機軸出清新。」讚賞「天真佳氣」是推崇一種表現上無跡可尋（即前面所謂無「作氣」）的境界，是大家在運筆用墨上的自然天成。

即使是運筆的縱逸之氣，也須有所涵蓄。宋曹《書法約言》論楷法云：「……仍須帶逸氣，令其蕭散；又須骨含於中，筋不外露，無垂不縮，無往不收，方是藏鋒，方令人有字外之想。」朱和羹《臨池心解》也有類似主張：「用筆宜收斂，不宜放縱，放縱則氣不融和。」有收有放是一種節奏，斂筆藏鋒才有韻味，用筆原則體現著古代文人普遍推崇的醞藉沖和的審美情趣。

康有為《廣藝舟雙楫》除了有前面提到的「骨氣」論而外，一些駕馭筆墨的經驗之談中也用到「氣」：

以腕力作書，便於作圓筆；以作方筆，似稍費力。而尤有矯變飛動之氣便於自運，而亦可臨仿，便於行草，而尤工分楷。

作榜書須筆墨雍容，以安靜簡穆為上，雄深雅健次之。若有意作氣勢，便是傖文。

夫人非有病疾，未有露筋。惟武夫作氣勢，矜好身手者乃為之，

君子不尚也。

（學顏）先學清勁以美其根，次學豐整以壯其氣。

用墨浸淫於南北朝而知氣韻胎格。

值得一提的是梁同書對「力透紙背」的詮釋。梁氏在《與張芑堂論書》中的議論很有見地：

芑堂問曰：「古人云，筆力直透紙背處如何？」山舟曰：「當與天馬行空參看。今人誤認透紙，便如藥山所云：『看穿牛皮，終無是處。』蓋透紙者，狀其精氣結撰，墨光浮溢耳。彼用筆若游絲者，何嘗不透紙背耶？米襄陽筆筆壓紙，筆筆不著紙，所以妙也。」

梁同書自號山舟先生，他的回答清楚說明，書法之所謂筆力不是物理學上的壓強和一般意義上的下筆的用力度。可「透紙背」的力既是由「精氣結撰，墨光浮溢」的顯現，就是一種搏於內、著於外的「精氣」和靈動的「墨光」包孕的力。看來「力透紙背」不過是書法藝術中對意象生命性內涵和力度展示上的一種理想境界。

古代書家對用墨相當講究，王澍說：「古人作書，未有不用濃墨者。晨興即磨墨升許，以供一日之用。及其用也，則但取墨華而棄其滓穢，故墨彩豔發，氣韻深厚。」（《竹雲題跋》〈顏魯公東方朔畫像贊〉）墨本來只有一種黑色，可是古人卻說墨有五彩：渴、潤、濃、淡、白。因為書法不是印刷，用毛筆蘸墨寫字，筆畫勾勒頓挫，下筆有輕重緩急，蘸墨有飽有枯，紙上的墨跡浸漬暈染效果是不同的。書

法家於是把墨氣也當成一種表現造型風采韻味和生命節奏的手段。墨黑本與白絕然相反，墨何來白色？古人有「計白當黑」的名論，就是指書法作品中不著筆的留白依然具有內涵和表現力，當然，留白絕對是與作品中的「黑」（筆畫線條墨跡）有連繫、相呼應的，甚至是「黑」創造的。「計白當黑」就是以虛代實，而且做到虛實相反相成。成功的留白是對「黑」的補充和超越，是內在的氣脈，帶來生命的節奏、韻味和空靈的想像。

用墨與用筆密不可分，也可以做到氣機流蕩。周星蓮《臨池管見》云：「筆所未到氣已吞，筆所已到亦不盡。故能墨無旁陳，肥不剩肉，瘦不露骨，魄力、氣韻、風神皆於此出。」又說：「用墨之法，濃欲其活，淡欲其華。活與華，非墨寬不可。『古硯微凹聚墨多』，可想見古人意也。『濡染大筆何淋漓』，淋漓二字，正有講究。……杜詩云：『元氣淋漓障猶濕。』古人字畫流傳久遠之後，如初脫手光景，精氣神采不可磨滅。不善用墨者，濃則易枯，淡則近薄，不數年間，已淹淹無生氣矣。不知用筆，安知用墨？此事難為俗工道也。」

簡言之，以「氣」論筆墨是要求筆墨的駕馭要靈動化，當人們說到墨氣的時候，看似單調的墨黑已經是五彩繽紛了，無生命的墨跡已經鮮活起來。

小　結

古人說：「書為心畫。」書法是書寫漢字——以「心畫」造型的藝術，把文字書寫作為一個大的藝術門類這是世界上絕無僅有的。而且，在中國古代文化藝術中書法占有特殊的地位，其重要性甚至比繪畫、音樂有過之而無不及。書法藝術基本上是文化掌握者士人的專

壇，比較集中地體現了中國古代文人的審美情趣，展現的是文人學士的精神世界。「氣」範疇的精神屬性適應表述書法審美追求的需要，經常成為理論批評話語的核心環節。

有民族特色的筆墨是書寫的主要工具，由於毛筆的柔性筆觸和墨的濃淡枯潤使筆畫線條有了豐富的變化，於是成為一種可以構造意象、表達心聲的藝術媒介。以筆墨線條組合而成的書法造型不是對客觀物態的描摹，它只服從和藉助於漢字的書寫規範而不再是記錄語言的文字符號，甚至所書寫文字的內容也無關緊要。書法意像有不受事物具象束縛的豐富內涵的純美，綜合地呈現出書者包括氣質、才能、功力、學養、情懷、意趣等方面的品格和精神風貌，以及即時的興致、心緒；它游離於一切確指的道理、信條和具體的事物，是用筆墨線條進行模糊抽象的個性、情感和藝術趣味；書法常常比其他藝術反映出更多的哲學思考，指導其造型的法則也與哲理有更直接的連繫；因此被認為是一種抽象的、有濃厚哲學意味的藝術。「氣」範疇把握事物和傳達信息的模糊性也適應組合書法理論的需要，因此「氣」的概念系列運用廣泛。

書法作品最終呈現的雖然是靜止的空間造型，但單字各有筆畫順序，詩文則有語序，書寫的筆勢走向包含著時間上的展開過程。理論上對於書寫向有一氣貫之的要求，以為事關氣脈通連和氣韻神采。書法和樂舞相似，有無聲的韻律和節奏，是定格的舞姿。

總之，書法藝術的意象完全是人為的，也即書家所創造的是一種沒有自然參照物的意象。作為一種抒寫主體素養和精神品格的抽象藝術，其理論批評倚重以虛為主，與精神相通的「氣」範疇是順理成章的。改善主體素質、營衛身心的養氣為提升書藝所必須；反之，書法也被視為修身養性（養氣）的有效手段。在書法的主體論中，「氣」範

疇及其概念系列的地位尤其重要。

第七章

古代畫論中的「氣」

第一節　繪畫藝術主體論中的「氣」
——畫家的精神志趣和藝術個性

一、文人繪畫主體性特徵的顯現

文人繪畫是中國古代造型藝術之偏長，理論、批評上更是如此。古代文人學士是不屑於用泥土、石塊去作雕塑的，古代美術史上絕少西方那樣千古留名的雕塑家、建築師。雖有傑作傳世（比如秦始皇兵馬俑、馬踏飛燕以及敦煌的造像和云岡、龍門、大足的石刻），也只算是能工巧匠所為，難入清流。早期還有顧愷之、吳道子那樣當眾揮毫寺牆的佳話，唐以後的文人則鮮有這種豪情，樂於在大庭廣眾中作繪畫表演。

無論古今中外，繪畫的理論主張在藝術論領域中往往最為激進（或

者說是最前衛）。與文學和音樂這樣訴諸聽覺、在時間上展開意象和作品內容的藝術不同，繪畫是訴諸視覺的空間藝術。一部文學作品可以多層面、多頭緒地展開，甚至不斷跳躍地在語言的延續中轉換時空，而繪畫作品似乎只能為觀照者展示如同窗口一樣的十分有限的平面形象。繪畫是最古老的藝術門類之一，它無疑先於文學，至少與音樂——歌唱同為最早出現的藝術。繪畫既是展示最直接、最具體、最易觀賞和普及的藝術，也是受限制最大的藝術：一幅作品中通常只擁有相當有限的靜態畫面，呈現於觀照者眼前的是業已凝固的平面藝術形象。德國人萊辛以為，繪畫和雕塑必須選擇「富於包孕的片刻」付諸表現，這樣才能讓欣賞者想像這一片刻之前的種種情景和那隨後將要（或可能）出現的種種情形，從而突破畫面和雕塑凝固時空的侷限。同為空間藝術，繪畫在展示上甚至比雕塑更受限制：雕塑尚有從不同方位觀照的可能，可用不同角度、強度、色調的光投射和映襯之；而繪畫只提供一個被完全固定了的畫面。所以，畫家擺脫畫面束縛、以有動態內涵的意象突破靜止和表層藝術表現的要求特別強烈；創新、變革的意識和理論主張特別激進。中國古代繪畫的理論和實踐也追求畫面靜中寓動以及描繪物象內涵的生動性、豐富性和超越性，力求表現出更深邃、更寬泛的意蘊。比較而言，中國古代的文人繪畫不重寫實而重發抒，也就是說，他們更多地把描繪對象作為抒發主觀情志的媒介，而不是以再現客觀事物為目的。觀照者在一幅中國畫前，無論是人物故事、山水、還是花鳥蟲草，感受到的是畫家志趣胸襟、素養才情、人生態度和對生活的理解。畫家們不過是通過畫面色彩、構圖、意象和氛圍、情調把觀照者帶人特定境界，而非止於表現描摹對象本身。

唐人張彥遠說：「書畫之藝，皆須意氣而成，則所作自得神氣。」、

「通天下萬物為一」的「氣」有生命運動的屬性，又是精神意志的呈現，合乎中國古代文人畫的審美追求，成為古代畫論中占有主導地位的理論範疇是不難理解的。

先秦《莊子》中曾以「畫史」稱以繪畫為職業者，《西京雜記》記王昭君事時稱宮廷畫師為「畫工」，東漢、曹魏的一些史籍亦然，其社會地位似乎無可稱道。雖有張衡、蔡邕、趙岐工於繪畫的記載，但從事繪畫的主流群體，大概自漢魏以後才在文人學士之中形成。繪畫藝術越來越成為一種創作和欣賞都幾乎為文士壟斷的雅趣、雅事。東晉謝安評價其同時代的士人說：「顧長康畫，有蒼生以來所無」（《世說新語》〈巧藝〉）。此語向我們透露了這樣的信息：繪畫藝術在誕育顧氏這個時代發生了質的飛躍。顧愷之，字長康，小字虎頭，其《列女傳》〈仁智圖〉《洛神賦圖卷》《女史箴》《斫琴圖卷》雖為唐、宋摹本，卻是現存最早署有作者名的繪畫作品。早期畫論中引用了不少與他相關的名言和故事，眾所周知的「傳神阿堵」一語就出自這位劃時代人物之口，他的實踐和理論批評也可以作為古代繪畫升堂入室的一個標誌。文人畫的種種造型和描繪對象，雖然都有客觀事物的形態狀貌作為原型或參照物，然而文士並不滿足（或者不十分在意）對事物狀貌的模擬是否真切客觀。文人畫家從事繪畫創作目的在於表述自己的情志意趣，以及對事物本質和生命運動的理解，所以很早就出現重神似輕形似的傾向。元代的繪畫大師倪瓚針對自己畫竹說過的一段話很有代表性：「余之竹聊寫胸中逸氣耳，豈復較其似與非、葉之繁疏、枝之斜與直哉！或塗抹久之，他人視以為麻為蘆，僕亦不能強辨為竹，真沒奈覽者何！」（《倪云林集》）

早在南齊時代，謝赫提出的「六法」中就以「氣韻生動」列前而「傳移模寫」置後，歷代皆奉此為品評之準繩，這絕非偶然。「傳移模

寫」要求忠實於臨摹對象，可以說是客觀描繪；「氣韻生動」的核心則是畫家對事物生命運動的理解和表現。中國古代文人繪畫創造的意象（甚至整個繪畫活動本身）都是一種傳達作畫者意趣懷抱、審美追求和精神境界的媒介。因此，古人沒有親臨觀照也可以模山范水，不遵循一般的透視原理亦不妨依想當然的「散點透視」畫之⋯⋯即使師法造化，著眼點也不在對客觀景物的外部形態的逼真再現，而是力求通過與自然山川大物交往實現心靈的淨化、精神的昇華以及從中獲得的感悟和啟示。這就決定了繪畫藝術主體論中「氣」的概念系列的特殊地位。

二、與神為徒、不墮凡庸的身心陶冶

劉宋時代的宗炳在《畫山水序》中要求畫家「凝氣怡身」、「閒居理氣」就是進行養氣暢神的身心調節。唐人張璪有「外師造化，中得心源」的名言。符載《觀張員外畫松石序》中的一些形象描敘，可以說是其「中得心源」的詮釋：

> 員外居中，箕坐鼓氣，神機始發。其駭人也：若流電激空，驚飆戾天，摧挫斡列，霍瞥列；毫飛墨噴，捽掌如裂；離合惝恍，忽生怪狀。及其終也，則松鱗皴，石巉岩，水湛湛，云窈眇。投筆而起，為之四顧，若雷雨之澄霽，見萬物之情性。觀夫張公之藝非畫也，真道也。當其有事，已知遺去機巧，意冥玄化，而物在靈府，不在耳目。故得於心，應於手，孤姿絕狀，觸毫而出，氣交沖漠，與神為徒。若忖短長於隘度，算妍蚩於陋目，凝觚舐墨，依違良久，乃繪物之贅疣也，寧置於齒牙間哉？

能夠「箕坐鼓氣」、「氣交充漠」，是畫家「與神為徒」使然，此

「氣」通同於道和自然，是內在無所拘牽的，與天地萬物通同往復的生命精神，是驅動「神機始發」的原創力。有這樣的氣，心物冥合、得心應手而遺忘機巧，才能夠進行動人心魄的藝術創造。故言「非畫也，真道也」！雖然說得玄妙，其實這氣是精神的，也是生理和心理的；此處「氣交充漠，與神為徒」表述的是一種審美創造的自由境界：主體和客體在精神上相游相融，媒介運用上得心應手、率意揮灑而不受其侷限、干擾。不是苦心經營，更不是矯揉造作，而是靈性（「心源」）與天機（「造化」）的交會、碰撞、融和與自然呈露！

唐宋以後，古代畫藝漸臻至境，畫壇繁榮人才濟濟，不乏睥睨塵俗的情趣、稱賞踰越陳法自由揮灑的議論。如陳師道《後山談叢》〈論畫〉說：「李公麟云：『吳畫於張而過之。』蓋張守法度而吳有英氣也。」鄭剛中《論鄭虔、閻立本優劣》云：「胸中有氣味者，所作必不凡，而畫工之筆，必無神觀也。」劉學箕《方是閒居士小稿》〈論畫〉亦曰：「心胸有塵俗之氣，縱極工妙，而鄙野村陋，不逃明眼。」

李日華《恬致堂集》〈書畫譜〉的「氣」論重視個性和人品：「元惟趙吳興父子猶守古人之法而不脫富貴氣。王叔明、黃子久俱山林疏宕之士，畫法約略前人而自出規度，……倪迂漫士，無意工拙，彼云：『自寫胸中逸氣。』無逸氣而襲其跡，終成類狗耳。」又說：「姜白石論書曰：『一須人品高。』文徵老自題其《米山》曰：『人品不高，用墨無法。』乃知點墨落紙。大非細事，必胸中廓然無一物，然後煙雲秀色，與天地生生之氣，自然湊泊，筆下幻出奇詭。」

元代最負盛名的書畫大師是趙孟，現存有《洞庭東山圖》《鵲華秋色圖》《秀石疏林圖》《謝幼輿丘壑圖》，也善畫人物和馬，如《紅衣天竺僧》《調良圖》《人騎圖》和《浴馬圖》。畢竟是宋室後裔，而且受到元人的優遇。趙氏無論是書是畫，一派雍容秀逸，誠然是「不脫富貴

氣」的。所謂倪高士就是上面提到的倪瓚，他字元鎮，號云林，他的
山水畫師法北宋名家，形成自己平淡天真的風格，其《雨後空林》為
後人所珍視，還有《梧竹秀石圖》《容膝齋圖》《漁莊秋霽圖》《幽澗寒
松圖》《六君子圖》等傳世，多以長青的孤高之松、勁節之竹和平遠遼
闊的山林抒寫情懷志趣。他與王鐸合作的《楊竹西小像》也很有名。
清人石濤也這樣讚賞他：「倪高士畫如浪沙谿石，隨轉隨立，出乎自
然，而一段空靈清潤之氣，冷冷逼人。後世徒摹其枯索寒險處，此畫
之所以無遠神也。」又說，「盤礴睥睨，乃是翰墨家生平所養之氣」。
（引自《大滌子題畫詩跋》）

　　由於表現的中心是主觀情志，所以古代畫論重視養氣，值得注意
的是，不僅畫家需要養氣，從事繪畫活動本身也是養氣的手段。王昱
《東莊畫論》對繪畫養氣述之較詳：

　　學畫所以養性情，且可滌煩襟，釋躁心，迎靜氣。昔人謂山水家
　　多壽，蓋煙雲供養，眼前無非生機。

　　學畫就是心性的修練涵養，畫家吐納取捨、超塵脫俗、回歸自然
可得盡天年。他以為欲使畫藝達於理想境界，又得以正道陶冶身心、
提升「理」、「氣」：「畫中『理氣』二字，人所共知，亦人所共忽。其
要在修養心性，則理正氣清，胸中自發浩蕩之思，腕底乃生奇逸之
趣，然後可稱名作。」強調「心性」修養是「理正氣清」之所由。其後
王昱又指出：「翰墨中面目個別，而其品有二：元氣磅礴，超凡入化，
神生畫外者，為上乘。清氣浮動，脈正律嚴，神生畫內者次之。皆可
卓然成家，名世傳世。」雖然「神生畫內」不如「神生畫外」，但人以
為兩者都足以成家。所謂「脈正律嚴」是指恪守畫道和藝術規範，「元
氣磅礴，超凡入化」則指與宇宙萬物通同的本根之氣浩大流蕩、真力

彌滿，從而能夠擁有從心所欲不踰矩的自由。古代繪畫作品中的清氣是畫家高尚情操的自然流露，與浮躁、急功近利、譁眾取寵的畫風是格格不入的。因此，王昱告誡說：「若火氣炫目，則入惡道矣。」

三、「作氣」・「氣機」・「氣格」・「氣體」

除「氣」和「元氣」之類而外，屬於主體因素，或與主體關係密切的「氣」範疇的概念系列中還有「作氣」、「氣機」、「氣格」、「氣體」等。

古人以天真渾樸為上，鄙夷雕飾造作。自然天真在創意上是心物交融，在表現上是毫無扞格的得心應手。

明顧凝遠《畫引》的「論生拙」中有一段「畫求熟外生」、「工不如拙」的高論：「學者既已入門，便拘繩墨」，反而不如「吉人靜女」、「仿書僮稚」、「聊自抒其天趣」。「彼云生拙與入門更是不同，蓋畫之元氣苞孕未洩，可稱混沌初分，第一粉本也。」他所讚賞的稚拙無邪的「天趣」，能夠完整地體現著生命元始的渾樸。隨後又指出：「然則何取於生且拙？生則無莽氣故文，所謂文人之筆也；拙則無作氣故雅，所謂雅人深致也。」由「生」、「拙」顯現的文雅和深致是棄絕「莽氣」、「作氣」的自然流露。清代畫論也有近似的主張，比如說：「筆墨間寧有稚氣，毋有滯氣；寧有霸氣，毋有市氣。滯則不生，市則多俗。俗尤不可浸染。去俗無他法，多讀書則書卷之氣上升，市俗之氣下降矣。」（王概、王蓍、王臬《學畫淺說》〈去俗〉）

陳老蓮（洪綬）在明末清初的畫壇以富於創格的奇傲古拙知名，對後來的海派很有影響。其花鳥畫中有《荷花鴛鴦圖》的濃麗，也有《墨竹》的清省；人物畫中有《品茶圖》的雅趣、《雅集圖》人物的古傲，也有《仕女圖》的閑靜和《仙侶圖》中的奇特。然而在《自題撫

周長史畫》中他卻說：「故夫畫氣運兼力，颯颯容容，周秦之文也；捉勒隨境塹錯，漢魏文也；驅遣於法度之中，前燕後口，陵轢矜軼，搏裂頓研，作氣滿前，八家也。故畫者有入神家，有名家，有作家，有匠家，吾惟不離乎作家，以負此嗛也。」他以歷代散文大家寫作風格的流變為例，說明後繼者儘管在法度、技巧上越來越講究，卻也越來越缺乏渾樸天成的原創力。「作」是有為，是跡，是造作；「作氣」有失自然從容，陳老蓮僅以「驅遣法度之中」施展手段的「作家」自命，雖是自謙之辭，亦可謂不無遺憾。

　　蔣和《學畫雜論》首先要求作畫者「立意」在前：「未落筆時先須立意，一幅之中有氣有筆有景，種種具於胸中，到筆著紙時，直追出心中之畫，理法相生，氣機流暢，自不與凡俗等。」所謂「氣」、「筆」、「景」三者顯然指繪畫創作的主體、媒介、客體三方面的因素而言，「氣機」來臨則是三者之靈妙湊集的機緣、時機。所以言「氣機」者，畢竟這「機」交會於心胸、啟動於心靈，是以主體的精神活動為動力、為紐帶、為中心的。

　　繪畫作品的格調品味是畫家精神品格和情趣、造詣的外化，「氣格」的內涵就體現了這種內外的統一。

　　米芾《畫史》常以「氣格」論畫：「李公麟字伯時，家（藏）《天王》雖佳，細弱無氣格，乃其弟子輩作。」又云：「蜀人有晉唐餘風，……雖乏氣格，亦秀整」；「江南劉常，花氣格清秀有生意」；「杭士林生作江湖景，蘆雁水禽，氣格清絕，南唐無此畫」。《宣和畫譜》有：「（劉）夢松善以水墨作花鳥於淺深之間，分顏色輕重，雖彩繪無以加，自成一種氣格。」清方薰認為「氣格」與「筆法」的奇正須相濟為用：「氣格要奇，筆法須正。氣格、筆法皆正，則易平板；氣格、筆法皆奇，則易入險惡。前人所以有狂怪求理，鹵莽求筆之謂。」體現出相反相

成、對立統一的造藝原則。

「氣體」與「氣格」相比雖然也有「因內符外」的一致性，但似乎較側重於外在形式。

李修易《小蓬萊閣畫鑑》說：「李晞古為南宋畫院中人，氣體不甚高雅，而位置蹊徑特勝。」又謂：「丘壑不必過於求險，險則氣體不能高雅。」氣體高雅則具備優雅端莊的氣度體式，畢竟是較高層次的藝術創造。清方薰《山靜居畫論》云：「氣關體局，須出於自然。」

無論「氣格」還是「氣體」，即使要求於筆墨，體現於繪畫手法和意象，它們仍然是主體精神境界、情趣素養和藝術追求的折射，提高表現能力、改進技法固然重要，然而似乎只有改善主體素質才可能獲得根本上的解決。

第二節　以「氣韻生動」為第一

一、從「神氣」、「生氣」說起

《周易》〈繫辭下〉云：「天地之大德曰生。」集中地概括了古代的生命觀念：宇宙間最偉大最有意義的就是生命。生命的出現和獲得，生命的延續和生命本身進行的創造……都極其偉大，在藝術中表現生命現象及其意義也是一種至高無上的追求。

《周易》〈乾卦〉中又有「天行健，君子以自強不息」的名言，它禮讚的是一種天人相通的旺盛的富於韌性的生命活力。萬物生生不息，生命在於運動，也美在運動。書法、繪畫的創作都講究運筆的流走，以意象具有飛動之勢者為上。生命之美是對呆板、陳舊、疲憊、鬆弛、散亂和沒落的否定，是雄強、飛動、新俊、協調和靈妙的，充滿生機和自信力。

　　古人在繪畫理論批評中表述了這種審美追求，早期常見的概念是「神氣」和「生氣」。

　　魏晉品評人物的風氣對於繪畫理論批評，尤其是人物畫的評論有直接的影響。不僅因為士大夫介入人物畫較早，也由於人物畫自然會提出表現描繪對象的氣質個性、風采、情趣等方面的要求。所以藝術領域最先用到「神氣」和「生氣」的是畫論。東晉顧愷之藝術實踐和理論的記載可以視為中國古代繪畫藝術升堂入室的標誌。其《畫云台山記》中有「畫天師瘦形而神氣遠」之語，《魏晉勝流畫贊》中批評《小列女》「刻削為儀容，不畫生氣」。其後南齊謝赫《古畫品錄》云：「晉明帝雖略於形色，頗得神氣，筆跡超越，亦有奇觀。」又指出丁光「雖擅名蟬雀，而筆跡輕羸，非不精謹，乏於生氣。」唐張彥遠《論顧陸張吳用筆》道：「死畫滿壁，曷如污墁，真畫一劃，見其生氣。」

　　唐人朱景玄《唐朝名畫錄》記錄了一則故事：

　　郭令公婿趙縱侍郎嘗令韓幹寫真，眾稱其善。後又請周昉長史寫之，二人皆有能名。令公嘗列二真置於坐側，未能定其優劣。因趙夫人歸省，令公問云：「此畫何人？」對曰：「趙郎也。」又云：「何者最似？」對曰：「兩畫皆似，後者為佳。」又問：「何以言之？」云：「前畫者空得趙郎狀貌，後畫者兼移其神氣，得趙郎情性笑言之姿。」

　　這個故事是令人信服的：人物的神氣高於狀貌，是生命精靈所在，唯獨最親近的妻子才能體察入微，分辨出兩幅佳作的高下。周昉，字仲朗，京兆人，史稱其窮丹青之妙，貞元末有新羅國人以善價收其畫數十捲持歸彼國，所畫佛像真仙、人物仕女皆神品也。

　　朱景玄《畫斷》評顧愷之的作品時說：「顧公運思精微，襟靈莫

測，雖寄跡翰墨，其神氣飄然在煙霄之上，不可以圖畫問求。」（《歷代名畫記》引）所謂「神氣」雖然仍由作品意象展現，卻更強調它是一種與顧氏超邁靈妙的精神意趣相通的藝術境界。

　　明人王世貞《藝苑巵言》稱：「若形似無生氣，神彩至脫格，皆病也。」是對「形」、「神」表現上的要求，兩者兼備才合乎理想。清人惲敬在《南田畫跋》中指出：「凡觀名蹟，先論神氣；以神氣辨時代，審源流，考先匠，始能畫一而無失。南宋首出，惟推北苑；北苑嫡派，獨推巨然。」一方面把「神氣」置於優先考察的地位，突出其重要性；另一方面提出，「以神氣辨時代，審源流，考先匠」，顯然其「神氣」的意義已有所發展，不只限於人物形象的精神意氣，而有時代精神風貌和風格的內涵。因此，他以為宋人燕文貴「格卑」、江參「體弱」，「論其神氣，尚隔一塵」；推崇由南唐入宋的釋巨然：「巨然行筆如龍，若於尺幅中雷轟電激，其勢從半空中擲筆而下，無跡可尋，但覺神氣森然洞目，不知其所以然也。」所讚歎的行筆氣勢傳達出無形的衝擊力，仍然以達到「神氣森然洞目」的效果為上乘。

　　針對習畫者不重寫生偏重臨摹範本的流弊，鄒一桂《小山畫譜》從另一個角度提出要求：「……要之畫以象形，取之造物，不假師傳。自臨摹家專事粉本，而生氣索然矣。」有客觀參照物的繪畫，藝術造型的生氣只能從面對自然的觀照中體認，才能表現於筆下。

　　在藝術創造中「生氣」是與疲軟、刻板、滯怠、陳腐、衰朽、平庸相對立的，指作品和藝術形象所呈露的生機與活力，有時也指表現上的真切傳神和生新有力。沈宗騫《芥舟學畫編》云：「天下之物本氣所積而成。即如山水，自重崗復嶺，以至一木一石，無不有生氣貫乎其間。」推重有「生氣」的作品是古人對萬物生命運動的理解與追求的集中表現。

　　《論衡》〈儒增篇〉說過：「人之精，乃氣也；氣乃力也。」古人要求在藝術活動中表現出足夠的生命力度——一種康強彌滿的精神和滂沛的生命活力，於是「氣力」又直接用於藝術理論批評。所謂「氣力」取決於並體現出藝術家的主觀精神和意志力，又受其駕馭藝術媒介能力的制約；有時又直接指藝術形象和作品的氣勢和感染力。謝赫在《古畫品錄》中評顧駿之的畫藝：「神韻氣力，不逮前賢」；評夏瞻時說：「雖氣力不足，而精彩有餘」。唐代李嗣真《續畫品錄》評孫尚子等人畫云：「孫、鄭（法士）共師於張（僧繇）。鄭則人物樓台，當霸雄伯；孫則魑魅魍魎，參靈酌妙，善為筆戰之體，甚有氣力。」清人布顏圖《畫學心法問答》論筆法曰：「畫家與書家同，必須氣力周備，少有不到即謂之庸筆、弱筆，故用筆之用字最為切要。用筆起伏，起伏之間有摺疊頓挫婉轉之勢，一筆之中氣力周備而少無凝滯，方謂之使筆不為筆使也。」李嗣真認為畫家的筆法以「甚有氣力」者為上，布顏圖則指出「氣力周備」方能得心應手地運筆。稍後，松年的《頤園論畫》則兼及二者：「以筆墨運氣力，以氣力驅筆墨，以筆墨生精彩。」都強調了運用「氣力」駕馭藝術媒介的重要。

二、釋「氣韻生動」

　　在中國古代備受推崇的是「氣韻生動」的藝術創造。宗白華先生《藝境》〈中國美學史中重要問題的初步探索〉指出：「氣韻，就是宇宙中鼓動萬物的『氣』的節奏、和諧。繪畫有氣韻，就能給欣賞者一種音樂感。」他又引五代荊浩《筆法記》解釋氣韻的話：「氣者，心隨筆運，取象不惑。韻者，隱跡立形，備遺不俗。」對此，宗先生的現代詮釋是：「這就是說，藝術家要把握對象的精神實質，取出對象的要點，同時在創造形象時又要隱去自己的筆跡，不使欣賞者看出自己的技巧，這樣把自我溶化在對象裡，突出對像有代表性的方面，就成為典

型的形象了。這樣的形象就能讓欣賞者有豐富的想像餘地。所以黃庭堅評李龍眠（公麟）的畫時說：『韻者，即有餘不盡。』」李公麟是宋代畫馬的第一人，其《臨韋偃牧放圖》畫皇家牧場，規模宏大，有牧人一百四十三人，馬一千二百八十六匹，牧人各具特徵，馬匹姿態、動勢各異。《五馬圖》則能一一寫出其勃勃生氣與各自個性，發人聯想，都是同類繪畫中的佼佼者。

「氣韻」一詞始見於南北朝時期，指繪畫、書法、文學等作品藝術形象的神氣和韻味。「氣韻」的創造要求造藝者展示出生氣流轉、韻味濃郁的意象，以其具有高於形質、超乎象外的生命性內蘊為特徵。尤其在繪畫理論中它運用最為廣泛，闡揚最為充分，地位也最為重要。「氣」與「韻」凸顯的都是藝術造型的生命性，相比之下「氣」更接近本根，更具力度；「韻」原是音樂藝術的美感，它帶來一種對視覺的跨越、一種通感，一種協和宜人、細膩靈動的模糊效果。由於「氣」和「韻」兩字的意蘊都是模糊的，它們組合成的概念以後意蘊也是模糊的，「氣韻」大抵指作品和意象擁有的綜合的、整體性的神氣和韻味，與其生命精神和靈妙的動態相關，即使是以凝固的藝術形式表現出來，也能給予觀照者生機流蕩、含蓄雋永的感受。從繪畫史和現存畫論資料推斷，「氣韻」最早要求於人物和動物、花草繪畫，然後才是山水和建築、器物。南齊謝赫在《古畫品錄》中不僅最早用到「氣韻」的概念，他所標舉的「六法」一舉廓定了古代繪畫批評的基本標準：

一曰氣韻生動，二曰骨法用筆，三曰應物象形，四曰隨類賦彩，五曰經營位置，六曰傳模移寫。

儘管後來的批評家、理論家理解和闡揚的角度不盡一致，然而「氣

韻生動」無疑是以表現藝術形象鮮活的生命精神為核心，在理論和實踐中人們無不以此為繪畫的最高境界。

三、各有千秋的闡揚

（一）、「氣韻」與「神似」

謝赫以「氣韻生動」為第一，隨後評衛協「雖不該備形妙，頗得壯氣」，說張墨、荀勖「風範氣候，極妙參神」。陳姚最《續古畫品錄》即以此評謝赫的畫：「至於氣韻精靈，未窮生動之致。」唐張彥遠《論畫六法》云：「古之畫，或能移其形似而尚其骨氣，以形似之外求其畫，此難可與俗人道也。今之畫縱得形似，而氣韻不生；以氣韻求其畫，則形似在其間也。」又云：「若氣韻不周，空陳形似；筆力未遒，空善賦彩，謂非妙也。」認為「氣韻」是比「形似」更高層次的創造。五代荊浩《筆法記》提出的畫有「六要」中，第一是氣，第二是韻。在回答「何以為似？何以為真？」的問題時說：「似者得其形，遺其氣；真者氣、質俱盛。」如前所說，宗白華先生所引荊浩的「氣者，心隨筆運，取象不惑；韻者，隱跡立形，備遺不俗」一段話對於「氣韻」的闡釋很有啟發性，但其隨後的一句也不應忽略：

氣韻俱泯，物象全乖，筆墨雖行，類同死物。

是知「氣」以表現主體的精神志趣（心）為務，若筆為心使，則在「取象」上能夠明確作出決斷。「韻」則是含而不露的雅緻。有「氣韻」不僅在於「形似」，更在於生命活力的充溢。他評張璪的樹石「氣韻俱盛」，王維「筆墨宛麗，氣韻高清」。還說：「有畫如飛龍蟠虯，狂生枝葉者，非松之氣韻也。」可見不同的事物有不同的「氣韻」，「氣韻」中不無神似的內涵，更不是一味縱恣狂放所得。

　　「氣韻」的概念幾乎是一經提出就得到畫壇的普遍認可和廣泛使用，「氣韻生動」被歷代公認為是畫藝之極致。

　　後人對張彥遠之論有所修正。宋歐陽炯《蜀八卦殿壁畫奇異記》云：「六法之內，惟形似、氣韻二者為先。有氣韻而無形似，則質勝於文；有形似而無氣韻，則華而不實。」以為「氣韻」是內在本質樸實的一面，「形似」則是外在形似華美的一面；藝術形象應當兼具兩個方面。這一種比較特殊的理解。

　　南宋的鄧椿在《畫繼》中又有所補充：「世徒知人之有神，而不知物之有神，此若虛深鄙眾工，謂雖曰畫而非畫者，蓋止能傳其形，不能傳其神也。故畫法以氣韻生動為第一，而若虛獨歸於軒冕岩穴，有以哉！」古人並不以為只有生物體才有生命、才有「神」！鄧椿「物皆有神」之說和把氣韻生動與傳神連繫起來，這是很有見地的。元人楊維楨後來便直言：「傳神者，氣韻生動是也。」

　　元代湯垕《論畫》說：「俗人論畫，不知筆法氣韻之神妙但先指神氣者，形似者俗子之見也。」、「觀畫之法先觀氣韻，次觀筆意、骨法、位置、傅染，然後形似，此六法也。」他鄙薄「形似」，認為「氣韻」高出「形似」甚多。王世貞《藝苑卮言》說：「人物以形模為先，氣韻超乎其表；山水以氣韻為主，形模寓乎其中，乃為合作。」大概人的面目肢體規範性強，山水則無定型，故人物畫須「以形模為先」。無論人物、山水，形模，形模（形似）與「氣韻」（在王氏論中與「神采」、「生氣」通）均應「合作」。當然，「氣韻超乎其表」、以「氣韻為主」皆為高層次的藝術追求。笪重光《畫筌》亦云：「畫法忌板，以其氣韻不生；使氣韻不生，雖飛揚何益？畫家嫌稚，以其形模非似；使形模非似，即老奚庸？」

　　（二）、關於氣韻「生知」

　　生命之美美在個性，美在新變。由於可供參照的生命個體無限多樣，藝術家能夠從中獲取豐富的啟示，通過作品展現多彩的生命之美。古人認為「氣韻生動」的創造需要靈感，需要悟性，隨機性很強，因而鄭板橋說他畫竹時眼前之竹、胸中之竹和筆下之竹都不一樣。在繪畫理論中則有「氣韻生動」是生而知之的主張。

　　宋人郭若虛首先在《圖畫見聞志》〈敘論〉〈論氣韻非師〉中如是說：「六法精論，萬古不移。然而骨法用筆以下五法，可學而能。如其氣韻，必在生知。固不可以巧密得，復不可以歲月到，默契神會，不知然而然也。」強調能否畫出氣韻，是畫家先天和非自覺的因素決定的。隨後又以自古賢能與高潔之士的作品多能達此境界為據，得出了「人品既已高矣，氣韻不得不高；氣韻既已高矣，生動不得不至」的結論。

　　誠然，藝術家的人品與畫品有一定的內在連繫；畫家的秉性才學對於藝術境界的創造也有程度不等的影響，但是郭若虛把這種連繫和影響說得過於絕對和玄妙，乃至斷言氣韻「生知」（生而知之），完全無視後天和主觀能動的種種因素，顯然是偏頗的。

　　明董其昌《畫旨》說：「氣韻不可學，此生而知之，自然天授。然亦有學得處：讀萬卷書，行萬里路，胸中脫去塵濁，自然丘壑內營，成立鄞鄂，隨手寫出，皆為山水傳神。」清方薰《山靜居畫論》亦云：「昔人謂氣韻生動是天分，然思有利鈍，覺有後先，未可概論之也。委心古人，學之而無外慕，久必省悟，悟後與生知者殊途同歸。」都是欲補苴郭氏「生知」之論的罅漏。

　　人品學問靠修養，是後天因素，把畫家的人品學問與繪畫氣韻生成連繫起來顯然就是對「生知」論偏頗的駁正。對於人品學問與「氣韻」的關係，蔣驥在《傳神祕要》中這樣說：「筆底深秀自然有氣韻，

此關係人之學問品詣。人品高，學問深，下筆自然有書卷氣。有書卷氣即有氣韻。」松年《頤園論畫》類此：「夫山水竹蘭，貴有氣韻。氣韻閒雅，無煙火氣，此即名曰書卷。」重視思想文化傳承的古人向來主張從經籍書本中陶冶情性，書卷氣是作品中流露出來的學養深厚、含蓄溫雅的韻味。視書卷氣為「氣韻」，可知古代文人畫風雅為上，是以表現主觀志趣情懷為核心的。

（三）、氣韻與筆墨運用

明顧凝遠《畫引》論「枯潤」說：「墨太枯則無氣韻，然必求氣韻而漫羨生矣。墨太潤則無文理，然必求文理而刻畫生矣。凡六法之妙，當於運墨先後求之。」也有人認為「氣韻」在筆不在墨，惲向《道生論畫山水》云：「山水至（黃）子久而盡巒嶂波瀾之變，亦盡筆內筆外起伏升降之變。蓋其設境也，隨筆而轉，而構思隨筆而曲，而氣韻行於其間。或曰：『子久之畫少氣韻。』不知氣韻在筆不在墨也。」元代大師黃公望化繁為簡，以虛靈概括的筆墨勾勒點染，變革了宋代山水畫偏於寫實風格，深受後世推崇。其傳世的《富春山居圖》《九峰霽雪圖》《丹崖玉樹圖》，都能做到層次分明而渾融浩瀚，氣韻磅礴而不失清逸。

唐志契對此有自己的看法，其《繪事微言》〈論氣韻生動〉說：「氣韻生動與煙潤不同，世人妄指煙潤為生動，殊為可笑。蓋氣者有筆氣，有墨氣，有色氣，而又有氣勢，有氣度，有氣機，此間即謂之韻。而生動處，而又非韻之可代矣。生者生生不窮，深遠難盡。動者動而不板，活潑迎人。要皆可默會，而不可名言。如劉褒畫《云漢圖》，見者覺熱；又畫《北風圖》，見者覺寒。又如畫貓絕鼠，畫大士渡海而滅風，畫龍點睛飛去，此之謂也。至如煙潤，不過點墨無痕跡，皴法不生澀而已，豈可混而一之哉！」唐志契糾正世人的誤解，

指出煙潤是一種朦朧流動的筆墨效果而非氣韻生動。認為韻具有介於諸氣（筆氣、墨氣、色氣、氣勢、氣度、氣機）之間的渾融性，生與動分別是「生生不窮，深遠難盡」和「動而不板，活潑迎人」，較為中肯地表述了氣韻生動藝術境界靈動渾融的審美特徵。其例證表明氣韻生動的表現就是藝術傳達的極致──傳神之筆。

　　誠然，畫中國畫的工具比較特殊，毛筆蘸墨彩運行於紙上的效果也許有助於氣韻的生成。清惲格《南田畫跋》云：「北苑（董源）畫正鋒，能使山氣欲動，青天中風而變化。氣韻藏於筆墨，筆墨都成氣韻，不使識者笑為奴書。」觀賞董源的《瀟湘圖》《寒林重汀圖》《夏山圖》和《龍宿郊民圖》，取勢渾浩，善以披麻皴和雨點皴表現遼遠蒼潤山川層林。

　　「氣韻」出於筆墨的看法在清代甚為普遍，唐岱、布顏圖、張庚等人的畫論均有所及，總的說來人們這方面的認識也一直在逐漸深入的過程中。

　　唐岱和布顏圖都是清代的滿族的繪畫理論家。唐岱《繪事發微》說：「六法中原以氣韻為先，然有氣則有韻，無氣則板呆矣。氣韻由筆墨而生，或取圓渾而雄壯者，或取順快而流暢者，用筆不痴不弱，是得筆之氣也。用墨要濃淡相宜，乾濕得當，不滯不枯，使石上蒼潤之氣欲吐，是得墨之氣也。不知此法，淡雅則枯澀，老健則重濁，細巧則怯弱矣，此皆不得氣韻之病也。」布顏圖在《畫學心法問答》中論氣韻生動云：「……氣韻出於墨，生動出於筆；墨要糙擦渾厚，筆要雄健活潑。畫石須畫石之骨，骨立而氣自生。骨既生，復加以苔蘚草毛，如襄陽大混點，仲圭之胡椒點等類，重重干淡，加於陰凹處，遠視蒼蒼，近視茫茫，自然生動矣，非氣韻而何？」

　　張庚《浦山畫論》的「氣韻」之論不落窠臼，頗有創見：

　　氣韻有發於墨者，有發於筆者，有發於意者，有發於無意者。發於無意者為上，發於意者次之，發於筆者又次之，發於墨者下矣。何謂發於墨者？即就輪廓以墨點染渲暈而成者是也。何謂發於筆者？干筆皴擦力透而光自浮者是也。何謂發於意者？走筆運墨我欲是而得如是，若疏密多寡濃淡乾潤各得其當是也。何謂發於無意者？當其凝神注想、流盼運腕，初不意如是而忽然如是者是也。謂之為足則實未足，謂之未足則又無可增加，獨得於筆情墨趣之外，蓋天機之勃露也。然惟靜者能先知之，稍遲未有不汩於意而不沒於筆墨者。

　　張庚並不否認發於筆、墨的「氣韻」，不過將它們歸於較低層次。發於有意者的走筆運墨從心所欲，完全合乎預定構想，本來已經十分難得；而發於無意者的氣韻於不經意中得之，心、手、物已無隔閡，是天機勃露、無跡可求的境界，其筆墨精約含蓄，既充分而又有餘味。在先秦時代，莊子標榜一種稱之為「適」的寬鬆自由、舒適滿足的心境，有「適人之適」、「自適其適」和「無適之適」三種類型，所謂「無適之適」是一種高於前二者的悟道的境界，無需求索、無須有意遵循和維護某種規律和原則而自然相「適」的無差別境界，也即「以天合天」的至境。「發於無意者」的境界近於這種「無適之適」。

　　稍後，李修易在《小蓬萊閣畫鑑》中認同張庚之論，且有所闡揚：

　　山水之有氣韻，張瓜田（庚）亦詳論之矣，而人往往以煙雲當之。不知煙雲猶可跡求也，氣韻不可跡求也。米家之淋漓吞吐，人知有氣韻矣；而倪氏之渴筆儉墨，何嘗無氣韻耶？山水知有氣韻矣，而花草何嘗無氣韻耶？花草知亦有氣韻矣，而字與詩何嘗無氣韻耶？當求諸活潑潑地。瓜田謂有發於墨者，有發於筆者，有發於意者，有發於無

意者，惟無意者之說為最當。惲正叔云：「今人用心在有筆墨處，古從用心在無筆處。」可謂善言氣韻者矣。

看來生動活潑是「氣韻」之要素，此論表述出書畫家對於萬物生命運動的理解。此外，「氣韻」所貴也超出筆墨之上。方薰《山靜居畫論》亦云：「氣韻生動，須將『生動』二字省悟，能會生動，則氣韻自在。氣韻生動為第一義，然必以氣為主，氣盛則縱橫揮灑，機無滯礙。其間韻自生動矣。」又云：「氣韻有筆墨間兩種。墨中氣韻，人多會得；筆端氣韻，世每鮮知。所以六要中又有氣韻兼力也。人見墨汁淹漬輒呼氣韻，何異劉實在石（崇）家如廁，便謂走入內室。」大抵墨的浸染易得韻致，而筆之走勢往往更易見出運行力度，而在生命運動內涵的體現上，總是以充盈遒勁者為佳的。

四、說「莫不稟以生靈」

南北朝時期的蕭子顯在《南齊書》〈文學傳論〉中說：「放言落紙，氣韻天成，莫不稟以生靈。」雖然只是就文學而言，也表明在藝術創造中自然天成的氣韻所仰賴的是生命的靈性。可見氣韻生動之美就是生命之美。上引鄧椿所謂「世徒知人之有神，而不知物之有神」，以及李修易的「……山水知有氣韻矣，而花草何嘗無氣韻耶？花草知亦有氣韻矣，而字與詩何嘗無氣韻耶？」之論表明，在中國古代藝術家的心目中，不只是人和動植物才擁有生命，宇宙萬物也是生機勃勃的；不僅推崇描繪人物、獅虎牛馬和花鳥魚蟲的傳神，而且要求山水和樓台亭榭、房舍器物的表現也有生動流走的氣韻。出自高手的藝術造型，絕非對客觀物象的機械摹寫，卻必有為他們所悟解、所賦予的靈性或生命運動在其中。似乎無生命的山水，付諸筆墨線條表現的時候卻講究氣勢的開闔、收放和隱顯、枯潤，其中蘊含著普遍的宇宙生命的律

動和情調。

「氣韻」的概念在南北朝藝術論中出現以後沿用不衰，「氣韻生動」在古代繪畫史上一直被公認是極致的境界，體現出我們民族審美理想中的一個重要方面：藝術造型以寓動於靜和具有流轉生氣、蘊藉雋永者為上。「氣韻」與「風骨」、「神韻」等概念以及「象外之象」、「羚羊掛角，無跡可求」之類藝術追求有相通之處。「氣」、「韻」組合成詞，且常用於畫論也能給人以啟示：「氣」與「精神」、「氣味」有密切連繫；「韻」有和鳴有含蘊，予人鮮明的美感卻意蘊模糊。重「氣韻」就要求突破媒介的直接表意性、具象和畫面時空的侷限性，創造出能夠產生審美通感、富有包孕的藝術形象。強調雖有奇崛深厚亦須出之平淡簡易也可見古代文士審美趣味之一斑。

第三節　造型論中其他帶「氣」的概念

除「氣韻」而外，有「氣」參與組合的、非主體性的概念也不少。受「氣」範疇的特點和中國古代繪畫藝術審美取向的影響，即使其指域側重於主體以外，它們依然或多或少與主體因素保持某種一致性或者有所關聯。以下介紹的概念系列和理論組合主要運用在藝術造型和媒介的理論批評中。

顧愷之《畫云台山記》曾說「清氣帶山下三分倨一以上，使耿然成二重」，在談到「摹搨妙法」時強調：「……若長短、剛軟、深淺、廣狹與點睛之節，上下、大小、濃薄，有一毫之失，則神氣與之俱變矣。」其中「清氣」、「神氣」都針對畫面中的意象而言。北宋郭若虛《圖畫見聞志》〈敘論〉「論製作楷模」提出：「大率圖畫風力氣韻，固在當人。……畫人物者，必分貴賤氣貌。」是謂不同人物的「氣韻」、

「氣貌」都有所不同，應當合乎其特定的身分、個性和所處環境的規定。

清代王原祁《雨窗漫筆》〈論畫十則〉指出「意在筆先，為畫中要訣」，作畫以前「需要安閒恬適，掃盡俗腸，默對素幅，凝神靜氣」的心理調整，且強調「先定氣勢，次分間架，次布疏密，次別濃淡，轉換敲擊，東呼西應，自然水到渠成，天然湊泊，其為淋漓盡致無疑矣」；以為「龍脈為畫中氣勢」，「作畫須顧氣勢輪廓，不必求好景，亦不必拘舊稿。若於開合起伏得法，輪廓氣勢已合，則脈絡頓挫轉折處，天然妙景自出，暗合古法矣」。又說：「古人南宋北宋各分眷屬，有各用龍脈處，有各用開合起伏處，是其氣味得力關頭也不可不細心揣摩。」所謂「氣勢」、「龍脈」是有大局觀的整體性安排，開合、節奏和佈局中所體現的統序脈絡。

在古代，山水是繪畫的一大題材，畫家描摹山川頗重「氣象」。

《筆法記》說：「曲庭與白雲尊師，氣象幽妙，俱得其元，動用逸常，深不可測」；「項容山水樹石頑澀，棱角無，用墨獨得玄門，用筆全無其骨，然於放逸，不失元真氣象」。其「氣象」與宇宙萬物本真相通的「元氣」有密切連繫。

傳為宋初山水大師李成所著的《山水訣》有「氣象：春山明媚，夏木繁蔭，秋林搖落蕭疏，冬樹槎牙妥貼」。李成傳世的畫作有《群峰霽雪圖》《晴巒蕭寺圖》和《讀碑窠石圖》等，畫面很有節候感。韓拙《山水純全集》亦云：「山有四時之色：春山豔冶，夏山蒼翠，秋山明淨，冬山慘澹，此四時之氣象也。」足見以四季氣候景象來理解氣象者大有人在。

郭若虛《圖畫見聞志》論李成、關仝、范寬三家山水畫時曾說：「夫氣象蕭疏，煙林清曠，毫鋒穎銳，墨法精微者，營丘（李成）之制

也。」觀今存李成的作品以及關仝的《關山行旅圖》和《秋山晚翠圖》、范寬的《溪山行旅圖》《雪山蕭寺圖》《雪景寒林圖》，確乎一派蒼涼蕭疏。郭熙出是北宋山水巨匠，我們能觀賞到他的《早春圖》《窠石平遠圖》《山林圖》《雪山幽谷圖》，領略其構圖的宏博氣勢和豐富層次。其《林泉高致集》〈山水訓〉指出：「山水，大物也。人之看者，須遠而觀之，方見得一障山川之形勢氣象。」可知「氣象」在畫論中與文論一樣，主要是一種大處著眼進行總體把握的精神和意象。清人董棨《養素居畫學深》說得明白：「寫山水以位置闊大、氣象雄偉為主。」

宋董逌《廣川畫跋》〈書燕龍圖寫蜀圖〉云：「山水在於位置，其於遠近廣狹，工者增減，在其天機。務得收斂眾景，發之圖素，惟不失自然，使氣象全得，無筆墨轍跡，然後盡其妙。故前人謂畫無真山活水，豈此意也哉？」這裡似乎透露出中國山水畫的獨特造藝原則，古人並不主張對「真山活水」作忠實的模擬，而是憑藉畫家的「天機」，在「收斂眾景」的基礎上有所「增減」。只有做到「不失自然」才能「氣象全得」。這「氣象」是山水的精神氣概，包含著畫家對宇宙萬物生命運動的理解。

誠然，「氣象」的概念也用於山水畫以外的品評中。米芾《畫史》有：「漢畫老子於蜀都石室，有聖人氣象。」元代湯垕《畫鑑》記趙孟題曹霸《下槽馬》畫云：「……此卷曹筆無疑，圉人太僕，自有一種氣象，非世俗所能知也。」又評戴嵩畫牛：「筆意清潤，開卷古意勃然，有田家原野氣象。」今存戴氏的《鬥牛圖》是古代十分難得的寫實性很強的作品：兩牛相鬥，左牛奔突中低頭奮力牴觸，右牛躍閃迴避、昂首顧盼，充滿野性生命的雄健，非有田家生活的親歷和細緻體察不能為。米芾、趙孟和湯垕所謂「氣象」指的一種人或事物獨特的意味、情調和風格。

　　明代董其昌《畫禪室隨筆》云：「范寬山水渾厚，有河朔氣象；瑞雪滿山，動有千里之遠。」唐志契《繪事發微》論「畫以地異」說：「寫畫多有因地而分者，不獨師法也。如李思訓（唐畫家，有《江帆樓閣圖》傳世）、黃苓（應為荃），便多山峽氣象者，生於成都也。宋二水（臣）、范中立有秾棱氣象者，家於建康也。米海岳（芾）曾作宦京口，便多鎮江山色。黃公望隱於虞山，落筆便是常熟山色。信高人筆底往往為山川所囿乎？」他們又是把「氣象」看作能夠熏染畫家畫風於無形的地方景物風貌。

　　沈宗騫在《芥舟學畫編》卷一《宗派》的一則中指出，雖然繪畫「不以宗之南北分低昂」，然而「第氣象之閒雅流潤，合中正和平之道者，南宗尚矣。故稽之前代，可入神品者，大率產之大江以南」；又云：「……至於局量氣象，關乎天質。天質少虧，須憑學識以挽之，……」是將「氣象」視為作品的風格和神采氣度。它與主體氣質、稟賦和學養有密切關係。在《醞釀》一則中說：「有畢生之醞釀者，有一時之醞釀者。少之時兼收並蓄，凡材之堪為吾用者，儘力取之，惟恐或後，惟恐不多，若少緩焉其難免失時之嘆。及至取資已富，別擇已精，則當平其心氣，抑其才力，以求古人之所以陶淑其性情而自成一種氣象者，又不在於猛烹極煉之功，是則一生之醞釀者也。」這裡的「氣象」又是指經過博采菁華和長期陶冶醞釀而成的爐火純青的境界。

第四節　媒介論中的「氣」
——以「氣」論筆、墨和設色

一、說「書畫一體」

傳統的中國畫以線條作為造型的基本手段，繪事的工具主要是筆

墨（或者還包括紙、絹之類）。漢魏以降，文人畫家的創作成為大宗，其審美取向在畫壇上發揮著主導的作用，他們對於筆墨運用的主張深刻地影響著繪畫的藝術創造。張彥遠《歷代名畫記》〈論顧陸張吳用筆〉說：

顧愷之之跡，緊（一作堅）勁聯綿，循環超忽，調格逸易，風馳（一作趨）電疾；意存筆先，畫盡意在，所以全神氣也。昔張芝學崔瑗、杜度草書之法，固而變之以成今草書之體勢，一筆而成，氣脈通連，隔行不斷。惟王子敬明其深旨，故行首之字，往往繼其前行；世上謂之一筆書。其後陸探微亦作一筆畫，連綿不斷；故知書畫用筆同法。探微精利潤媚，新奇妙絕，名高宋代，時無等倫。張僧繇點曳斫拂，依衛夫人《筆陣圖》，一點一畫，別是一巧，鉤戟利劍森森然；又知書畫用筆同矣。國朝吳道玄古今獨步，前不見顧陸，後無來者，授筆法於張旭；此又知書畫用筆同矣。

反覆強調「書畫用筆同法」，可知書法與古代繪畫的密切關係，書法用筆對古代繪畫影響的深刻。

在書畫同源、相通這一點上古人的看法大多一致。如宋代趙希鵠《洞天清錄集》〈古畫辯〉說：「善書必能善畫，善畫必能書，書畫其實一事耳。」元人楊維楨說：「書與畫一耳。士大夫工畫者必工書，其畫法即書法所在。」（《元夏文彥圖繪寶鑑序》）明人唐寅也說：「工畫如楷書，寫意如草聖，不過執筆轉腕靈妙耳。世之善書者多善畫，尤其轉腕用筆之不滯也。」清董棨說：「書成而學畫，則變其體不遺其法：蓋畫即是書之理，書即是畫之法。畫道得而可通於書，書道得而可通於畫。殊途同歸，書畫無二。」（《畫學鉤玄》）蔣驥說：「書畫一體，

為其有筆氣也。」

明屠隆《畫箋》的一段議論，透露出「書畫一體」的真諦：

> 士氣畫者，乃士林中能作隸家，畫品全法氣韻生動，不求物趣以得天趣為高。觀其曰寫而不曰描者，蓋欲脫盡院工習氣故耳。此等謂之寄興。

「士氣畫」就是能以書法的筆法作畫的文人畫。這裡的「氣韻生動」的表現顯然不由「物趣」（具體事物客觀狀貌擁有的情趣），而得自「天趣」（宇宙精神和大自然生命運動的機趣）。求「物趣」者必重寫實，屠隆將這種追求與應該脫盡的「院工習氣」連繫起來貶抑之意甚明；「天趣」超乎具象，其「得」全在畫家心靈的體認和悟解，「以得天趣為高」者必重寫意。繪畫與書法比較，雖然有狀貌物態的不同，但在古人看來，仍然是心畫（張庚《浦山論畫》即云「畫與書一源，亦心畫也」），所描繪的物態只是抒寫情趣的中介，仍以「寄興」為宗旨。所以，古人以書法筆法作畫主要不是工具上的求便，而是審美創造的取向使然。由於不重「形模」描摹而重「士氣」的抒寫，有的學者認為如果說書法是抽象的藝術，中國古代繪畫就是半抽象的藝術，這是有道理的。

二、「骨氣」和「墨氣」

由於讚賞以書法的方式運筆，線條中的點、畫和勾勒提頓則以表現出書法筆意墨趣、功底深厚者為上。藝術媒介功能和審美情趣的特殊性也使「氣」的概念在古代畫論中運用廣泛，比如講究運筆力度體勢的「氣骨」（或「骨氣」）、講究墨的濃淡枯潤和暈染效果的「墨氣」之類概念，等等。由「氣」概念系列組合的古代繪畫理論批評充分嶄

露出有民族個性的審美追求。

　　明吳奕《葉鄉題花卉》說：「宋人寫生，有氣骨而無風姿；元人寫生，饒風姿而乏氣骨。此皆所謂偏長，兼之者五代之黃荃。」今人尚能看到黃荃（一作筌）的《珍禽圖》，筆法精緻，頗為傳神。吳氏所謂有「氣骨」者近於陽剛，以精神勁健見長；所謂饒風姿者近於陰柔，則有娓娓情韻。清布顏圖《畫學心法問答》說：「筆墨相為表裡，筆有氣骨，墨亦有氣骨。墨之氣骨由筆而出，蒼茫者山之氣也，深厚者山之體也。畫家欲取蒼茫深厚不外乎筆墨之氣骨。……不善用墨者練之不純。墨色雜駁，濃淡失宜，縱能得其彩澤，而不能得其天然之氣骨。此反為墨用，而不能用墨者也。」表述了追求天然「氣骨」的「用墨之法」。王昱《東莊畫論》認為：「氣骨古雅，神韻秀遠，使筆無痕，用墨精彩，佈局變化，設色高華：明此六法者，覺昔人千言萬語盡在是矣。」似乎是改造了的謝赫「六法」，將「氣韻生動」與「骨法用筆」重新拼合，而以「氣骨古雅」列前了。

　　其實早在張彥遠《歷代名畫記》〈論畫六法〉已經這樣說：「夫象物心在於形似，形似須全其骨氣，骨氣形似，皆本於立意而歸乎用筆，故工畫者多善書。」其「論顧陸張吳用筆」中曾指出：「夫用界筆直尺：界筆是死畫也；宗其神，專其一，是真畫也。死畫滿壁，曷如污墁？其畫一劃，見其生氣。」用筆造型要求取得「全神氣」和「氣脈通連」的理想效果，是針對一幅畫總體的生命性（有機連繫的整體性和靈動性）而言的，整個作品應該如同一個生氣流轉、血脈通暢、精力康強彌滿的活物一樣。

三、方薰論筆墨之「氣」

　　清人方薰《山靜居畫論》用到的一系列「氣」概念雖多從筆墨上說，但與主體因素的連繫十分明顯。比如：

　　寫意畫最易入作家氣，凡紛披大筆，先須格於雅正，靜氣運神，毋使力出鋒鍔，有霸悍之氣。

　　運筆瀟灑，法在挑剔頓挫，大筆細筆，畫皆如此，俗謂之鬆動。然須辨得一種是瀟灑，一種是習氣。

　　點筆花以氣機為主，或墨或色，隨機著筆，意足而已，乃得生動，不可膠於形跡。

　　設色不以深淺為難，難於彩色相和，和則神氣生動，否則形跡宛然，畫無生氣。

　　意造境生，不容不巧為屈折；氣關體局，須當出於自然。故筆到而墨不必膠，意在而法不必勝。

　　士人畫多捲軸氣，人皆指筆墨生率者言之，不禁啞然。蓋古人所謂捲軸氣，不以寫意工致論，在乎雅俗，不然摩詰（王維）、龍眠（李公麟）輩皆無捲軸矣。痴翁（黃公望）設色與墨氣融洽為一，渲染烘托，妙奪化工，其畫高峰絕壁，往往鉤勒楞廓而不施皴擦，氣韻自能深厚。

　　筆墨中的「作家氣」、「習氣」、「霸悍氣」、「捲軸氣」顯然與主體素養相關，「靜氣運神」是指臨紙揮毫前的心理調節和思維運作，「氣機」出於可遇不可求的感悟和靈機，而此處的「神氣生動」、「墨氣」、「氣關體局」和「氣韻」則指意象、運筆使墨、設色和整體佈局的生命

內蘊……「氣」的概念系列在繪畫理論中運用之廣泛可見一斑。

　　繪畫線條畢竟出自主觀判斷，畫家運筆縱橫揮灑之際主體的個性展示也相當充分。潘天壽《中國繪畫史》中所記吳道子事頗耐玩味：吳「行筆磊落，似蓴菜條，其衣紋圓轉而飄舉，世稱吳帶當風」。雖未言及線條，而實指吳氏運用毛筆線條的效果。還有一個故事也給人多方面的啟示：

　　（吳）性好酒使氣，每欲揮毫，必須酣飲。天元中，隨駕幸東洛，與裴旻將軍張旭長史相遇，各陳其能。裴將軍厚以金帛召致道玄於東都天宮寺，為其所親，將施繪事。道玄封還金帛，一無所受，謂將軍曰：「聞裴將軍舊矣，為舞劍一曲，足以當惠，觀其壯氣，可助揮毫。」旻因墨縗為道玄舞劍，舞畢，道玄奮筆，俄頃而成，若有神助。

　　一則是畫家之心氣高傲，不為金帛售其技，而為知己獻藝，裴將軍「墨縗為道玄舞劍」亦可謂同道相契；再則「壯氣」通於劍道、畫藝，二者顯現的都是主體精神昂揚雄豪的強勢。陳師道說「張（璪）守法度而吳有英氣」，也能看出吳道子這種豪放超拔的藝術個性。品味其傳世之作和「吳帶當風」之譽，可知吳氏繪畫的絕技乃在毛筆線條的運用方面。

四、「氣」在設色以及筋骨皮肉之論中

　　繪畫不同於書法的是也用顏色作為媒介，然而就中國古代繪畫傳統而言，「設色」從屬於筆墨的傾向很明顯。無其他色彩的水墨畫一直在文人畫中占有重要位置，推崇淡遠清雅的審美情趣必然體現於「氣」論之中。

　　清初王原祁論「設色」的時候，指斥「色」與「筆墨」的分離，

尤其憎厭「紅綠火氣」，他說：「惟不重取色，專重取氣，於陰陽向背處逐漸醒出，則色由氣發，不浮不滯，自然成文，非可以躁心從事也。」（見《畫史會要》〈六如論畫〉）他有《仿高房山云山圖》《仿大痴山水》《浮巒暖翠圖》和《山水圖冊》等作品傳世。王昱《東莊論畫》亦曰：「青綠法與淺色有別，而意實同。要透潤而兼逸氣。蓋淡妝濃抹間，全在心得渾化，無定法可拘，若火氣炫目，則入惡道矣。」

作品是畫家所為，藝術形象是畫家的創造，所以作品和造型的「氣」依然與畫家的「氣」有微妙的內在連繫，甚至是主體之氣的一種折射。布顏圖《畫學心法問答》在回答「一筆之中何能全筋、骨、皮、肉四勢」的問題時說：

> 筋骨皮肉者，氣之謂也。物有死活，筆亦有死活。物有氣謂之活物，無氣謂之死物。筆有氣謂之活筆，無氣謂之死筆。峰巒蔥翠，林麓翁鬱，氣使然也，皆不外乎筆，筆亦不離乎墨。筆墨相為表裡，筆為墨之經，墨為筆之緯，經緯聯絡，則皮燥肉溫，筋纏骨健，而筆之四勢備矣。操筆時須有揮斥八極，凌屬九霄之意，注於毫端，一筆直下即成四勢，不可復也。一筆之中，初則潤澤，漸次乾澀。潤澤者皮肉也，乾澀者筋骨也。有此四者謂之有氣，有氣者謂之活筆，筆活畫成時亦成活畫。

「須有揮斥八極，凌屬九霄之意，注於毫端」表明，操筆要求的不單是手上技法，更要以恣肆超邁的精神意趣貫注於筆墨中。既然以畫筆運動中自然形成的潤澤乾澀作為皮肉筋骨，可知所謂「活」是指筆勢筆意的生動，而非描繪對象本身的鮮活；其中的生命性不是指客觀事物的生命內涵，而是指主體精神和藝術創造力的靈動和勁健。

　　布顏圖在講解「無墨求染」技法的奧妙時說：「所謂無墨者，非全無墨也，干淡之餘也。干淡者實墨也，無墨者虛墨也。求染者以實求虛也，虛虛實實，則墨之能事畢矣。蓋筆墨能繪有形，不能繪無形，能繪其實，不能繪其虛。山水間煙光云影，變幻無常，或隱或現，或虛或實，或有或無，冥冥中有氣，窈窈中有神，茫無定象，雖有筆墨莫能施其巧。故古人殫思竭慮，開無墨之墨，無筆之筆以取之。無筆之筆氣也，無墨之墨神也。以氣取氣，以墨取墨，豈易事哉！」這「無筆之筆」、「無墨之墨」的神氣，發揮主導作用於無形，是表象之後具有原創力的生命精神。他稱此法為山水畫中「能入神妙」的上上之法。認為「神」和「氣」窈窈冥冥「茫無定象」，「求染」是一種以實求虛的高明手段，可以看作是古代畫家通過艱苦探索才找到的表現「神」和「氣」的一個途徑。

小　結

　　大約自漢魏起文人畫逐步成為中國古代繪畫藝術的主流，晉宋以後基本上為其壟斷。山水畫和花鳥畫是古代繪畫作品的大宗，繪畫是文人的雅事、雅趣。他們筆下的花鳥蟲魚一般與現實政治和社會關係保持著距離；山水是獨立於社會生活之外的大物，能夠觸發廣泛的哲學思考。文人從事繪畫大多是藉以暢神娛情、抒發胸臆，重寫意，而不甚強調寫實。因此國畫被認為是「半抽象的藝術」，與主觀精神意志情趣相一致或者關係密切的「氣」概念系列在古代繪畫理論批評中受到青睞。這些概念組合方式多，在理論批評中出現頻繁，而且主體性傾向明顯。

　　與西方繪畫的實踐、理論相比較，中國古代畫論更自覺地追求對

靜態畫面和具象描繪的突破，力求以意象內涵的生動性、豐富性超越時空的侷限，表現出更深邃、更寬泛的意蘊，而「氣」以其「通天下萬物為一」及其生命運動屬性更能適應這種需要，自然而然地成為中國古代畫論中發揮主幹作用的理論範疇之一。

繪畫中的「氣」論涉及廣泛：圍繞宇宙萬物生命運動的表現重視人和物的神氣和生氣，標舉「氣韻生動」；又因注重作品整體態勢和造型的精神內涵而探討種種「氣象」；不僅將繪畫的境界從對客觀物象的描摹提升到對主體情懷志趣和個性的抒寫，並連繫到古代繪畫藝術媒介（筆、墨、色彩）的駕馭處理。

因為「書畫同源」，中國古代書法、繪畫都以筆墨為主要工具，以線條勾勒為造型的主要手段，文人不僅有字畫互補的意識，更常推崇以書寫漢字的筆法作畫，於是講究運筆力度體勢的「氣骨」、講究墨的濃淡枯潤和暈染效果的「墨氣」之類概念也受到重視。由「氣」概念系列組合的古代繪畫理論批評和書法相通之處不少，都能充分體現有民族個性的審美追求。

結　語

　　「氣」是依賴和擅長「不捨象」思維的華夏民族創造和沿用不衰的理論範疇，從一個重要側面折射出自己的文化個性。有關「氣」範疇的若干個所以然和理論意義，可以作這樣的清理和收束：

一、「氣」憑藉自身的優勢從一種物態上升為範疇

　　物質的三種常態可以說是三種存在形式或者三「相」。作為經常接觸的一種常態物，自然界中的氣（尤其是與人最切近的大氣）具有一系列人們普遍熟悉和認同的屬性，如希微、輕柔、細密、充斥、運動（包括流動、升騰、沉降、氤氳、聚散等）變化、渾沌難分、無形而可感……，再加上人們所發現、所理解的生命性內蘊，使「氣」範疇以及「氣」的概念系列具有一種或多種與上述屬性相連繫的內涵和特點。在古代一種宇宙生成論中，「氣」能夠成為萬物的基始顯然與它是物質的三種常態之一且變化無窮相關。也就是說，正因為原本作為物質常態的氣（也只有氣）有這些特點，又為人們所熟悉，它才具備在早期的理性思辨中上升成為本根論範疇的基礎。由於是受人們身邊氣態物

種種屬性的啟發才創造出概念，「氣」的內涵兼具兩個方面：一方面它們常常帶有與原來氣態物相近的物質屬性，另一方面卻是哲人賦予的抽象意義；儘管兩方面是互為補充、互相發明的。

以虛實之理說，物質世界是實的，對於實的物質世界卻不宜以偏實的方式進行把握。因為只有實指就不具備包舉、類推的涵蓋力，不宜作有普遍意義的抽象，難於揭示一般規律。哲人總是在「虛」上下工夫，以虛統實，以虛概實的。古今中外都是如此。人類思維的起步（或稱原始思維）有一些共同之處，比如都有一種意識：宇宙萬物的初始和本根可能是一種混沌之物，甚至都曾有以「氣」為基始、演化成萬物的看法。老莊學說中恍兮惚兮的「道」和負陰抱陽沖氣為物之「氣」是混沌的，《莊子》〈應帝王〉神話寓言中的中央之帝就叫作混沌。在古希臘，神話中最初的、創造最多的第一代天神也是「混沌」（Chaos）。

簡言之，氣與人們貼近，一呼一吸不僅是須臾不停而且性命攸關！氣又空虛縹緲變幻無盡難以捉摸。它既充盈無際又精細入微，能夠實現無形和有形的轉換⋯⋯於是在人類思維發展的起步階段很容易接受氣的啟示，或者選擇以氣的況為基礎的運思模式。

二、古代中國有「氣」範疇滋生繁衍的沃土

中國和西方的哲學史上都有過與具象和物質屬性保持連繫的概念；出於早期哲學思辨的需要，都有可能藉助「氣」這樣輕虛、流蕩充盈而又無形的東西去解釋宇宙萬物的起源，去理解和況喻至上的理念和精神本體。

與古代中國類似，古希臘早期的米利都學派中也有主張「氣」為宇宙萬物基始的哲人；從《聖經》中創世說看，古希伯來人也以為上帝可以用氣創造萬物、給予人生命。不過中國古代先哲自從選擇「氣」

作為本根論的範疇之後，就一直在充實和發展它，擴大其使用範圍，而不再放棄它罷了。也就是說，東西方的哲學史上都曾出現過以「氣」為萬物基始的學說，但西方的哲學很快就有了更替，「氣」為基始的學說無人傳承，而幾千年來中國的「氣」論一直保持著旺盛的生機，幾乎活躍於每一個學術領域。究其原委，社會哲學（而非自然哲學）在中國古代哲學中占有壟斷地位，「氣」概念形成以後，意蘊中起主導作用的常常是其精神性內核，所以中國的「氣」論在自然科學演進的過程中絕少受到質疑，得免於被更替和淘汰的命運。

「氣」概念出現很早，由於特別適應華夏民族的心理、思維和理論建構的需要，因而自春秋時期起，很快得到廣泛的認同和被推廣使用。不但歷代哲人文士以「氣」論道談藝，在中下層民眾的話語中用到「氣」和「氣」組合的詞語也非常多，沒有誰會感到陌生和彆扭。國人以為一些事理只有用「氣」去比擬、去表述才恰切、才生動，於是「氣」上升為一個重要範疇。它是一種特色鮮明的思維成果，而且一旦被古代學術接納，就幾乎不存在被其他範疇取代的可能。從另一角度看，由於華夏民族在思維上習慣於「近取諸身，遠取諸物」的比擬、推斷，擅長「不捨象」地對事物進行模糊和整體的把握，範疇概念多為「約定俗成」者而不作確切定義。因此，「氣」才有可能成為一個覆蓋面寬、親和力強的重要理論範疇，而且貫穿中國古代哲學史的始終。概言之，人們對於自然界中氣態物質的接觸、感受和體驗是普遍的，卻只是在中國的學術史上它才作為一個重要的理論範疇雄踞千百年。可見獨特而悠久的歷史文化能夠形成有民族特色的思維方式和理論形態。

周王朝的重臣、官方樂師和史家已經在以「陰陽之氣」論樂、論政、論史了；孔子論「血氣」，老莊論「氣」的沖和與聚散，孟子論「養

氣」,《管子》中大談「精氣」……都有重大開拓,對「氣」論的發展做出了卓越的貢獻。在考究「氣」何以能成為概念及其模糊把握優勢之來由的時候,瞭解先哲對「象」的認識和功能開發是有益的:老子以「象」喻道,《易傳》有對卦象的解說,王弼說「盡意莫若像」,而「得意」應該「忘象」!「氣」範疇所統屬的是不捨「象」的概念系列,有了它們,古人的思辨找到了一個方便法門,特別對於難以驗證的、需要綜合和模糊把握的動態考察對象,運用「氣」的概念系列往往能夠應付裕如。(誠然,既有方便處,也就難免侷促處;「方便法門」中會出現法障。尤其在表述一些有必要進行邏輯規定的意義之時。)

　　作為物質一種常態的氣多是無形、渾沌難分和永遠處於變動之中的。即使在提升為範疇以後,仍然沒有、也很難作確切和全面的定義。「氣」渾融而有「象」(指整體的感性徵候而不是具體型貌),而傳統的思維方式正需要一種「不捨象」(不脫離感性)的支持。「有像而無形」的「氣」是虛與實、理性與感性的統一(當然作為概念是以虛統實、以理性為主導的),又有變幻無窮的運動形態,能夠提供這種支持。因而,「氣」概念的運用成為中國哲學、美學和藝術論中一種帶有普遍性的選擇。古代學術中用得最廣泛的概念系列是「氣」範疇所屬的系列,它們是有民族特色的思維成果,也是一種傳統的運思媒介和信息載體。「氣」範疇所屬的概念系列經常是理論話語組合中的重要環節。

三、「氣」作為美學範疇的基本屬性

(一)、基始性和原創性

　　「氣」的內涵以虛為主導,又保持著與原生物質形態各種屬性的連繫,有為人們熟悉的感性特徵。「氣」是精神與物質的統一,既博大無垠又精細入微;它虛中有實,虛實相生,虛實之間是一種互助、互

補、互變的關係。比如與「陰陽五行」說結合，使「陰陽」如同兩種氣那樣具有易於理解的運動態勢，使原生偏實的金、木、水、火、土五行抽象化。在古人構結能夠尋求並獲得對立因素的支持和幫助，謀求以運動、轉化、更新來實現突破的理論時，擁有特殊屬性的「氣」範疇顯現出獨特的優勢。古人認定「氣」的沖和產生萬物和「氣」在不斷運動變化，所以在藝術論中它也就常常被看成是創造之本原。

在古人意識中，「氣」一般是天然的、自在的，按自然規律演化的；以「氣」為本根表明世界不是神的創造，沒有承認冥冥中有個創造一切的造物主。因此提出以「氣」為本根的宇宙生成論雖然屬於不要求實證的想當然，卻也是非宗教的。這種非宗教性是中國傳統文化的特徵之一。

從宇宙生成說到各種哲學美學陳述、文藝批評，大凡古代「氣」論都有程度不同的假說成分，然而國人從不要求論說者對其意義作精確的指認，或者給予驗證。大都安於在「氣」論話語的導引下去體味、領悟和認同其真諦。即使是質疑和駁論，對「氣」概念的認同和運用一般也未見異議。比如說萬物的本根是氣，宇宙之初始是氣（無論是太極或者太始、太素、太初……）。這本是古代哲人的一種臆想，屬於樸素唯物論的宇宙生成說。誰也不會追根究底：這樣說有何根據？氣究竟是什麼？又從那裡來的？

（二）、渾融性和多樣性

古代哲學中作為萬物本根的「氣」通同一切；另一方面，人和事物具體的「氣」又經常是個性的集中表現。

既然宇宙萬物都由氣所生、所構成，一切生命現象都仰賴其內在氣的運動、更新，那麼人與物、不同的人（個體、部族）應該有同一性，於是為人與自然、心與物，以及人際間的相對平等及其交往、溝

通、相互感應、共鳴、同樂的認識和理論提供了萌生的土壤。「太和」可以理解為一種氣；道家的「沖氣以為和」是萬物生成的機制，儒家的「合生氣之和」是一種人文追求；只有以「氣」範疇參與表述華夏民族「和」的審美理想及其產生機制才顯得自如愜當。

事物的美綜合著若干相關因素，觀照者獲得的美感得自對審美對象的總體感受。古人很早就認識到對立統一的普遍性，但更強調統一、和諧的可能性和必要性。從「氣」的角度進行的審美判斷基本上是一種整體性的指認，它的渾沌難分又帶一種優勢，能夠以渾融的方式體現著藝術創造中諸多因素組合的有機性。也就是說，「氣」的呈現是囫圇的，凸顯作品意象綜合的、整體的美。

物質的氣原本就是多樣的，從概念形成之始起，無論是陰陽之氣還是「六氣」的天候分類，就體現出不同的個性。藝術論中的各種「氣」也大多是主體和作品個性的核心和綜合體現。

（三）、生命精神的靈動性和恍惚迷離的神祕性

氣態是三種物態中變異性最大的一種，能夠流動、聚散、氤氳……「氣」範疇的指域及其表述的事物現象大都具有動態或者變幻不定的特點。

受氣息與人和動物生命活動直接相關的啟發，「氣」概念組合的理論常常介入生命現象和精神現象學說。莊子已經有「氣聚為生，氣散為死」的認識，古代的醫學經典《黃帝內經》〈素問〉集生理學「氣」論之大成。

在傳統美學和文藝理論批評中，「氣」範疇之所以能占有重要地位在於它的精神層面常常居於其內涵核心和主導的地位。除了在生理學、心理學和思維創造論中的運用以外，人們的氣質素養、情懷趣味、品格操守、精神意志都可以說是某種「氣」的體現，能夠用「氣」

的概念系列或以「氣」範疇為核心環節的理論話語進行表述。我們民族以道德倫理為本位、推崇高尚精神境界的文化個性也是「氣」範疇生機勃郁沿用不衰的根本原因之一。

「養氣」是對生理、精神的自我涵養營衛。倡導「養氣」不僅是側重向內探求自我完善民族個性的反映，也體現出在健全和維繫生命、陶冶情懷、改善素質、提高思維創造力上相信和重視主觀能動作用的傳統。

「養氣」論的一脈也深入到心理學和思維創造的某些層面。在《老子》和《易傳》中萬物本根之氣是恍惚迷離的。連繫到古代「太極」、「太虛」之說對宇宙起源的推斷，傳統醫學辨析生命健康和疾病緣由時對種種氣的臚列，以及以干寶為代表的志怪者對「怪、力、亂、神」產生的臆測，足見可感而不可捉摸、善變而無形跡的氣很適宜描述和比附神祕和難以確解的事物。思維活動中的靈感現象在人們看來也是神奇微妙的，先秦時代就有人把「氣」說成是「精氣」，「精氣」搏聚則可通靈如神。後來又有「神氣」、「靈氣」、「粹靈氣」之類概念。「氣」是精妙入微變幻莫測的，在傳統的藝術思維論和心理學中，「氣」不僅被視為生命力的本源，也常作為神祕的淵藪、智慧的精靈、創造的動因。

四、不同藝術門類中「氣」的異同

在藝術領域，「氣」的概念系列最早出現於樂論，但在文學理論中走向成熟。絕大多數由「氣」組合的概念，首先出現在文學評論中，然後才被移用於其他藝術門類。「氣」的範疇系列適應各個藝術門類的需要，對某一側面的意義有所強調，或者在內涵上又有所發展。

「文氣」論中既有對高昂的主體精神、鮮明個性和獨特藝術風格的肯定，又有對語言組合和作品展開方式（包括氣勢力度、節奏起伏、

啟承脈絡和音響效果等）的特殊要求。以「氣」論文章以大氣為上，讚賞暢達有勢、跌宕有致；以「氣象」論詩，在要求意象渾成的同時，仍然推崇氣概恢宏。

古代音樂中的「氣」論以「天下萬物通一氣」和「同聲相應，同氣相求」為依據，標舉天人、物（包括金石絲竹製成的樂器）我之和，由於正統樂論過於強調協和君臣、化育社會的政治功用而發展滯緩、趨於僵化，使「氣」論在這門藝術中未能得到應有的發展。

「書為心畫」，書法是我們民族獨創的不以自然物為參照的造型藝術，在中國古代藝術中占有特殊的地位，「氣」範疇的精神性內涵和模糊性適應表述書法藝術追求的需要，經常成為書論的核心環節。書法之「氣」重體勢骨力，充分顯示對傳統文化積澱的尊重、對表現生命活力和精神境界的嚮往探尋。

自漢魏以後，古代繪畫創作的主體主要是文人雅士，歷代畫家大多以繪畫暢神娛情、展示心靈、抒寫意氣，重寫意而不甚寫實，因而被認為是半抽象的藝術，古代畫論較早地具有突破靜止畫面、凝固意象和表現生命性內蘊的自覺，所以一直以「氣韻生動」（意象生機勃發、韻致靈動）為理想境界。

書法與繪畫相通和它們的民族性還體現在運用筆墨工具上，「氣」論也深入到駕馭筆墨的層面。

由於相互影響相互促進相互吸收和移植，有「氣」參與組合的系列概念在不同領域的意義一般大同小異。不過，各個藝術門類的「氣」也有不容忽略的個性。這裡補充一點，如果從感官接受渠道的區別上將藝術分為視覺藝術和聽覺藝術兩類，也能體察出它們對「氣」範疇及其概念系列運用上可能會有細微差別。正常人主要靠視覺感知外部世界，由視覺接收的信息據說占百分之九十以上。視學明確而多樣（色

彩、光、線條形成的圖像以及質感、距離方位感等更直接、具體）；聽覺藝術在這些方面則需要進行更多的轉換，藝術傳達的間接性更強，雖然對參與者的素質有更高的要求，但藝術創造的自由度和主動性更大。在時間上展開的藝術（文學、音樂）創造的意象訴諸聽覺，偏虛，其理論中的氣常有力度、質實、體勢的內涵，大致是在實方面的補充；在空間上展開的藝術（繪畫、雕塑）有凝固的造型，可以說偏實，其「氣」論則多以模糊、空靈和動感導之向虛。

重「氣」的美學就是重精神、重情操志趣、重境界、重意象整體性和生命性的美學。

儘管比喻總是蹩腳的，對於「氣」範疇在東西方學術發展中不同的遭際仍可以作一個未必妥帖的比喻。

在藉助「氣」這個木筏漂過源流階段的峽谷之後，西方人捨筏登岸，改從陸路乘車而行；而重視傳承並善於開發遺產利用價值的國人卻把筏修造得更精緻，繼續順水漂泊。陸行者有坎坷和開道的艱辛和改進車子、尋求方向的種種麻煩，但有較廣闊的空間，能夠更多按自己的想法選擇通途；順流而下的漂行方便省心，但河道定了流向，行進曲折、止泊無定。傳統的思維得「氣」之助力，也會受「氣」之侷限。

「氣」論貫穿中國古代哲學史的始終，也貫穿中國古代美學史的始終。

在古代美學中，「氣」是宇宙萬物的本根，生命運動的方式和內在依據，是精神意志和個性的呈露，是造藝的精靈！

原創在氣。

後　記

　　八十年代末應約寫「勢」範疇的書，感覺是面對挑戰。因為綜論古代「勢」論的著作還從未有過，材料大多塵封在故紙堆裡，議論上也無所依傍，能不能羅掘周全，得「勢」之神髓，作比較全面的概括呢？

　　現在寫「氣」面對的挑戰又是另一種類型。儘管80年代初我就在《文史》十三輯上發表過《曹丕文氣說新探》的文章，但要全面總結古代美學中的「氣」範疇仍然自覺學力不逮：它涉及面太寬，「雖或輕采毛髮」，卻「深極骨髓」。近百年的古代美學和文藝理論研究中，「氣」從來就是探討的重點之一。無論就書法繪畫還是古代文學都發表過不少文章。從文學批評史學科的創立者郭紹虞先生，到國內外的古文論學者，都對「氣」論給予特別的關注。在中國古代哲學的研究上更是一個先行的課題，已經出了好幾種專書。近代的「氣」範疇研究概括起來說，哲學上圍繞本根論闡發；藝術領域或解釋為主體的生命精神、個性風格，或者貫注於作品的精神、語勢……就其形成過程而言，一般多從哲學概念說起延伸到藝術領域的移用和衍生。九十年代

中期蔣述卓先生撰文，以為「文氣」論的來源是原始人的宗教觀和生命主義思想，也很有啟發性。

對美學範疇的「氣」怎樣寫，能不能忠實於歷史的本來面目，在借鑑已有成果的基礎上對其意義既有較為準確和全面的概括，又不落窠臼，有所突破，在新的層面作有價值的開掘呢？

有前人的研究成果奠下的基礎是好事，但也平添了超越之難。

今年四月在鎮江又見到了王元化先生。他一貫獎掖後學，道德文章和學術思想都深為我敬仰。先生以自己的著述和畫傳賜贈，對我準備應約撰寫「氣」範疇大加鼓勵，還指示要再讀讀李約瑟《中國科學技術史》的有關章節，以為暸解西方人是怎樣認識和評價中國古代哲學的對寫作會有好處。課題的挑戰性和前輩的鞭策使我不能不知難而進，勉力而為。

對於撰結本書的一些思路也想作一點交代：

論證的對像是古代範疇，不得不較多地徵引原典，有代表性的重要材料甚至是不可或缺的，這是立論的依據。原始材料龐雜，既要言之有據，又不能為材料所湮沒。這也是每章末尾以小結形式概述內容的目的。

常常這樣提醒自己，隨時留心古代理論形態的特殊性。在材料的運用上不能受一家言的侷限（哪怕是名家的說法），一家言有其時空的規定性乃至隨機性，即使有令人折服的真知灼見也未必可以作為統領全局的定論，因為古代理論批評家運用約定俗成的概念術語，自由發揮的天地極其廣闊，很難被一家言所包容。對於古人的某個論斷、某篇論著中的「氣」概念或許能作意義界定和確切的說明，然而對古代美學範疇的「氣」作一個統一的簡明定義則是不可能的。按我的理解，定義所以言「定」，應該在任何場合都意義不變，即「放之四海」而皆

然。但古代理論範疇的意義卻常常因人因時因境域而異，我們的綜論只宜進行動態的闡釋。

分論哲學和各藝術門類中的「氣」，必須辨明其不同個性。即在各章分論中，考察「氣」意義在不同領域中的拓展，從而全面瞭解這個範疇在中國思想史和藝術實踐、理論史中的地位和作用。

此外，有人曾提出古代範疇怎樣古為今用的問題，質疑研究的目的和意義何在。就「氣」範疇的研究而言，是否準備，或怎樣把古代「氣」的概念系列更多地運用於今天的文藝批評。

中國現代的文藝評論仍然在用一些帶「氣」的概念，尤其在與傳統關係密切的藝術門類（如書法、國畫）中。今後的理論發展也包括一個中外古今不斷整合的過程，會不斷對傳統思維成果的價值有所發現，對古代範疇、概念的取捨應該聽其自然。重要的是探究古代範疇產生和運用的機制，瞭解傳統思維方式和理論形態的特點，窺視古代藝匠獨到的境域，別開生面地揭示藝術的某些奧秘，從而開發利用其優長。「用」的要義不在形式，即使理論批評中沒有運用傳統的範疇概念，通過對它們的研究增進了對藝術、對傳統的理解，改善了我們的素質，不也是很有意義的「今用」嗎？

可以沿襲，可以翻新，也完全可以是用於無形的不用之用。理論整合的價值取決於對本質和規律的認識上有無進步，是否在進行或者包孕著有意義的探求。對於「氣」是這樣，對於其他古代範疇和理論遺產的繼承也是這樣。

洞悉「氣」之精微，出之以平實簡要，可以說是撰述本書的追求。然而擱筆的時候這方面依然是不無愧憾的。

涂光社

二○○○年十月二十日

　　初稿甫成，即分呈師友求正。胡曉明先生、袁濟喜先生、汪湧豪先生、劉紹瑾先生、王魁偉先生都有以教我，使本書的錯訛疏漏有所減少。十月下旬旅居香港的友人王成德先生寄來台灣出版由楊儒賓先生主編的論文集《中國古代思想中的氣論及身體觀》和張靜二先生的專著《文氣論詮》，為我定稿又提供了新的啟示和參證材料。謹志謝於此。

二○○○年除夕補記

昌明文庫·悅讀美學 A0606005

原創在氣

作　　　者	涂光社
責任編輯	楊家瑜
發 行 人	陳滿銘
總 經 理	梁錦興
總 編 輯	陳滿銘
副總編輯	張晏瑞
編 輯 所	萬卷樓圖書股份有限公司
排　　　版	菩薩蠻數位文化有限公司
印　　　刷	百通科技股份有限公司
封面設計	菩薩蠻數位文化有限公司

出　　　版 昌明文化有限公司

桃園市龜山區中原街 32 號

電話 (02)23216565

發　　　行 萬卷樓圖書股份有限公司

臺北市羅斯福路二段 41 號 6 樓之 3

電話 (02)23216565

傳真 (02)23218698

電郵 SERVICE@WANJUAN.COM.TW

大陸經銷

廈門外圖臺灣書店有限公司

　電郵 JKB188@188.COM

ISBN 978-986-496-326-3

2019 年 7 月初版二刷

2018 年 2 月初版一刷

定價：新臺幣 380 元

如何購買本書：

1. 轉帳購書，請透過以下帳戶

　合作金庫銀行 古亭分行

　戶名：萬卷樓圖書股份有限公司

　帳號：0877717092596

2. 網路購書，請透過萬卷樓網站

　網址 WWW.WANJUAN.COM.TW

大量購書，請直接聯繫我們，將有專人為您

服務。客服：(02)23216565 分機 610

如有缺頁、破損或裝訂錯誤，請寄回更換

國家圖書館出版品預行編目資料

原創在氣 / 涂光社作.-- 初版.-- 桃園市：

昌明文化出版；臺北市：萬卷樓發行，

2018.02

　面；　　公分.--(昌明文庫. 悅讀美學)

ISBN 978-986-496-326-3(平裝)

1.中國美學史

180.92　　　　　　　　　　107002686